Das Buch

Ergreifend und ungeheuer lebendig schildert Esther Mujawayo gemeinsam mit der Journalistin Souâd Belhaddad, wie sie die Kraft für ein Leben
nach dem Völkermord aufbringt. Immer wieder wird sie dabei von Verzweiflung und Mutlosigkeit überwältigt, doch dann gewinnt ihre Energie wieder die Oberhand, der Wille, sich gegen dieses unglaubliche Verbrechen zu stemmen, damit es sich nicht wiederholt.
Esther Mujawayo, die sich 1994 »zum Leben verdammt« sah, hat mehr
als überlebt. Sie hat in eine Lebendigkeit zurückgefunden, die ihr die
Kraft gibt, jenen zu helfen, denen es schlechter geht als ihr und die Welt
über die Geschehnisse in Ruanda aufzuklären. Eine Welt, die 1994 auf
unverzeihliche Weise weggesehen hat.

Die Autorinnen

Esther Mujawayo, geboren 1958 in Ruanda, überlebte 1994 in Kigali den
Völkermord. Sie ist Soziologin und arbeitete als stellvertretende Landes-
repräsentantin für Ruanda, Burundi und Ostkongo bei der Entwick-
lungshilfeorganisation Oxfam. Nach dem Genozid hielt sie Vorträge auf
vielen internationalen Konferenzen und arbeitete bei TV-Dokumentatio-
nen mit. Heute lebt Esther Mujawayo in Deutschland und arbeitet als
Psychotherapeutin mit Flüchtlingen.

Souâd Belhaddad ist in Algerien geboren und wuchs in Frankreich auf.
Sie lebt als Journalistin in Paris. 1994 wurde sie für Ihre Arbeit mit dem
Preis der AFJ (Verband französischer Journalistinnen) ausgezeichnet.

Esther Mujawayo | Souâd Belhaddad

Ein Leben mehr

Zehn Jahre nach dem Völkermord in Ruanda

Aus dem Französischen von Jutta Himmelreich

Ullstein

Besuchen Sie uns im Internet:
www.ullstein-taschenbuch.de

Umwelthinweis:
Dieses Buch wurde auf chlor- und säurefreiem Papier gedruckt.

Erweiterte Taschenbuchausgabe im Ullstein Taschenbuch
1. Auflage Mai 2007
© Peter Hammer Verlag GmbH, Wuppertal 2005
© Esther Mujawayo / Souâd Belhaddad
© Editions de l'Aube, La Tour d'Aignes
Titel der Originalausgabe: *SurVivantes. Rwanda, dix ans après le génocide*,
erschienen 2004 bei Editions de l'Aube, La Tour d'Aignes
Umschlaggestaltung: Büro Hamburg unter Verwendung
einer Vorlage von Magdalene Krumbeck
Titelfoto: Patrick Zachmann Magnum / Agentur Focus
Satz: Greiner & Reichel, Köln
Druck und Bindearbeiten: Ebner & Spiegel, Ulm
Printed in Germany
ISBN 978-3-548-36880-1

Es ist weder leicht noch angenehm, diesen Abgrund von Niedertracht auszuloten, aber dennoch bin ich der Meinung, dass man es tun muss; denn was gestern verübt werden konnte, könnte morgen noch einmal versucht werden und uns selber oder unsere Kinder betreffen.

Primo Levi
Die Untergegangenen und die Geretteten (1986),
also acht Jahre vor dem Völkermord in Ruanda

Wer überlebt hat, versucht eher weiterzuleben, statt ans Sterben zu denken, denn noch leben wir mit denen, die unseren Tod wollten.
Der, der mich auslöschen wollte, wird sehen, ich bin nicht am Ende. Im Gegenteil, falls er sieht, dass es mir gut geht, würde es mich freuen, wenn ihm das keine Ruhe ließe und er sich sagen müsste: »All meine Mühe war umsonst, sie lebt.« Ob ich aus Stolz so reagiere oder einfach, weil ich instinktiv durchhalte, weiß ich nicht. Ich weiß nur, indem ich lebendig lebe und nicht bloß überlebe, kann ich sie auf meine Art bestrafen. Das ist meine einzige Möglichkeit, mich an ihnen zu rächen.

Esther,
am letzten Gesprächsabend,
Dezember 2003

Für meine lebenden Prinzessinnen Anna, Amélia, Amanda.
Für Innocent, meinen Mann und ihren Vater, ermordet im
Genozid.
Für Helmut.

Zur Erinnerung an die Meinen
und an alle unsere Verwandten, die vernichtet wurden.

Zur Erinnerung an Dafroza, die mit 14 vergewaltigt wurde,
mit 19 starb.
Dafroza, die zwar den Genozid, nicht aber die HIV-Infektion
überlebte, mit der ihre Mörder sie angesteckt hatten.

Für Nyiragasage, unsere Nachbarin und Freundin auf immer, die
uns seit 1959 mutig und großherzig jedes Mal versteckt hat,
wenn es darauf ankam, und die so verzweifelt war, dass sie uns
während des Genozids nicht helfen konnte.

Für Madyl, durch die dieses Buch entstand
und der es auch aus vielen anderen Gründen gewidmet ist.

Unseren Schwestern Stéphanie und Nadia.

Prologe

Souâd Belhaddad

Schon als junges Mädchen – genauer gesagt seit meiner Entdeckung des Tagebuchs der Anne Frank – ahnte ich, dass ein Genozid »etwas anderes« war. Was sich mir später bestätigte. Wiederum durch Bücher und erschütternde Zeugnisse, die für das Wissen der Menschheit allein schon deshalb von grundlegender Bedeutung sind, weil sie uns vor ihrer grenzenlosen Unmenschlichkeit warnen.

Bei meiner Arbeit als Reporterin wurde mir das endgültig bewusst, weil ich, mit Tragödien, mit Massakern, mit Toten, mit Barbarei konfrontiert, den entscheidenden Unterschied zwischen einem Krieg, einem bewaffneten Konflikt und einem Genozid ermessen lernte – wobei der Begriff heute zu häufig verwendet und fahrlässig überstrapaziert wird.

Dieses Grundprinzip – die Besonderheit eines Genozids – hat Esther und mich zusammengeführt und war auch für unsere Arbeit ein Bindeglied. Esther, die den Genozid an den Tutsi in Ruanda im Jahr 1994 überlebt hat, wollte Zeugnis ablegen vor der Geschichte, aber auch, um ihren drei Töchtern, die mit ihr überlebt haben, die Erinnerung an deren Vorfahren zu bewahren, da den Mädchen fast keine Verwandten geblieben sind. Und sie will uns, selbst wenn es noch so müßig scheint, anregen, über den Völkermord nachzudenken, über seine Folgen und darüber, wie unmöglich es den Überlebenden ist, davon zu sprechen. Esther wollte, dass dieses Buch über ihre persönliche Geschichte hinausgeht, und war zurückhaltend genug, nicht zu viel preiszugeben. Gemeinsam wollten wir der quälenden Frage nachgehen, warum ein Genozid überall jederzeit geschehen kann.

Und so sind wir vorgegangen: Das Buch besteht aus drei Teilen. Teil eins befasst sich in erster Linie mit der Sprache der Überlebenden und zeigt, dass es ihnen bis heute unmöglich ist, sich Gehör zu verschaffen. Dieser Teil besteht aus Interviews, die ich zwar nachbearbeitet, doch bewusst in ihrem Gesprächston belassen habe, nicht aus stilistischen Gründen, sondern um die Erschütterung, das Zögern, die Blockaden und die Sprachlosigkeit, die die Worte ausdrücken, möglichst originalgetreu wiederzugeben. Eine assoziative Sprache, die versucht, das Unsagbare zu sagen: den Genozid und sein Chaos, das sich jedem Überlebenden ins Gedächtnis geprägt hat. Dieses Sprechen, zu dem auch unvermitteltes Lachen, sogar Galgenhumor gehört, setzt sich hier und da über die herkömmlichen Regeln für Stil und Syntax hinweg. Doch der Leser, der sich vielleicht über die vielen Wiederholungen im Text wundert, möge auf die Absicht sehen. Eigentlich hätte ich journalistischer Routine gehorchen und Esthers Berichte kürzen und glätten müssen. Hätte ich dieser Versuchung nachgegeben, wäre ich in die Falle getappt und hätte Sinn und Zweck unserer Arbeit verfehlt: Es ging darum, die Sprache der Überlebenden und den Überlebenden ihre Sprache wiederzugeben, die gerade dort wenig Gehör und wenig

Raum findet, wo sie das sinnlich Unfassbare zum Ausdruck bringt und in Frage stellt. Wenig Raum findet sie, weil sie Unbehagen schafft; diese Sprache kann brutal sein, beharrlich, schwer, ja überladen, redundant. Auf Esthers Worte trifft das zu: Sie waren brutal, beharrlich, schwer, ja überladen, redundant. Und eben deshalb geben sie Aufschluss über den Zustand eines Überlebenden. Und über seinen schweren inneren Kampf zwischen dem vergeblichen Wunsch sich zu rächen, was unmöglich ist, und dem vergeblichen Wunsch zu verzeihen, was ebenso unmöglich ist.

Diese Sprache hätte ein glatter, geschmeidiger, nach allen Regeln der Kunst überarbeiteter Text nicht wiedergeben können.

Aus den Wiederholungen wurde im Lauf unserer Gespräche und vor allem, während ich den Text niederschrieb, Methode: der einzige Weg, das Unfassbare, das ein Überlebender hinter sich gebracht hat, zumindest andeutungsweise zu vergegenwärtigen, und ebenso die quälende Frage, die immer ohne Antwort bleiben wird: *Wie war das möglich?*

Gleichwohl sind Esthers Gedankengänge stets klar nachzuvollziehen. Was sie zu sagen hat, bringt sie jedes Mal auf den Punkt: Sie weiß immer, worauf sie hinauswill. Besonders deutlich wird das im zweiten Teil des Buches, in dem sie ihr Leben als Tutsi in Ruanda und die Diskriminierung beschreibt, der die Tutsi ausgesetzt waren; dieser Abschnitt ist in seiner Form linearer, über weite Strecken hat Esther ihn mit der ihr eigenen Poesie und Ironie selbst redigiert.

Der dritte Teil des Buches stützt sich wiederum auf Gespräche und ist eine Art Feststellungsprotokoll, Ruanda zehn Jahre nach dem Genozid an den Tutsi. Dieser Teil war wider Erwarten der schwierigste. Die Bestandsaufnahme nach zehn Jahren ist so erschütternd, dass sie aufzuschreiben streckenweise fast unmöglich war.

Der Leser wird feststellen, dass durch das gesamte Buch hindurch ständig zwischen Imperfekt und Präsens gewechselt und jede Regel über die Zeitenfolge missachtet wird. Diese Zeitsprünge wollte ich beibehalten: Marie-Odile Godard, die Psychoanalytikerin, die Esther und mich zusammengeführt hat, erklärt, das Präsens, die Gegenwart, ist die Zeit des Traumas. Fast immer, wenn vom Genozid die Rede ist, wechselt Esther unbewusst, von der Erinnerung und ihren traumatischen Erlebnissen überwältigt, mitten im Satz vom Imperfekt ins Präsens. Als sei die entsetzliche Zeit für alle Überlebenden stehen geblieben.

Bei der Arbeit an diesem Buch ist mir bewusst geworden, dass es für Esther ewig so sein wird.

Denise, eine Freundin, Tochter von Auschwitzüberlebenden, sagte mir: »»Damit« werden sie ihr Leben lang allein sein.«

Esther Mujawayo

Es ist soweit, ich fange an.

Ich muss darüber sprechen, muss es aufschreiben, für dich, für alle. Eure Henker glauben, ihr seid tot. Weil sie euch ermordet haben. Auf grausamste Art.

Doch für mich, für meine Kinder, für alle Waisenkinder, für alle Mütter, krank an Körper und Seele, für die wenigen Überlebenden des Völkermords, denen das Unsagbare die Sprache verschlagen hat, für die niemand die Stimme erhob, lebt ihr weiter, in uns.

Ich will reden darüber, damit niemand je wieder sagen kann, wir haben nichts gewusst. Ich werde sagen, aussagen, will bezeugen, was geschehen ist.

Und ich klage an.

In weniger als einhundert Tagen wurden eine Million Menschenleben vernichtet, unter abgrundtiefem Schweigen und völliger Gleichgültigkeit.

In Südafrika feierte man Mandelas Wahlsieg.

In Europa waren genau fünfzig Jahre zuvor die Alliierten in der Normandie gelandet, Wegbereiter für die Niederlage der Nazis, und hatten die leise Hoffnung geweckt, dass »das« nie wieder geschehen würde.

Doch »Nie wieder« ist wieder passiert. Die UNO war vor Ort und zog ab. Butros Butros-Ghali, ihr damaliger Generalsekretär, hat uns verraten; Kofi Annan, Untergeneralsekretär und Leiter der Einsätze zur Friedenssicherung, erhielt den Befehl, still zu halten, und hat still gehalten.

Bill Clinton hat geschwiegen.

Der Begriff Genozid, Völkermord, wurde auf Empfehlung der UNO sowohl in Diplomatenkreisen als auch in der internationalen Presse vermieden, denn wenn man das Kind beim Namen genannt hätte, wäre man verpflichtet gewesen zu intervenieren. Der Völkermord hat aber stattgefunden.

Die Tutsi in Ruanda wurden von der Landkarte gestrichen.

Einige haben überlebt, es sind wenige, doch für die werde ich kämpfen bis zuletzt.

Es gab Hutu, die sich für uns eingesetzt haben, manche haben sogar ihr Leben gelassen, damit wir entkommen konnten. Doch sie sind keine Helden, obwohl man sie heute gern so nennen würde. Es sind Menschen, der lebende Beweis dafür, dass es selbst in den schlimmsten Momenten im Leben noch einen Funken Menschlichkeit gibt.

Und für diesen Funken Menschlichkeit werde ich schreiben. Damit er in dir weiterlebt, wenn du das Buch liest. Du bist ein Mensch: Lass dir deinen kleinen Funken Menschlichkeit von nichts und niemandem nehmen, denn wenn dieser letzte Funke in dir erlischt, dann bist du wirklich tot.

Einleitung

Ich heiße Esther

Weißt du, ich habe mich oft mit der Esther aus der Bibel identifiziert und im biblischen Volk der Juden oft die Tutsi wieder erkannt. Schon als ich klein war, sah ich zwischen ihnen und uns kaum Unterschiede, es stimmte so vieles überein:

»... und es wurde geschrieben ... im Namen des Königs Ahasveros und mit des Königs Ring gesiegelt. Und die Schreiben wurden gesandt durch die Läufer in alle Länder des Königs, man solle vertilgen, töten und umbringen alle Juden, jung und alt, Kinder und Frauen, auf einen Tag, nämlich am dreizehnten Tag des zwölften Monats, das ist der Monat Adar, und ihr Hab und Gut plündern.« (Buch Esther 3, 12–13)

Genauso wurden die Tutsi diskriminiert, ich musste mit ansehen, wie die Meinen »vertilgt, erwürgt und umgebracht« wurden, und konnte sie nicht retten. Die Esther in der Bibel aber hat das geschafft. Mein Vater hat mich nach ihr genannt. Mein Vater war Lehrer und Laienprediger und sehr gut. Er war tief gläubig, aber so, dass du einfach nicht anders konntest, als Gott zu lieben. Er hat uns früh das Lesen beigebracht, meine Schwestern und ich lasen schon mit fünf jeden Abend reihum aus der Bibel vor. Deshalb sind uns die Namen so vertraut, wir kennen Esther und ihre Geschichte, wissen, mit wie viel Mut sie ihr Volk vor der Vernichtung bewahrt hat. Esther war Jüdin und Frau eines Königs – ich muss nachschauen, aus welchem Volk er stammte –, jedenfalls die Frau eines Königs, der auch über ihr Volk, das Volk der Juden, herrschte. Eines Tages kam es zu einer Verschwörung: Alle Juden sollten vernichtet werden, und der einzige Mensch, der etwas dagegen unternehmen konnte, war Esther. Ihr Onkel drängte sie: »Du musst mit deinem Mann reden.« Doch zu der Zeit konnte man nicht einfach ungebeten vor den König treten. Das hätte den Tod bedeuten können. Esther aber nahm das Risiko auf sich, dass der König sie entweder retten oder töten würde. »Komme ich um, so komme ich um.« Die Bibel berichtet weiter, wie Esther vor ihren Gatten trat, auf die Knie fiel, wie er sein Szepter hob und sie fragte: »Was hast du, Esther, Königin? Und was begehrst du? Auch die Hälfte des Königreichs soll dir gegeben werden.« Sie hat ihm erklärt, dass sie nicht die Hälfte seines Reiches will, sondern dass eine Verschwörung im Gange ist, um alle Juden zu vernichten. Der König hat sie erhört und die Katastrophe verhindert – so wurde das Volk der Juden gerettet.

Während des Genozids habe ich mich an die Geschichte meines Vornamens erinnert und mich gefragt: »Was kann ich für mein Volk tun?« In all den Monaten des Wahnsinns, als das Morden kein Ende nehmen wollte, war ich Gott ein bisschen böse, weil ich mich scheinbar vergeblich an ihn gewandt hatte: »Na, was ist, für Esther und ihren König hast du damals doch auch ein Wunder vollbracht ...« Wenn du den Tod so dicht vor Augen hast, hoffst du eben auf Wunder. Mir war aber leider kein König geblieben, der war schon ermordet worden. Fast meine ganze Familie wurde umgebracht.

Und später – nach dem Genozid – habe ich versucht, mir einzureden, mich zu überzeugen: »Esther, während des Genozids hast du geträumt, du hast dir was vorgemacht, niemals hättest du auch nur das kleinste bisschen ausrichten können!«

Also tue ich jetzt etwas. Oder versuche es zumindest. Heute sind mehr als die Hälfte aller Frauen, die überlebt haben, HIV-infiziert und sterben an der Infektion. Andere verhungern. Ich frage mich: Sollst du so was überleben, einen Völkermord, und dann einfach so sterben, weil du nichts zum Leben hast, kein Dach über dem Kopf, oder weil du traumatisiert bist und total verzweifelt, weil du dich niemandem anvertrauen kannst, weil du vergewaltigt wurdest oder weil du Aids hast und keine Medikamente ... das macht mich rasend: »Nein, du darfst nicht schweigen, du musst weitermachen, die überlebt haben, dürfen jetzt nicht einfach wegsterben!« Dafür kämpfe ich, weil ich will, dass diese Menschen weiterleben, nach allem, was passiert ist. Wofür sollst du 1994 überleben und dann sterben, für nichts und wieder nichts, oder völlig am Ende aller Kräfte dahinvegetieren.

Mich drängt nichts, meine eigene Geschichte zu erzählen. Ich denke praktisch, weißt du: Wenn es jemandem
nützt, dass ich erzähle, was ich durchgemacht habe, dann
tue ich das. Aber für mich persönlich, ich weiß nicht … In
Ruanda ist jede persönliche Geschichte ohnehin auch ein
Stück Allgemeingut, Teil der kollektiven Geschichte geworden. Außer meinen ruandischen Freundinnen, Witwen
wie ich, gibt es nur zwei Menschen, denen ich meine Geschichte frei erzählen kann, einfach so, ohne Hinterge-
danken. Die eine, meine Freundin Françoise, habe ich in
Belgien kennen gelernt, sie ist mir wie eine Schwester geworden; die andere ist meine Cousine Beata. Bei beiden
kann ich mich gehen lassen, und manchmal, wenn ich
müde bin, denke ich ganz spontan: »Jetzt rufe ich sie
einfach an und rede mit ihnen, weil mir danach zumute
ist und weil es mir selbst gut tut. Nicht um anderen zu
helfen …«, und ich weiß, dass ich mich auf beide verlassen kann, dass sie mich auffangen, wenn ich mir sage:
»Lass dich fallen, Esther … auch du willst schreien, weinen …« Weißt du, es gibt Momente, da kannst du anderen
nicht mehr zuhören, du hast einfach keine Kraft mehr,
tapfer zu sein oder zu kämpfen, zu … Aber das passiert
mir selten. Bei uns zu Hause war ich immer die Mutige.
Das liegt an meinem Vornamen. Mag sein, dass mein Vater
mich mit Absicht Esther genannt hat.

Mein Vater, den sie »vertilgt«, vernichtet haben. Genau
wie meine Mutter, wie über zwanzig meiner Tanten
und Onkel, wie meinen Mann Innocent, meinen Schwie-
gervater, meine Schwiegermutter, meine beiden Schwä-

gerinnen, meine vier Schwäger und meine Schwester Stéphanie, ihren Mann, ihre drei Kinder und meine zweite Schwester Rachel, deren Mann und ... Ich zähle nicht weiter. Der April 1994 war der Monat der Vernichtung, das ist alles.

TEIL EINS

1

»Na, wie geht's, mal abgesehen vom Genozid?«

In Ruanda sagen die Leute heute zu uns: »Es ist genug darüber geredet worden.« Wir Überlebenden stecken also in einem Dilemma, eingekeilt zwischen den Hutu, unseren alten Nachbarn, die uns umgebracht haben, und unseren Brüdern, den Tutsi, die nach dreißig Jahren, nach den Massakern von 1959 und 1973[*], aus dem Exil zurückgekehrt sind, wo sie immer davon geträumt haben, eines Tages nach Ruanda zurückzukommen. Dass sie dazu über Leichen gehen müssten, damit hätten sie nie gerechnet.

Die Hutu waren mehrheitlich am Völkermord beteiligt, und selbst die, die sich nichts vorzuwerfen haben, stecken zumindest indirekt mit drin, weil ihre Angehörigen gemordet haben. So wie es bei den Tutsi nicht eine Familie gibt, die nicht mindestens einen Verwandten verloren hat, gibt es bei den Hutu keine Familie, in der nicht wenigstens ein Verwandter am Völkermord beteiligt war. Und das wirft einen Schatten auf seine ganze Familie. Wer nun so weit gehen wollte zu sagen, alle Hutu sind Völkermörder,

---

[*] Siehe die Zeittafel am Schluss des Buchs.

der müsste nur einen Schritt weitergehen, und diesen Fehler machen viele Menschen in Ruanda. Also ist es für die Hutu, egal ob schuldig oder nicht, besser, kein Wort über die Geschehnisse zu verlieren, sondern sie totzuschweigen, wie schon 1959 und 1973. Für die Tutsi, die dreißig Lebensjahre im Exil in den Nachbarländern zugebracht haben, war Ruanda zu einem Mythos geworden, und sie sind froh, dass sie endlich wieder in ihrem Heimatland leben können. Aber sie leben dort nach einem Völkermord und würden sich gewiss wohler fühlen, wenn wir, die Überlebenden, die lebenden Mahnmale, nicht wären; deshalb sagen sie uns: »Es ist genug darüber geredet worden.«

Ja, ich weiß, ich verallgemeinere. Ich kenne Tutsi, die flüchten mussten, vor allem 1973, und ich kenne auch Hutu, die unser Leid nachempfinden, was sie mir gegenüber aber nie offen zugeben würden. Allgemein betrachtet aber herrscht in Ruanda ein Klima des Schweigens. Man hat uns zwar nie ausdrücklich dazu aufgefordert, doch wir merkten sofort, dass von uns erwartet wurde, wir würden schweigen. Also haben wir seit dem Ende des Völkermords im Juli 1994 geschwiegen.

Ich könnte in einem Satz sagen, warum wir Überlebenden nach dem Genozid geschwiegen haben: Wir spürten, dass wir lästig waren.

Die Leute konnten es nicht ertragen zu hören, was wir zu sagen hatten, es war ihnen zu viel. Zu viel was, weiß ich nicht. Du fängst an zu erzählen, du redest, und die Leute wollen es nicht hören, das ist furchtbar. »Das ist zu viel, zu viel …«, sagen sie. Zu viel für wen? Zu viel für mich oder für dich als Zuhörer? Ich kann ja verstehen, dass es manchmal zu viel ist für den, der zuhört, dass es sogar schlimmer ist als für jemanden, der das alles erlebt hat. Für die Ruander im Ausland zum Beispiel, die vom Völkermord durch das Fernsehen erfuhren und tatenlos zusehen mussten, wie ihre Familie zu Hause abgeschlachtet wurde. Ich aber war wenigstens damit beschäftigt, um mein Leben zu laufen, mich zu verstecken. Ich habe den Genozid erlebt und überlebt, habe am eigenen Leib erfahren, was das heißt. Und wenn du das, dieses Grauen, einmal erlebt hast, dann kannst du dir nicht den Luxus leisten, dich zurückzuziehen: Du steckst drin, mittendrin. Der andere aber, mein Gegenüber, der von dem Grauen nur erfährt, kann sich erlauben zu wählen, kann beschließen, sich allem zu entziehen, mein Zuhörer braucht nichts auszuhalten, sondern kann sagen: »Schluss mit dem Grauen.« Ich kann mir nicht aussuchen, ob ich es ertragen will oder nicht, ich *musste* es durchstehen. Mein Gegenüber braucht mir einfach nicht weiter zuzuhören, wenn ich das Grauen beschreibe, ich aber kann nicht aufhören, denn ich habe genau dieses Grauen erlebt … (*Sie schweigt.*) Eigentlich sind wir ja verrückt, die wir versuchen wollen, das Furchtbare zu akzeptieren. Anzunehmen, was da passiert ist, und weiterzuleben nach dem, was da passiert ist … Was willst du sonst tun? Was kann man sonst tun? Manchmal fragt man sich, warum das passiert ist, du fragst dich, wie war so was möglich, aus heiterem Himmel, so wahnsinnig, manchmal fragst du dich sogar, ob es *wirklich* passiert ist, weil es so unfassbar ist … Und du findest nie eine Antwort. Du findest vielleicht die Faktoren, die bestimmte Geschehnisse begünstigt haben, aber den Grund dafür findest du nicht. Weil es keinen gibt. Für einen Genozid gibt es keinen Grund. Was bleibt dir also anderes übrig, als zu akzeptieren, dass er stattgefunden hat? (*Plötzlich energisch*) Aber ich sage mir: »Ich bringe mich jedenfalls heute nicht um, weil die Sache passiert ist. Deswegen nehme ich mir nicht das Leben.« Das sage ich mir.

Es gibt Geschichten, die niemand zu Ende hören will oder kann. Die von Alice zum Beispiel, einer Freundin von mir. Alice, ich erfuhr es ganz zu Anfang, es war schrecklich, sie wurde in eine Grube geworfen, unter Leichen begraben lag sie in dem Loch … Ach, es sind immer dieselben Geschichten! Eines Tages, Alice war mit ihrem Mann zu Hause, kamen sie und wollten sie abholen und sie umbringen, auch Grâce und Denis, ihre beiden Kinder. »Wir versprechen euch, was Papa und Mama gemacht haben, das tun wir niemals«, haben die Kinder zu den Mördern gesagt. Sie glaubten, Tutsi wäre man, weil man bestimmte Dinge »getan hat«. Sie dachten, ihre Eltern hätten irgendeine Sünde begangen, für die man den Tod verdient. Die Mörder fanden das lustig: »Verschwindet«, haben sie den Kindern geantwortet, »für die Fehler eurer Eltern bringen wir euch nicht um.« Wirklich, sie nannten das »Fehler« … Die Kinder liefen davon. Alice sagt, sie sieht ihre Kinder noch heute weglaufen, einfach so, alle beide, zwei Kinder, die die Straße entlanglaufen, und sie bleibt zurück, mit dem gesamten Trupp, der sich an sein mörderisches

Werk macht. Jemand schlägt ihrem Mann mit einer Machete zwischen die Rippen, hier, direkt unters Herz, und Blut schießt aus der Wunde, Alice kann nicht alles sehen, weil sie ohnmächtig wird und ihr Mann auf sie fällt. Das war ihre Rettung, so, vom Blut ihres Mannes überströmt und ohnmächtig, sah sie aus wie tot. Irgendwann kamen Bulldozer, um alle Leichen wegzuschaffen, und in dem Moment, in dem sie auf einen Lkw geladen und mit anderen Leichen in ein Loch gekippt werden sollte, sagte ein Nachtwächter: »Die hier ist noch warm, seid ihr sicher, dass die tot ist?« In dem Augenblick, in dem dieser Mann gesagt hat: »Sie ist noch warm, sie ist nicht tot«, hat Alice beschlossen: »Ich bin am Leben«, obwohl sie eigentlich schon dachte, sie wäre tot. Weil sie sich tot gestellt hatte, hätte man sie fast in eine der Gruben geworfen. Jedes Mal, wenn der Lkw kam und neue Leichen über ihr ablud, bemühte sie sich durchzuhalten, aus Leibeskräften: »Esther«, hat sie zu mir gesagt, »dieser Lebensinstinkt, das ist wirklich verrückt, in dem Moment war mir klar, dass ich am Leben war, und ich wollte mich nicht begraben lassen.« Also kroch sie über die Leichen, und jedes Mal, wenn eine neue Lkw-Ladung sie unter sich begrub, rappelte sie sich hoch und krabbelte ganz nach oben auf den Leichenhaufen; als es endlich dunkel war, kletterte sie aus der Grube. Noch in derselben Nacht kroch sie aus dem Loch raus. Doch hinter sich gelassen hat sie's bis heute nicht. »Die Kinder, die ich dort drin zurückgelassen habe …«, sagt sie mir. Die vielen toten Mütter, mit ihren noch lebenden Kindern auf dem Rücken, die weinenden Babys und Alice, die wusste, wenn sie sich überhaupt retten könnte, dann nur allein, die Babys könnte sie nicht befreien. Das, das hat sie lange, lange Zeit gequält.

Wenn Alice ihre Geschichte erzählte, durfte sie an der Stelle mit den weinenden Babys nie fortfahren, den Babys, die sie dort zurücklassen musste, in dem Loch, in das man sie zusammen mit den Leichen geworfen hatte. Weil ihre Zuhörer diese Stelle zu schrecklich fanden, unterbrachen sie Alice; was sie erzählte, war ihnen unerträglich. »Das ist zu grausam, hör auf!« Für Alice aber war noch grausamer, dass sie nicht zu Ende sprechen konnte. Sie bekam nie die Gelegenheit, ihre Geschichte zu Ende zu erzählen. Als ich sie eines Tages in Kigali wieder sah, im August 1994, nach dem Genozid, konnte sie zum ersten Mal zu Ende erzählen, was ihr widerfahren war. Es hat ihr gut getan, zu Ende zu erzählen.

Woher ich die Kraft hatte, mir ihre ganze Geschichte anzuhören, weiß ich nicht. Vielleicht liegt es daran, dass auch ich den Völkermord überlebt habe? Ich glaube, dazu gehört eine Begabung, und die hatte man entweder schon vor dem Völkermord, oder man hatte sie nicht. Je nachdem, wie man veranlagt ist, wie man von Anfang an war, schon vor dem Genozid. Ich hielt mich immer schon für den Sohn, den unsere Eltern nicht hatten. Wann immer jemand bei uns klopfte oder wir ein Geräusch an der Tür hörten, wenn Papa nicht zu Hause war, habe ich zu meinen Schwestern gesagt: »Keine Angst, ich gehe nachschauen.« Heute finde ich mich in derselben Rolle wieder, genau wie vor dem Völkermord habe ich auch jetzt die

Aufgabe übernommen, die ich schon zu Hause hatte, vor dem Genozid. Stark sein. Für die anderen. Ich habe keine andere Wahl, mein Pflichtbewusstsein ist wohl sehr stark ausgeprägt. Mein Name, Mujawayo, bedeutet »Dienerin Gottes«. Bei uns in Ruanda sind Familiennamen nicht üblich, in unserer Tradition existieren sie nicht. Jeder hat nur einen Eigennamen. Als ich vor vier Jahren nach Deutschland zog, war es einigermaßen schwierig, der Schulleitung klarzumachen, dass meine drei Töchter denselben Vater haben, obwohl sie keinen gemeinsamen Namen tragen! Der Name sagt bei uns immer etwas über die Bedingungen aus, die bei der Geburt herrschten, er erklärt, was die Eltern über diese Geburt, diesen besonderen Moment in ihrem Leben, ausdrücken wollten; am Namen erkennt man dank der Vorsilbe auch sofort, ob es sich um einen Mann handelt oder um eine Frau. Ich gebe am besten ein Beispiel aus meiner Familie: Meine ältere Schwester Joséphine heißt Nyiransengiyumva, denn wir stammen aus einer Familie mit einem sehr christlichen Vater, Papa ist Laienprediger; »Nyiransengiyumva«[*] heißt: »Ich bete zu einem Gott, der mich erhört«, weil meine Eltern Gott um ein Kind gebeten hatten. Nach Joséphine bekamen sie vierzehn Jahre lang kein weiteres Kind, das war ein Drama. Ein Teil unserer Familie wollte, dass Papa Mama verstößt, weil sie angeblich unfruchtbar war. Aber Papa hat sich standhaft geweigert und gesagt: »Nein, das ist Gottes Wil-

---

[*] Wobei die Vorsilbe »Nyira« eine Person weiblichen Geschlechts bezeichnet.

le.« Und als sie schließlich ihre zweite Tochter bekamen, Marie-Josée, nannten sie sie Ibyishaka, »Was Gott will«. Vier Jahre später kam Stéphanie zur Welt, für die Eltern ein weiteres Glück, also nannten sie sie Nibyobyiza, »Was gut ist«. Weitere drei Jahre später kam dann ich und heiße Mujawayo, »seine Dienerin«, »Gottes Dienerin«, wie gesagt, denn seiner Auffassung nach betete mein Vater ja zu einem Gott, der uns erhört – meine ältere Schwester Joséphine –, dessen Wille geschieht – meine Schwester Marie-Josée –, in seiner Barmherzigkeit – meine Schwester Stéphanie –, und dessen Wunsch es schließlich auch ist, dass man ihm diene und ewig diene.

Die Dienerin, Gott ewig zu Diensten! (*Sie lacht.*) Meine Schwester Stéphanie, die ermordet wurde, hat sich zu Hause immer lustig gemacht: Wenn sie irgendwas nicht tun wollte, hat sie's mir aufgehalst und gesagt, »schließlich hab nicht ich dich Dienerin genannt, sondern deine Eltern, also musst du's tun. Du musst einfach!« Stéphanie, kleines Biest! ... Wir beide hatten uns in jungen Jahren (1973) vorgenommen, gemeinsam stark zu sein und uns zu wehren, mit den Hutu, die grob zu uns waren, haben wir kein Wort mehr geredet. Aber sie haben sie umgebracht. Folglich hatte ich sie nach dem Genozid nicht mehr an meiner Seite, wir konnten nichts mehr zu zweit durchstehen, nicht mehr gemeinsam stark sein; und das hieß, diesmal war ich auf mich allein gestellt ... musste wirklich alles allein machen. Wegen meines Namens eben: Mujawayo, »Gottes Dienerin«. Noch verstärkt durch Esther, den Namen der Frau, die ihr Volk retten sollte! ... Früher glaubte ich wirklich, ich könnte helfen, Menschen zu retten, weil Papa mich Esther genannt hatte. Wie weh das tat, mich während des Genozids daran zu erinnern, jedes Mal, wenn ich mir sagte: »Los, los! Nun tu doch was ...«, und nichts tun konnte.

Stark sein, nach dem Genozid, das war auch möglich, weil es mir verhältnismäßig gut ging: Ich verdiente eigenes Geld, hatte Arbeit, ein Haus, ich konnte andere unterstützen und für sie sorgen. Und prompt übernahm ich die Rolle des Vaters, des Familienoberhaupts. Es funktionierte. Und so musste es weiter funktionieren. Ich musste durchhalten, für die anderen. Durchhalten für meine Schwester Marie-Josée, die auch überlebt hat, aber unter scheußlichen Bedingungen weiterleben musste: Nachdem sie ihren ältesten Sohn und ihren Mann verloren hatte – die waren vor ihren Augen erschossen worden –, floh Marie-Josée in die Gemeinde Kabgaye, den wichtigsten katholischen Ort in Ruanda. Dort hat sie das Schlimmste erlebt. Die *Interahamwe*[*] kamen regelmäßig, in Bussen, »zum Angeln« – *kuroba*, so nannten sie das. Sie suchten sich die stärksten, gesündesten Männer aus, und um die übrigen, die Mageren und Kranken, zu demütigen, sagten sie: »Der Rest wird sowieso von den eigenen Läusen gefressen!«, und zumindest da musste man ihnen Recht geben, denn

---

[*] *Interahamwe*: extremistische Hutu-Milizen, von Präsident Habyarimana vor dem Genozid gegründet, von der ruandischen und auch der französischen Armee ausgebildet, waren im Genozid von 1994 die Haupttäter.

weil die Schwächsten und Kranken sich nicht mehr wuschen, hatten sie eben Läuse. So lange der Völkermord anhielt, hat Marie-Josée auf ihren Tod gewartet, konnte nicht fliehen. Und dann, am 2. Juni, endlich das Wunder: Die RPF – die Ruandische Patriotische Front, die mehrheitlich aus im Exil lebenden Tutsi bestehende Armee –[*] nahm Kabgayi ein und rettete die wenigen Überlebenden. Um aber die sichere Zone im Osten des Landes zu erreichen, mussten sie sich zwei Wochen lang zu Fuß durchschlagen. Für Marie-Josée war das zu anstrengend, es war zu viel für sie, so viel, dass sie den Genozid nicht mehr ertragen konnte, als alles zu Ende war; also musste ich ihn für sie ertragen. Ich sagte mir: »Wenn ich das Glück habe, mutig zu sein, wo andere der Mut verlässt, wenn ich das Glück habe, nicht zusammenzubrechen, dann muss ich eben durchhalten.« Außerdem habe ich mir auch immer vor Augen gehalten, dass meine Kinder überlebt haben. Warum sie und nicht …? Jedenfalls hielt mich der Gedanke – meine Töchter *leben* – aufrecht; an das, was ich verloren hatte, durfte ich nicht denken, sonst wäre ich unter der Last zusammengebrochen.

Ich kann dir nicht genau sagen, wann, aber es kam ein Moment, an dem ich mir sagte: »Esther, wenn du überle-

---

* Um in der Frage der Rückkehr der Exil-Tutsi eine Lösung herbeizuführen, war die RPF 1990 von Uganda aus nach Ruanda eingedrungen und hatte einen Krieg ausgelöst, der auch während des Genozids noch andauerte. Siehe José Kagabo und Théo Karabayinga, *Les réfugiés, de l'exil au retour armé*, in: *Les Temps modernes*, Juli-August 1995.

ben willst, musst du dir bewusst machen, musst du ins Auge fassen, was dir geblieben ist, und nicht, was du verloren hast.« Ich erinnere mich noch an die Liste, die ich damals gemacht habe, mit den Namen meiner Angehörigen und Freunde, und ich schrieb, schrieb die Namen all derer auf, die nicht mehr da waren, die Namen der Ermordeten ... Und wenn du mehr als hundert Namen aufschreiben musst – ich musste nicht mal in der weiteren Verwandtschaft suchen, ich zählte einfach die auf, für die ich mir unter normalen Bedingungen einen Tag frei genommen hätte, um bei der Beerdigung dabei zu sein – und wenn du da schon mehr als hundert Namen aufschreiben musst ..., dann wirst du, du ... ich war kurz davor, durchzudrehen. Und in dem Moment sagte ich mir: »So, jetzt mach ich die Gegenprobe: Wie viele Menschen in meiner Umgebung wären unglücklich, wenn ich heute verrückt würde?«, denn wahnsinnig zu werden, davor hatte ich wirklich Angst, ja. Ich fing also an aufzuzählen, wen ich nicht verloren hatte, wer traurig wäre, wenn ich durchdrehen würde: meine Kinder und meine Schwestern Marie-Josée und Joséphine, die ich wieder gefunden hatte, und meine Cousine Christine, die ich wieder gefunden hatte, und meine Neffen, die ich wieder gefunden hatte, und meine Freundin Alice, die ich wieder gefunden hatte, und eine Tante, die ich wieder gefunden hatte, und eine ... Und in dem Augenblick hab ich mir klipp und klar gesagt: »Esther, wenn du überleben willst, musst du dir bewusst machen, musst dir vor Augen halten, was dir geblieben ist, und nicht, was du verloren hast.«

Das denkst du nach dem Genozid. Während er im Gange ist, denkst du nur, überleben, wie überleben, überleben. Und man glaubte ja bis zum Schluss nicht daran, dass man überleben würde. Ich weiß noch, irgendwann habe ich unsere jüngste Tochter Babiche taufen lassen. Sie war nicht getauft, und ich dachte, wir würden alle sterben, und wenn du dem Tod ins Auge blickst, fällt dir alles ein, was du nicht erledigt hast … »Meine Jüngste ist ja gar nicht getauft!«, schoss es mir durch den Kopf. Mitten im Genozid … An dem Morgen fand sich sogar ein Priester, der bereit war, sie und zwei andere kleine Kinder zu taufen, vollkommen surreal. Innocent, mein Mann, war im April getötet worden, und Babiche, sechs Monate vorher zur Welt gekommen, wurde im Mai 2004 getauft. Babiche ist unsere Jüngste; sie heißt Mukasonga, »Die am Gipfel steht«, unser »Spitzenmädchen« sozusagen. Als unsere erste Tochter Anna zur Welt kam, nannten Innocent und ich sie Dushime, »Danke« für dieses Geschenk, denn sie war unser schönstes Geschenk. Amélia, unsere zweite Tochter, heißt Umuhire, »Glück«, also »die Glückliche«, weil wir glücklich sind und weil alles in unserer Familie so gut läuft. Und Amanda, unser drittes und letztes Kind, genannt Babiche, heißt Mukasonga, »Die am Gipfel steht«. Am Gipfel unseres Glücks. Wir hatten sie aber auch Mahoro genannt, »Frieden«, weil damals gerade das Abkommen von Arusha[*] verhandelt wurde. Wir dachten, alles käme

---

[*] Das Abkommen von Arusha, 1993 unterzeichnet, sah eine Übergangsregierung sowie Wahlen unter Beteiligung der RPF vor und regelte die Rückkehr der Exil-Tutsi in ihre Heimat Ruanda.

wieder in Ordnung; wir hofften, von nun an würde alles gut weitergehen. Wir hatten uns getäuscht. Wenige Monate später begann der Genozid.

Seit Innocent tot ist, habe ich den Namen Mahoro aus meinem Leben gestrichen; ich habe meine jüngste Tochter nie wieder so genannt.

2

Heute

April 2004, zehn Jahre danach. Zehn Jahre vergangen und endlich ein neuer Anfang. Ja, aber der Anfang von was? Ein neuer Lebensanfang? Endlich? Nicht länger mehr zum Leben verurteilt sein – das Gefühl verspürte sehr deutlich, wer den Genozid überlebt hatte –, sondern sich für das Leben *entscheiden*, diesen Weg bin ich in den letzten zehn Jahren gegangen. Und heute kann ich es sagen: Ich habe mir nicht ausgesucht, den Genozid im April 1994 zu überleben, genauso wenig wie die Meinen es sich ausgesucht haben, umgebracht zu werden, und sie zu verlieren war für mich so entsetzlich, dass ich auch sterben wollte. Aber ich habe überlebt. Es hat sich so gefügt. Heute lebe ich. Nicht, weil meine Mörder mich am Leben gelassen haben, sondern weil ich mich entschieden habe weiterzuleben.

Heute, zehn Jahre danach, bin ich in zweiter Ehe verheiratet mit Helmut, einem langjährigen Freund meiner Familie, der in Ruanda gelebt hat, und ich wohne in einer Kleinstadt in Deutschland, zusammen mit meinen Kindern Anna, Amélia und Amanda, alias Babiche. Ich arbeite als Therapeutin, insbesondere im Bereich Kriegstraumata, in einem psychosozialen Zentrum für Flüchtlinge. Parallel dazu halte ich Vorträge über die traumatischen Erlebnisse derer, die den Völkermord in Ruanda überlebt haben, und schildere dabei vor allem ihre aktuelle Lage – auch die der vergewaltigten und HIV-infizierten Frauen. Es kam so häufig vor, dass ein Täter sein Opfer erst vergewaltigte und dann sagte: »Ich töte dich nicht, was ich dir vermache, ist schlimmer als der Tod.« Fünf Jahre lang habe ich in Ruanda für Avega gearbeitet, die Vereinigung, die wir überlebenden Witwen gegründet hatten, und wir taten uns seinerzeit schwer, Gründe zu finden, um durchzuhalten, weiterzumachen. Es gab einfach keine, also haben wir Gründe geschaffen. Während der letzten beiden Jahre habe ich dort Frauen und Kinder therapeutisch betreut, und ich weiß, dass sie, vor zehn Jahren zum Leben verurteilt, heute *beschlossen* haben zu leben. Noch aber fehlen ihnen die Mittel dazu. Noch muss man sie ihnen geben.

Mein Gott, was hab ich seitdem hinter mir ... Seitdem, seit April 1994, seit mein Leben total umgekrempelt wurde. Umgekrempelt sagt sich so leicht, als hätten sich bloß ein paar Kleinigkeiten geändert in meinem Leben ... Aber nein, es ist der Horror, es ist das Ende, unvorstellbar, unaussprechlich, unerträglich. Doch unerträglich für wen? Für mich? Nein, ich kann mir diese Frage nicht stellen. Kann mir nicht aussuchen, ob ich das unerträglich finde oder nicht, denn ich muss es ertragen, um meiner Kinder willen, die leben sollen. Meine Kinder sind meine Prinzessinnen.

Wir machen Urlaub, am Meer. So schön, die Blumen mit ihren herrlichen Blüten, vor allem die Bougainvilleen. Heute habe ich fast wieder Frieden geschlossen mit den Bougainvilleen. Ich war lange Zeit wütend auf sie, denn nach dem Genozid im April blühten sie überall, als sei nichts gewesen, das nahm ich ihnen übel. Wie frech, einfach weiterzublühen! Nach einem Genozid glaubst du, Blumen werden nie wieder blühen, der See wird nie wieder so still daliegen, die Grillen werden nie wieder fröhlich zirpen. Du glaubst, Schönheit dürfe es nicht mehr geben. Also ließ ich meine Wut an den Bougainvilleen und an allen anderen Blumen aus, weil ich mich über nichts anderes ärgern konnte; ich ertrug sie einfach nicht mehr. Nach zehn Jahren fand ich sie nun zum ersten Mal wieder schön, auch die Hibiskusblüten und all die anderen, von denen ich nicht einmal weiß, wie sie heißen. Ich kannte keinen einzigen Blütennamen. Bei uns blühen Blumen einfach. Sie haben keine Namen. Essen kann man sie nicht, warum sollte man sie also benennen? Bevor die so genannten zivilisierten Menschen anfingen, Blumen zu schenken, hätte in Ruanda kein Mensch daran gedacht, einer Frau, die gerade ein Kind zur Welt gebracht hat, Blumen mitzubringen: Das sind bloß ungenießbare Pflanzen. Kühe, ja, die haben einen Namen und sind wichtig: Sie geben Milch. Und Milch ist lebenswichtig für Kinder. Und für die Kälbchen auch. Bei uns gelten Kälbchen als schön. Deshalb sagt man einem hübschen Mädchen mit schönen Augen ja auch, sie hat Kälbchenaugen. Ein wunderschönes Kompliment! Aber sag das mal einer Europäerin.

Heute, zehn Jahre danach, fehlt mir das alles. Mein ganzes vergangenes Leben fehlt mir, die Meinen fehlen mir, Ruanda fehlt mir … Aber ich halte durch, für meine Töchter. Sie sind mein Leben. Sie haben den Völkermord überlebt. Mit ihren fünfzehn, zwölf und zehn Jahren sprechen sie vier Sprachen – auch Kinyaruanda perfekt –, gehen auf gute deutsche Gymnasien und können ruandische Tänze exzellent tanzen. Damit kein Missverständnis aufkommt: Ich sage das nicht, um mich hervorzutun, sondern um auszudrücken, wie lebendig sie sind, *sehr* lebendig sogar. Für jemanden, der zum Tode verurteilt war, ist das wie ausgleichende Gerechtigkeit. Es wäre so schön, wenn es allen anderen Waisenkindern auch so gut gehen könnte. Zu den großen Konferenzen über die dramatische Lage der Frauen, die HIV-infiziert sind, weil die Völkermörder sie vergewaltigt haben, nehme ich meine Töchter immer mit. Sie haben sogar schon Stars getroffen, Sänger oder Schauspieler in England, aber dich, Innocent, ihren größten Star, ihr Idol, dich, ihren liebenden Vater, dich werden sie nicht näher kennen lernen.

Du hast uns zu früh verlassen, Innocent … Wir waren verliebt, wahnsinnig verliebt ineinander. Und die Mädchen, Anna, Amélia, Amanda, waren unsere Prinzessinnen – die Prinzessinnen von Shyorongi, denn sie stammen tatsächlich in der sechsten Generation von König Gahindiro ab. Wir waren die ideale Familie. Ein Musterbeispiel für alle jungen Leute, die von einer eigenen Familie, einem eigenen Haushalt träumten – modern, aber bescheiden. Reich sind wir nicht, weiß Gott nicht. Wir haben kein Auto und träumen auch nicht davon, uns in nächster Zeit eines anzuschaffen. Du, Innocent, du hast dein Fahrrad. Und mitten in Kigali auf einem Fahrrad unterwegs zu sein, das verlangt Heldenmut. Ich stand immer Ängste aus, du könntest einen Unfall erleiden: ein verrückter Bustaxifahrer, ein verrückter Autofahrer, und schon wäre es passiert, weil kein Mensch in Kigali auf Radfahrer achtet. Zweiräder sind was für arme Leute: Du kriegst allen Staub ab, und du schwitzt. Und wer bequem in seinem Auto sitzt, der kann sich erlauben, dich anzuschreien, weil du bloß Fahrrad fährst. Aber das sieht dir ähnlich, Innocent: Kein Mensch, kein Gesetz dieser Welt kann dich schrecken. Ich weiß auch noch, o ja!, dass du besonders auffällst, weil du kaum Lust hast, mit Freunden in die Kneipe zu gehen – wo man ganz bestimmt die neuesten Nachrichten aus dem Viertel erfährt, aber auch, was sich in der Politik abspielt. Dich interessiert weder das eine noch das andere. Für dich stehen an erster Stelle deine Kinder, die großen und die kleinen: Du willst ihnen ein Dach über dem Kopf geben, eine Ausbildung bieten. Die Kleinen, das waren damals unsere drei Töchter – unsere leiblichen, wie man hier in Europa sagt. Bei uns in Ruanda ist das anders. Die Kinder, sicher, das sind zunächst unsere eigenen, aber unsere Kinder nennen wir auch alle jüngeren Geschwister, die bei uns leben, solange sie zur Schule gehen. Also deine jüngeren Brüder und Schwestern, da du der älteste Sohn der Familie bist, und meine Cousinen, da ich die Letzte in meiner Familie bin. Und dazu unsere drei hübschen Prinzessinnen, Anna,

Amélia und Amanda – jede hat einen Vornamen, der mit
»A« anfängt und mit »A« aufhört. Schöne Namen und
auch praktisch, in allen Sprachen einfach auszusprechen,
denn wir sind weltoffen und in Berührung mit kultureller
Vielfalt.

Zu unseren großen Kindern, Naganeri, Cyemayire und
Umutesi, zählt auch deine Schwester Marie-Claire Umudeli, die seit dem ersten Tag unserer Ehe bei uns gelebt hat.
Als Tutsi, die zum Gymnasium gehen will, hat sie nur eine
Chance, wenn sie bei uns in Kigali lebt, denn die Quoten
sind strikt: Nur vierzehn Prozent der Tutsi werden zugelassen. Keine Schule darf die vorgeschriebene Anzahl über-
schreiten. Durch dieses Nadelöhr schafft nur selten ein
Tutsi den Weg in die staatliche und mit öffentlichen Mitteln geförderte höhere Schule. Es sei denn, natürlich, es
gelingt – und zwar durch Bestechung in beträchtlicher
Höhe – die Leute im Ministerium auf seine Seite zu ziehen, die die Listen mit den glücklichen Gewinnern zusam-
menstellen. Aber statt uns erpressen zu lassen und für teu-
res Geld einen Platz zu kaufen, haben wir lieber eine
Privatschule gesucht.

Unsere Marie-Claire würde also auf die von einer El-
tern-Vereinigung gegründete APACOPE-Schule gehen, wie
alle von der Politik benachteiligten Kinder, ob Tutsi oder
Hutu. Und trotz der Diskriminierung, der sie unterworfen
ist, ist Marie-Claire super. Sie ist sehr offen, und was sie
denkt und fühlt, sagt sie klar und deutlich. Wir sind ihre
Eltern und zugleich Freunde. Wie Kinder können wir zusammen spielen und springen, wir ärgern uns aber auch,

wenn sie schlechte Noten heimbringt. Und jetzt konnte ich nicht mal deine Leiche heimbringen, Marie-Claire Umudeli. Du warst so hübsch geworden, sportlich, verantwortungsbewusst, liebevoll. Nein, Umudeli, dass dir die Leute aus Shyorongi mit einer dreckigen Machete den Kopf abschlagen, das hast du nicht verdient. Ich versuche seitdem herauszufinden, wie du dein tragisches Ende gefunden hast; eines Tages werde ich es wissen und werde es aufschreiben, für meine Töchter – deine Nichten, die dir schon sehr ähnlich werden, zehn Jahre danach. Und vielleicht kann ich dich wieder finden, dich angemessen beerdigen.

Du hast uns zu früh verlassen, Innocent. Verlassen, diesen Euphemismus gebrauchen wir, um nicht sagen zu müssen, dass jemand gestorben ist. Aber du bist wirklich gestorben. Am Samstag, dem 30. April 1994.

»Sie« stürmten in unser Versteck, haben uns getrennt, Frauen und Kinder auf eine, die Männer auf die andere Seite, und zusammen mit den anderen Männern haben sie dich mitgenommen. Mao, der Jüngste von euch, war zwölf: Sie haben ihm nicht erlaubt, sich mit zu den Frauen und Kindern zu setzen. Zwölf Jahre waren für einen Tutsi schon viel. In dem Alter war er bereits ein Feind, ein gefährlicher Feind. Also musste er sterben. Er, du und alle anderen. Unsere Eltern, unsere Kinder, unsere Freunde. Das war zu viel, Innocent. Eine riesige Leere. Das hat ein tiefes Loch gerissen. Ich dachte, es würde uns alle schlucken. Ich hoffte, nicht einer von uns würde überleben. Doch leider hat es nicht funktioniert. Der Tod wollte uns

40

nicht, um Yolande[*] zu zitieren. Wir waren – ja – zum Leben verurteilt.

Zum Leben ohne dich, zum Leben ohne Papa und Mama, zum Leben ohne meine Schwestern Stéphanie und Rachel, ohne Marcel, ohne Buhinjori, Tika, Kinini und Babu, meine Neffen und Nichten.

Zum Leben ohne Charles, ohne Richard, ohne Jonas und Ildéphonse, meine Schwäger.

Zum Leben ohne Onkel und Tanten, ohne Maria, Daniel und fast alle seine Kinder, Sakumi und Immaculée, Épiphanie, Mugabo, Migambi, Sarah und alle ihre Kinder ... Innocent, alle sind sie von uns gegangen.

Zum Leben ohne deine Angehörigen. Ich weiß nicht, ob du es erfahren hast. Was wissen wir denn von dort, wo du bist? Dein Papa, deine Mama, dein Bruder Ngabo, seine Frau und ihre zwei Kinder, deine Schwestern Umutesi und Umudeli.

Und Cyemayire, euer Jüngster, alle, Innocent, sie sind alle tot.

Donata, deine Tante, und Kanamugire mit ihren acht Kindern, keines hat überlebt. Alles zu Ende, in Mbizi. Ja, die Vernichtung, genau wie sie's gegrölt haben, die Interahamwe, wenn sie ihre Runden machten. Ja, sie hatten uns versprochen, uns zu vernichten, und sie haben ihr Versprechen gehalten.

Dein Großonkel Muragwa ist nicht mehr. Stell dir vor, nicht einmal vor ihm haben sie Halt gemacht, der immer

---

[*] Yolande Mukagasana, *La mort ne veut pas de moi*, Paris 1997.

so elegant aussah in seinen weißen Gewändern. Dein Großonkel, mit seinen neunzig Jahren, den wir so geliebt haben, immer ging er kerzengerade und war ein großer Tänzer, damals am Königshof. Vor zwei Jahren entdeckte jemand weiße Tücher in einem Loch – das waren seine. Sie waren nicht mehr weiß. Sogar ihn zu töten, sogar das haben sie gewagt.

Eines Tages fing ich an, die Namen all derer aufzuschreiben, die ermordet worden waren, und musste mittendrin aufhören. Es ist unmöglich. Allein im Massengrab in Mwirute bei meinen Eltern sind es siebenundvierzig, Innocent. Ironie des Schicksals, Innocent: Am Tag, als sie sie umgebracht haben, alle siebenundvierzig – Eltern, Freunde, Nachbarn –, hat sich die Gruppe erst in unserer Kirche in Mwirute versammelt; sie wollten ihr Leben in Gottes Hände geben. Jemand hatte ihnen gesagt, diesmal sei wirklich Schluss, heute sei ihr letzter Tag. Dieser jemand war Rutuku. Der Sohn von Ndorayabo und Nsekanabo, dem Metzger, dem Mörder im Dorf. Kein Tutsi, auch keine Kuh eines Tutsi entkam seiner Machete, als der Genozid losbrach. Rutuku war vor 1973 unser Nachbar, damals mussten wir wegziehen, um uns vor den Massakern an den Tutsi in Sicherheit zu bringen, nachdem unser Haus abgebrannt, unsere Kühe geschlachtet und alles geplündert war. Rutuku war schon damals mit von der Partie. Er hatte überall seine Finger drin und war immer völlig unbekümmert. Nur einmal ging es ihm an den Kragen, das weiß ich noch. Ein paar Leute hätten ihn fast zu Tode geprügelt, weil sie ihn mit einer gestohlenen Kuh erwischt hatten. Die gehörte einem Hutu. Und die Hutu haben Rechte. Einem Hutu stiehlt man keine Kuh. Und wer's doch tut, der wird bestraft. Wer aber einem Tutsi Kühe stiehlt, der geht straffrei aus.

Tutsi sein hieß im Ruanda der Jahre von 1959 bis 1994, Bürger zweiter Klasse sein. Ich bin im September 1958 geboren, Innocent im August 1957.

Du hast uns zu früh verlassen, Innocent. Unsere Prinzessinnen werden dich, dich, ihren Star, nie wieder treffen. Aber Hugh Grant haben sie schon getroffen, in England. Verrückt, wie unsere Töchter die Welt bereisen und manchmal Berühmtheiten treffen, auf Spendengalas ... Das geht mir oft durch den Kopf. Dann sage ich mir: »Das erleben sie alles um den Preis von Innocents Tod«, und ich fühle mich schuldig.

3

Alices Geschichte
einmal zu Ende erzählen

Ich möchte dir Alices Geschichte gern zu Ende erzählen.

Alice, das ist ein Buch! Ihre Kinder waren also einfach so weggelaufen, ohne recht zu wissen wohin; und schließlich flüchteten sie sich zu einem Freund, einem Hutu, der versteckte sie, und – du wirst das Wunder nicht glauben! – in der Nacht, in der Alice aus ihrem Loch kroch und auch nicht recht wusste wohin, flüchtete sie sich wahrhaftig zu dem gleichen Nachbarn! Der Nachtwächter, der für ihn arbeitete, war derselbe Mann, der die Leichen in die Grube geworfen und Alices vermeintlichen Leichnam gesehen hatte. Als er sie an dem Abend vor sich auftauchen sah, blutüberströmt – stell dir vor, wie du aussiehst, eben vom Tode auferstanden –, da dachte er, es wäre ein Geist erschienen um sich an ihm zu rächen, also riss er die Arme hoch und schrie: »Hilfe! Hilfe!« »Psst, sei still! Sei doch still«, hat Alice ihn beschworen, »ich bin kein Geist!« Er hat sich beruhigt, aber die Nachbarn, die das Geschrei gehört hatten, kamen aus dem Haus gestürzt. Sie haben Alice und die Kinder versteckt. Als aber immer mehr Bomben auf Kigali fielen, flohen sie zu ihren Verwandten nach Butare, in den Süden. Alice hat sie angefleht: »Bitte, jagen Sie mich nicht davon, ich nehme Ihnen nichts weg, lassen Sie nur ein Zimmer offen, wir rühren nichts an. Wenn Sie mich auf die Straße setzen, bringen die Leute mich um.« Und die Familie sagte: »Bleiben Sie!«, und sie blieb, mit ihren Kindern. Diese Menschen waren wirklich mutig. Alice weiß bis heute nicht, wo sie leben, weil sie ins Exil gegangen sind. Gerechte nennt man solche Leute bei euch.

Kaum war die Familie fort, hat der Nachtwächter Alice und ihre Kinder verraten. Du weißt ja, Nachtwächter, Hausdiener, Köche stehen auf der untersten sozialen Stufe; der Genozid gab ihnen gewissermaßen Gelegenheit, sich an der Gesellschaft zu rächen. Sie wurden die Herrscher der Straße, Herrscher der Straßensperren[*] und damit Herrscher über Leben und Tod eines jeden Tutsi. Ihre Arbeitgeber von gestern, gut situiert wie Alice zuvor, und alle Menschen in deren Umfeld wurden ihre Beute. Das Erste, was dieser Nachtwächter also tut, er geht schnurstracks zur Miliz und verrät: »Das Weibsstück von neulich, die ist gar nicht tot«, und die Milizionäre kamen schreiend angerannt, um Alice abzuholen, die gerade noch rechtzeitig reagieren kann: Sie versteckt ihre Kinder unter einer Tonne und klettert unters Dach. Heute wundern wir uns, wie gelenkig wir waren und in die Zwischendecke kriechen konnten! Die Dächer

---

[*] Das ganze Land war übersät mit Straßensperren, bewacht von Soldaten und vor allem Milizionären, die die ethnische Identität eines jeden Ruanders überprüften und mit der verglichen, die in seinen Papieren stand. Alle Tutsi und auch Leute, die aussahen wie Tutsi, aber keine Papiere vorweisen konnten, wurden auf der Stelle getötet.

bei uns sind oft aus Wellblech; zusätzlich, auch wegen der Hitze, zieht man Wärme dämmende Zwischendecken ein. Uns dienten sie damals als Versteck. Heute sagen die Überlebenden zum Spaß: »Jetzt käme ich nicht mehr da rauf!«, aber damals krochen sie alle da oben hinein, wie besessen. Viele verdanken den Zwischendecken ihr Leben; aber manche sind dort auch umgekommen, verhungert.

Und kaum hatten die Mörder von dem Versteck Wind bekommen, suchten sie auch dort, oder sie schossen einfach nach oben.

Alice verbarg sich also in der Zwischendecke, und als die Milizionäre kamen, riefen sie: »Wir stecken das Haus in Brand. Wir wissen, dass du dich da oben verkrochen hast«; und aus Loyalität gegenüber den Nachbarn, die sie beherbergt hatten, ist Alice runtergeklettert und hat gefleht: »Bitte, brennt das Haus nicht ab!« Zu der Zeit war uns noch nicht klar, dass sie sowieso alles zerstören würden. Alice hat sich ergeben. Ihre Kinder aber blieben unter der Tonne versteckt. Die Männer führten Alice zum Marktplatz. Zur großen Schlachtbank sozusagen, wo sie denen den Garaus machten, die dem Tod bislang entronnen waren. Sie zogen sie aus, haben sie furchtbar gedemütigt. Und sie, sie wartete auf den Todesstoß, und da – nein, also das mit Alice, das ist wirklich eine unglaubliche Geschichte! Stell dir vor, ein Wunder! Plötzlich fuhr ein großer Lkw vor, mit schwer bewaffneten Milizionären, und Alice dachte sich: »Vielleicht bringen sie mich jetzt wenigstens um, dann ist endlich alles vorbei.« Einer der Männer steigt aus und – nein, nein, du hältst es nicht für möglich! – wirft ihr ein Tuch zu (die von der Miliz hatten immer Tücher um den Kopf) und sagt zu ihr: »Zieh das über!« Dann fragt er sie: »Wie kann ich dir helfen?« Alice glaubt noch immer, er will sie umbringen, er persönlich, oder er wird sie um die nächste Ecke mitnehmen, um sie zu vergewaltigen; im Grunde wusste sie gar nicht, was sie antworten sollte. Also hat sie einfach gesagt: »Bring mich dahin zurück, wo sie mich gefunden haben.« »Wo war das denn?«, hat der Typ sie gefragt, und als sie ihm erklärt: »Hier um die Ecke«, hat er geantwortet: »Da kann ich dich aber nicht schützen.« Schützen? Beschützen? ... Warum sollte er sie schützen wollen? Weil aber ihre Kinder dort waren, noch versteckt bei dem Hutunachbarn, sagte sie noch mal: »Bring mich dahin zurück, ich kann nirgendwo anders hin.« Also hat er sie eskortiert, mit seinen Gewehren, und hat die anderen Milizionäre gewarnt: »Ihr tötet, ich töte. Wer dieser Frau ein Haar krümmt, der wird mich kennen lernen!« Die andern waren sicher, er würde sie sich nehmen und ... Er brachte Alice also an den Ort, den sie ihm genannt hatte, und er gab ihr noch was zum Anziehen, auch Reis und Zucker, den die andern geplündert hatten, und sagte zu ihr: »Wenn du nicht von hier weg willst, kann ich nichts weiter für dich tun. Ich hätte dir gern geholfen.« Alice fand endlich den Mut, ihn zu fragen: »Warum tust du das?«, denn es wollte ihr einfach nicht in den Kopf. »Ich kenne dich nicht, du kennst mich nicht, warum tust du das?« Der Typ hat ihr geantwortet: »Du weißt zwar nicht, wer ich bin, aber ich kenne dich. Du bist Soundsos Tochter.« Und er nannte den Namen ihres Vaters. Dann ist er fortgegangen, ohne sich weiter zu erklären.

Da aber ihr Vater mit dem Leben davongekommen war, erfuhr Alice nach dem Genozid, warum der Mann sich so verhalten hatte. Als ihr Vater Krankenpfleger war, wohnte die Familie in Nyanza, wo jener Milizionär seit langem als Bandit bekannt war. Eines Tages hatten Leute ihn beim Stehlen erwischt. Wenn man bei uns einen Dieb zu fassen bekommt, bezieht er Prügel, und zwar von allen, wie zur Volksbelustigung. Die Leute prügelten ihn auf der Straße fast zu Tode, als Alices Vater zufällig vorbeikam und einschritt, weil er nicht mit ansehen konnte, wie jemand so zugerichtet wurde. Aber das war lange her, lange her … »Was soll das denn?«, hat er die Leute gefragt, »warum schlagt ihr ihn? Wenn er gestohlen hat, übergebt ihn der Gendarmerie«, und dann hat er den Kerl aus der Menge gefischt, die ihn so zugerichtet hatte, und hat ihn ins Gefängnis bugsiert. Ein paar Monate später war er natürlich wieder frei und machte weiter als Bandit. Und kannst du dir vorstellen, dass er eines Tages in Kigali die Tochter seines Retters trifft? Und dass er sie sitzen sieht, mitten unter Mördern, in derselben Klemme, in der er einst gesteckt hatte! … Solche Geschichten können nur Alice passieren! Die Geschichte geht aber noch weiter! Der Typ hat sie also dort gelassen, in Sicherheit, weil alle glaubten, sie wäre nun die Frau des großen Milizchefs. So rührte niemand sie an. Selbst der Nachtwächter begegnete ihr mit Respekt. Sie blieb also in dem Haus, zusammen mit ihren Kindern. Aber während der Gefechte, die sich Regierungsarmee und RPF um die Oberhoheit über den Flughafen liefern, verlässt Alice ihr Versteck; irgendwann gerät sie zwischen die Fronten, wirft sich bei einem Bombenangriff schützend über ihre Tochter, verliert dabei aber Denis. Nach der Schlacht von Kicukiro, einem Stadtviertel von Kigali, die die Soldaten der RPF schließlich für sich entscheiden, kommen sie, um die Verletzten einzusammeln; Alice und ihre Tochter hatten nicht einen Kratzer abbekommen, aber sie wurde fast wahnsinnig, weil die Soldaten Denis nicht fanden: »Sucht sofort meinen Sohn, sucht auf der Stelle meinen Sohn, ich will ihn sehen, selbst wenn er nur noch ein Leichnam ist …« Aber die Soldaten erwiderten: »Hör auf damit! Wenn er tot ist, ist er tot. Wir kümmern uns um die Lebenden«, und dann haben sie sie mit Gewalt in ein Lazarett geschleppt, in Ndera, in der Nähe von Kigali. Und sie geht ohne ihren Sohn, weil sie glaubt, er ist tot. Dabei ist er gar nicht tot! Er konnte entkommen und hat mehr schlecht als recht überlebt. Auf der Flucht traf er überall dort, wo er Unterschlupf suchen wollte, auf nichts als den Tod. Er kam bei meiner Schwester vorbei, mit der er verwandt ist, und da war alles leer, alles ausgelöscht; er ging zu Freunden seiner Mutter, da lagen Leichen im Hof aufgetürmt; er ging zu uns nach Hause und fand auch dort keine Menschenseele mehr am Leben … Also hat das Kind sich gesagt: »Jetzt hab ich meinen Vater verloren, meine Mutter, meine Schwester, alle Freunde, das Leben hat keinen Sinn mehr«, und ging an eine Straßensperre, bei Onatracom, dem öffentlichen Nahverkehrsbetrieb, um zu sterben. An der Sperre standen meist Erwachsene, manchmal aber auch Jugendliche und

Kinder. Als Denis dort ankam, waren alle Hutu unterwegs, hinter einem vermeintlichen RPF-Komplizen her – in Wirklichkeit nur ein Tutsi, dem es bisher gelungen war, unentdeckt zu bleiben. An der Sperre hielt sich nur noch ein Junge auf, der fragte Denis: »Was willst du denn hier? Die bringen dich doch um!« »Das sollen sie ja«, hat Denis ihm geantwortet, und der Junge sagt: »Nein, das kommt gar nicht in Frage!« und versteckt Denis in der Zwischendecke des Hauses, in dem sich die Milizionäre trafen, wenn sie die Straßensperre verließen. Wann immer er konnte, brachte er ihm zu essen; die beiden Jungen blieben lange dort, zusammen.

Als die RPF Kigali am 4. Juli 1994 einnahm, flohen die Milizen – das war die große Fluchtwelle nach Zaire –, und die Kinder beschlossen zu bleiben. Der Junge, der Denis gerettet hatte, wollte ihn nun erst recht nicht allein lassen, also hat er sich mit ihm versteckt, und die beiden waren unter den Ersten in Kigalis Straßen, als die Stadt befreit wurde, und haben sofort mit den RPF-Soldaten Freundschaft geschlossen. Soweit die Geschichte von Denis' Rettung. Aber die Geschichte vom Wiedersehen mit seiner Mutter, du meine Güte! Während Denis sich in Nyamirambo aufhielt, einem Viertel ganz am anderen Ende von Kigali, kam Alice aus dem RPF-Lazarett in Ndera zurück und fand in Remera, einem östlichen Vorort von Kigali, wieder eine Bleibe; unterwegs hatte sie überall und jedem erzählt, ihr Mann und ihr Sohn seien tot. Dabei waren Mutter und Sohn in derselben Stadt, ohne voneinander zu wissen. Eines Tages, am andern Ende der Stadt, traf ein

Mädchen, dem Alice ihre Geschichte erzählt hatte, auf dem Heimweg Denis. Das Mädchen sagt zu ihm: »Du bist tot!« (*Lachen*) Das ist einer der Witze seit dem Genozid! Wenn dir jemand begegnete, von dem du dachtest, er sei verschwunden, hast du ihn vor Schreck nicht gefragt: »Du bist ja gar nicht tot?«, sondern du hast gleich gesagt: »Du bist tot!« Und Denis antwortet (*Esther lacht*): »Nein, nicht ich bin tot, sondern meine Mutter und meine Schwester, sie sind in der Schlacht um Kicukiro umgekommen.« Und das Mädchen antwortet ihm: »Nein, du bist tot, aber deine Mutter und deine Schwester sind am Leben.« Schließlich haben sie begriffen, wie es sich verhielt, und das Mädchen hat ihn zu seiner Mutter geführt: So haben Alice und Denis sich wieder gefunden.

An dem Tag, an dem Alice mir ihre Geschichte erzählt hat, hat das länger gedauert als einen Nachmittag; ich glaube, sie hat dann bei mir übernachtet. Ich habe ihr gern zugehört. Aber noch heute, wenn ich spüre, dass sie zu sehr leidet und ich ihr rate: »Alice, geh doch trotzdem zu einem Therapeuten«, lehnt sie das ab und sagt – was mir weh tut: »Nein, nein, mit dir kann ich darüber reden, mit anderen nicht.« Und dann weißt du nicht recht, wie du reagieren sollst. Bei uns ist das mit der Therapie ein großes Problem, weil die Frauen dir oft sagen: »Ich erzähle dir meine Geschichte, weil du meine Freundin bist, ich will nicht mit dir reden, weil du Therapeutin bist.« Ich habe immer Verständnis dafür, wenn die Frauen mir das so sagen, ich hatte schon so oft Auseinandersetzungen mit Therapeuten, die kategorisch erklärten, zwischen Therapeut und Patient muss eine klare Distanz bestehen! Ich weiß ja, dass man Abstand braucht, und den will ich auch gern wahren, ich will aber vor allem, dass die Person, die ihr Leben vor mir ausbreitet, sich wohl fühlt.

Gewiss musst du als Therapeutin präzise definierte Grenzen ziehen und dich zu schützen wissen. Ich sage mir aber, in Fällen des Wahnsinns, wie wir ihn erlebt haben, geht das nicht ... Ich jedenfalls kann nicht *nicht* ihre Freundin sein, wenn wir so was gemeinsam erlebt haben. Deshalb ist es mir auch herzlich egal, wenn mir jemand sagt: »Ich erzähl dir das alles, weil du meine Freundin bist.« Ich will die Beziehung zu diesem Menschen nicht kaputt machen, um mich vermeintlich selbst zu schützen; wie ich mich schütze, bleibt allein mir überlassen, auf keinen Fall aber um den Preis einer Distanz, die den Patienten daran hindern könnte, sich zu entlasten. Also kann auch Alice mit mir als Freundin sprechen ... Die Frage der Abgrenzung ist immens wichtig, aber sie wird zur reinen Theorie, wenn man nicht einsehen will, dass Grenzen in manchen Situationen zwangsläufig fließend verlaufen. Und unsere Situation ist ein Ausnahmefall. Daher ja auch mein Entschluss, Therapeutin zu werden, kaum ein Jahr nach dem Völkermord.

4

Von der Überlebenden
zur Therapeutin Überlebender

»Entschuldigen Sie, Madame, aber Sie sind nicht vom Fach, Sie verstehen nichts davon.« Dabei bin ich sicher, dass ich Recht habe: Einem Kind, das überlebt, aber Hunger hat, macht in dem Moment sein leerer Magen mehr zu schaffen als sein Trauma. Doch der Mann von der Hilfsorganisation, der an jenem Tag mitten in der Expertensitzung auf meine Wortmeldung antwortet, hat auch Recht, wenn er betont, dass ich das Diplom nicht habe, das ich brauche, um meine Ansicht vertreten zu können. Ich kann ihm also nicht widersprechen. Doch im Stillen sagte ich mir damals: »Ich will Ihnen in ein paar Jahren dasselbe sagen können und dass Sie dann auf mich hören.« Und genau in diesem Augenblick, an jenem Morgen, kaum ein Jahr nach dem Genozid, beschloss ich, Therapeutin zu werden.

Ich bin auf einer Koordinationssitzung von UNICEF. Nach dem Genozid hatten die NGOs, die regierungsunabhängigen Organisationen, ihre Einsatzbereiche untereinander aufgeteilt. UNICEF hatte den Bereich psychologische Betreuung übernommen und sollte Lehrer und Verwaltungsangestellte ausbilden, traumatisierten Menschen zuzuhören und zu helfen. Als Diplomsoziologin hatte ich nach meinem Studium an der Universität Löwen in Belgien schon vier Jahre vor dem Völkermord für Oxfam, die britische Hilfsorganisation, gearbeitet und meine Stelle kurz nach dem Genozid wieder angetreten; deshalb nahm ich an solchen Sitzungen teil. Der bei UNICEF für die psychologische Betreuung zuständige Mitarbeiter erklärt uns sein Programm; die Methode besteht darin, Kindern zuzuhören, sie Bilder malen zu lassen, ihr Trauma zu erkennen und es anhand psychologisch fundierter Gespräche zu behandeln. Ohne dabei die sozialen Bedingungen zu berücksichtigen, unter denen sie lebten, völlig mittellos. Die meisten Kinder, die da malen sollten, waren Vollwaisen geworden, hatten kein Dach über dem Kopf und nicht ein Körnchen Reis zu essen. Ich habe mir also erlaubt, mich zu Wort zu melden und zu sagen, dass ich nicht einverstanden sei: Ich fand es utopisch zu glauben, ein Kind mit leerem Magen hätte nichts Eiligeres zu tun, als seine traumatischen Erlebnisse zu offenbaren. Man müsse dem Kind erst zu essen geben. Ich dachte praktisch: »Ich glaube, man sollte beide Bestandteile gleich wichtig nehmen: den Hunger und das Trauma.« Der Typ fragt mich nach meinem Beruf. Ich antworte, ich bin Soziologin und arbeite zurzeit als Sozialarbeiterin für Oxfam. Da sagt er zu mir: »Entschuldigen Sie, Madame, aber Sie sind nicht vom Fach, Sie verstehen nichts davon.«

Er hätte es mir auch anders sagen können, aber er war arrogant. Er hätte mir zum Beispiel erklären können, dass UNICEF ein eigenes Programm hat und nicht mit Sozialarbeitern zusammenarbeitet – obwohl ich bis heute überzeugt bin, dass ich mit meiner Auffassung richtig lag: Psycho geht nicht ohne sozial. Aber nein, er hat mir stattdessen deutlich zu verstehen gegeben, dass ich keine Ahnung hätte. Was war er noch? Psychoanalytiker oder Psychologe? ... Ach, ich weiß es nicht mehr ... Jedenfalls war er Experte, aus dem Ausland. Und arrogant. Doch genau das hat mir ja geholfen, ihm gegenüber schwor ich mir: »Ich will Ihnen in ein paar Jahren dasselbe sagen können und dass Sie dann auf mich hören.« In dem Moment wurde mein Interesse für meinen jetzigen Beruf geweckt, ich wollte Therapeutin werden. Nach der Sitzung sagte ich mir: »Das will ich machen.« Um mitreden zu dürfen, aber auch, um Menschen konkret zu helfen, Patienten, die durch den Genozid, besonders aber durch seine Folgen – Verlust der Familie, Verlust ihrer Felder – völlig traumatisiert waren und von denen mir nach dem Völkermord so viele begegneten. Eines Tages, inzwischen war ich Therapeutin in Ruanda, kam ein Junge zu mir in die Praxis, Jean-Pierre, elf Jahre alt; er war stark traumatisiert durch den Verlust seiner ganzen Familie und weil er hatte mit ansehen müssen, wie die Seinen gefoltert wurden. In den ersten Sitzungen sprachen wir über seinen Schock, doch bald fasste er Mut und sagte mir Folgendes: »Ich kann nachts nicht schlafen, weil ich mich frage, was ich meinen Brüdern, um die ich mich kümmern muss, zu essen geben soll.« Ich praktizierte damals bei Avega, unserer Vereinigung für überlebende Witwen, und in diesem Punkt waren wir uns alle einig: Ein Patient wird auf keinen Fall geheilt, wenn man ihn behandelt, ohne den Versuch zu machen, auch seine materiellen Probleme zu lösen. Meine Zusatzausbildung in Großbritannien hat mich darin bestärkt; nicht alle Fachleute sind der gleichen Meinung, zum Glück. (*Lachen*) Aber warum musste er mir das so unverblümt sagen, dieser Typ von UNICEF? ... O je! Da haben wir die unglaublichsten Typen erlebt, nach dem Völkermord!

Vor Beginn meiner Ausbildung zur Psychotherapeutin an der Universität von East Anglia habe ich in Großbritannien noch ein ganzes Jahr für Oxfam gearbeitet. Während des Genozids hatten meine Kollegen alles in Bewegung gesetzt, um mich ausfindig zu machen. Nachdem sie mich gefunden hatten, habe ich meine Arbeit sofort wieder aufgenommen. Ich hatte Glück, ganz zu Beginn der Massaker, weil ich an einer Sitzung in Gisenyi nicht teilnahm. Die war von Milizionären unterbrochen worden, und alle Tutsi, die sich am Tagungsort aufhielten, wurden niedergemetzelt. An jenem Tag war ich ausnahmsweise nicht bei der Arbeit. Babiche, meine Jüngste, hat mich gerettet: Es war kurz nach ihrer Geburt, ich hatte sie im November 1993 geboren und wollte nicht sofort wieder arbeiten. Also nahm ich, zum ersten Mal überhaupt, sechs Monate Mutterschaftsurlaub. Gisenyi im Norden war die Region der schlimmsten Extremisten. Wenn ich dort gewesen wäre, hätte ich nicht überlebt.

Meine Kollegen bei Oxfam hatten während des Genozids alles versucht, mich zu finden, zu erfahren, wo ich war, als ich mich versteckt hielt; sie bauten ein Solidaritätsnetz auf und informierten die Freunde in Belgien und anderswo. Sehr schnell hatten sie in Erfahrung gebracht, dass mein Mann ermordet worden war, wussten aber vom Roten Kreuz, das uns ausfindig gemacht hatte, dass meine Töchter und ich noch am Leben waren. Sie haben alles versucht, uns mit UN-Hilfe zu evakuieren, doch das hat nicht geklappt; und dann, um es kurz zu machen, als ich im Juni endlich im Hôtel des Mille Collines in Kigali anlangte, wo man relativ sicher war, riss unser Kontakt ab! Irgendwann hat mich die RPF in ein Lager in Kabuga – östlich von Kigali – evakuiert, und von dort aus konnte ich einen Journalisten bitten, meinen Kollegen eine Nachricht zukommen zu lassen. Zwei Wochen später holte ein Kollege mich dort ab; am 1. Juli kam ich in Uganda an. Drei Tage später war der Völkermord vorbei: Am 4. Juli nahm die RPF Kigali ein und schlug die Völkermörder in die Flucht. Weitere vier Tage später, am 8. Juli, kehrte ich nach Ruanda zurück. Und die Leute bei Oxfam waren wütend auf mich: »Du gehst auf eigene Gefahr nach Ruanda«, haben sie mir vorgehalten, »wir haben dich mit Mühe und Not da rausgeholt, und jetzt sagst du, du willst wieder hin!« »Ich gehe zurück«, hab ich erklärt. Deshalb war ich im August, als die Organisation ihre Arbeit vor Ort wieder aufnahm, schon da und fing sofort wieder an zu arbeiten.

Es war lebenswichtig, sofort nach dem Genozid wieder zu arbeiten. Es war lebenswichtig, lebenswichtig. So hatte man wenigstens das Gefühl, wieder ein normales Leben zu führen, man fing wieder von vorn an, du warst beschäftigt, du kamst nicht ins Grübeln – auf keinen Fall nachdenken –, du kamst todmüde nach Hause, todmüde … Ich träumte nicht oft. Ich fiel ins Bett wie ein Sack Mehl. Auch andere Überlebende schufteten wie wahnsinnig. Unsere Vorgesetzten bei Oxfam waren vollkommen fassungslos; sie schickten uns einen Psychologen und dachten sicher, sie tun uns was Gutes … Normalerweise steht Kriegsberichterstattern und Ausländern, die von einem Einsatz in einer Konfliktregion kommen, ein so genanntes *debriefing* zu: Man stellt ihnen gleich nach ihrer Rückkehr auf Kosten des Arbeitgebers einen Psychotherapeuten zur Seite, der eventuelle traumatische Erfahrungen behandelt. Entsprechend hatten alle Ausländer, die mehrere Monate lang in Ruanda im Einsatz waren, Anspruch auf eine Woche Erholungspause in Nairobi – oder anderswo, wo weniger dicke Luft war. Wir Ruander aber hatten weder Anspruch auf den Psychotherapeuten noch auf die berühmte Woche Luftveränderung nach schweren oder gefährlichen Zeiten, obwohl wir uns in den Notaufnahmestellen zusammen mit unseren ausländischen Kollegen abgerackert hatten, und zwar genauso hart wie sie, selbst vor dem Völkermord. Allerdings haben sie nach dem Genozid – ein Völkermord war immerhin ein Völkermord – ihren guten Willen erklärt: »Die Einheimischen haben gerade dasselbe durchgemacht! Man muss ihnen Leute für die *debriefings* schicken. Auch sie brauchen so was.« Diesmal wenigstens, dachten sie, hätten auch die Einheimischen Anspruch darauf. Also schickten sie uns einen Psychologen.

Das Treffen mit dem Therapeuten fand in den Räumen

von Oxfam statt, wo man uns zuerst auseinandersetzte, welches Glück wir hatten, dass wir an diesem Programm teilnehmen durften. Das Problem dabei war, dass die Psychologen ankamen und dachten, wir seien völlig aus der Bahn geworfen – was ja auch stimmte –, aber sie wollten sich unsere Traumata nur in der Form schildern lassen, auf die sie vorbereitet waren. Mich haben sie zum Beispiel eines Tages gefragt, ob ich nachts gut schlafe …, und (*Lachen*) es war mir peinlich zu antworten: »Ja, ich schlafe nachts sehr gut, kein Problem.« Weder Träume noch Albträume. Irgendwann hab ich mir doch ein Herz gefasst, es ihnen gesagt (*erneutes Lachen*), aber ich musste mich sofort rechtfertigen! Zu sagen, dass ich zu kaputt war, dass ich viel arbeitete und deshalb recht gut schlief … Ich glaube, sie standen dieser Situation ziemlich ratlos gegenüber. Wenn ich keine Träume hatte, wollte ich eben auch keine erfinden! Später waren sie richtig sauer, meinten, wir nähmen ihre *debriefings* nicht ernst. Erst recht, als wir und die Kollegen sagten: »Lasst die *debriefings* sein: Ein Jeep nützt uns mehr!« Ein … ein … was? Ein Jeep? Ihre Gesichter hättest du sehen sollen! Als wären wir verrückt geworden! Aber wir erklärten ihnen: »Einen Jeep, um unsere Familien zu suchen! Den brauchen wir. Außerdem brauchen wir Geld, um zu Hause die Fenster zu reparieren, die zu Bruch gegangen sind, und wir müssen denen helfen, deren Häuser zerstört sind …« (*Nach langem Schweigen murmelt sie:*) Warum haben sie bloß nicht begriffen, dass wir zuallererst herausfinden wollten, wer überlebt hatte? … Ohne jedes Tamtam haben sie uns ihre Psychologen geschickt, haben all die Sitzungen veranstaltet, um uns zuzuhören, aber wenn wir ihnen sagten: »Einen Jeep, mehr verlangen wir doch gar nicht, mit dem fahren wir alle Lager ab und suchen nach überlebenden Verwandten. Das wird uns heilen!«, das, nein! ... (*sie lacht*) Sie kamen mit psychologischen Beratern; wir hatten ganz konkrete Bedürfnisse, die uns geholfen hätten, uns mental zu stabilisieren. Aber von ihnen kam die Antwort: »Das ist im Programm nicht vorgesehen.« (*Sie hört nicht auf zu lachen.*) Das steht nicht in ihrem Programm! Du fragst jemanden, ob er gut schläft, ob er überhaupt schläft oder was weiß ich, und die Person macht dir einen ganz konkreten Vorschlag: »Leih mir einen Jeep, damit ich nach meinen Überlebenden suchen kann!« Aber nein, das passt nicht ins Programm. Stattdessen schicken sie dir einen Psychologen, der nichts Besseres zu tun hat, als dich zu fragen, wie es dir geht, und dessen großartiges Programm allein auf Gesprächen basiert. Und du würdest ihnen am liebsten ins Gesicht sagen: »Scheiße, mir geht's blendend! Und es wird mir noch besser gehen, wenn du mir jetzt einen Landrover leihst, einen eigenen hab ich nämlich nicht!« O je, so viel Dummheit! Bei der Suche nach Überlebenden war es dasselbe; die Hilfsorganisationen hatten recht klassische Methoden! Zum Beispiel bei der Suche nach Kindern, die ihre Familien verloren hatten. Das ging so: Du nanntest dem Roten Kreuz die Namen all deiner verschwundenen Kinder, gabst ein Foto, falls dir eines geblieben war, und das Rote Kreuz suchte sie anhand von Kinderkarteien, in denen Leute, die die Kinder gefunden hatten, sie registrieren ließen. Aber bei uns in Ruanda funktioniert das so überhaupt nicht! Bei uns läuft das über Mundpropaganda. Während des Genozids waren die Leute ja durchs Land geirrt und kehrten nun von überall her zurück, und manchmal begegneten sich Bekannte unterwegs; dann sagte dir einer: »Ich glaub, ich habe Den-und-den getroffen.« Und du fragtest ihn: »Wo denn?« und gingst am nächsten Tag dorthin. Und weil nach dem Genozid weder Busse noch Taxen fuhren, war ein Jeep eben ungeheuer wichtig, deshalb bestanden wir ja so hartnäckig darauf!

Ich weiß noch genau, dass ich mich von jenem Moment an über die Leute in den Versammlungen total aufgeregt habe. Das Problem dabei war aber, wenn du wütend warst und sagtest, ja, ich schlafe gut, danke, und nein danke, auf die *debriefings* hab ich keine Lust, dann bekamst du zu hören: »Siehst du, Esther, du bist total traumatisiert.« Ach, die hatten mich wirklich in einer ihrer Schubladen. Gegen meine Forderungen waren sie taub und schrieben alles einfach dem Trauma zu. Weil ihnen die aufbrausende Esther, die ich damals war, so anders vorkam als die, die sie vor dem Genozid kannten. Früher war ich meist sehr freundlich gewesen, hatte niemanden angeschrien. An meiner Veränderung war also unbedingt mein Trauma schuld. Es stimmte ja, ich stand unter Schock, war traumatisiert! Aber nicht deswegen wurde ich immer aggressiver; sondern weil mir und allen ruandischen Kollegen, die sich vor Ort gut auskannten und Augen im Kopf hatten, auf einmal zu Bewusstsein kam, dass das Land zu einem riesigen Versuchsfeld wurde, zum Tummelplatz für einen Haufen Abenteurer, allen voran angehende Psychologen, Ingenieure, Ärzte … einen Haufen Verrückter, ich kann dir sagen! (*Lachen*) Nein wirklich, es gab nichts, was es nicht gab, nach dem Genozid.

Deswegen bin ich heute als Therapeutin bei Gesprächen immer vorsichtig. Von dem ersten Gespräch an, das ich mit einem Patienten führe, sage ich mir immer wieder: »Esther, sei dir vor allem sicher, dass diese Person wirklich ein Gespräch will!«

Während jener Zeit wuchsen die Spannungen zwischen meinen Kollegen und mir, besonders gespannt war mein Verhältnis zu denen, die aus den Flüchtlingslagern zurückkehrten, aus Auffanglagern für Hutu, die nach dem Genozid geflohen waren. Als die RPF in Kigali einmarschierte, bekamen's Völkermörder, Interahamwe und Zivilisten mit der Angst und verließen das Land. Sie flohen zu tausenden und landeten in Flüchtlingscamps auf der anderen Seite der Grenze, im Kongo. Oxfam rekrutierte also Leute, die schon Erfahrung mit Camps hatten; die neuen Kollegen – meine eigenen Kollegen – hatten dort also gearbeitet und Völkermörder getroffen, von denen manche aufgrund einer Anklage im Gefängnis saßen. Die Kollegen hatten sie befragt, und nun kamen sie in unser Büro zurück, total erschüttert über das Elend, das sie gesehen hatten, und fingen an, dir Vorträge zu halten über »die-inakzeptablen-Lebensbedingungen …« dieser inakzeptablen Mörder. Klar, einverstanden, natürlich bin ich gegen jede Art von Elend für wen auch immer. Aber die Kollegen redeten seit ihrer

Rückkehr aus den Camps nur vom Elend der Mörder, nicht von dem der Überlebenden. Einmal hab ich mich mit einer meiner Vorgesetzten in die Haare gekriegt, einer Engländerin, die anfing, die Lebensbedingungen der Flüchtlinge anzuprangern: wie ungerecht, und Oxfam mache sich darüber gar keine Gedanken und, und ... und überhaupt, warum stellte Oxfam nur Tutsi ein? Das hieß doch, dass es in Ruanda keine Hutu mehr gab, die Arbeit suchten, oder? Und warum nicht? Weil eben alle Hutu im Gefängnis saßen. War das etwa kein Skandal? ... In dem Moment ist mir der Kragen geplatzt. Ich bin ausgerastet, wirklich total ausgerastet. Ich fing an zu weinen, was mir bis dahin im Büro noch nie passiert war. Ich konnte ihr Gerede einfach nicht länger mit anhören und schrie: »Wenn du wissen willst, wo die anderen Tutsi sind, dann geh sie unter der Erde suchen! Unsere Leute sind nämlich nicht im Gefängnis, sondern tot und in Löchern begraben!« Die Arme ... Später – na ja, vier Jahre später – hat sie mich verstanden, und wir haben uns versöhnt ...

Ach das! Das war wirklich eine turbulente Zeit ... Turbulent und hart vor allem, denn als Flüchtling, kurz nach dem Genozid, hast du Anteilnahme erwartet und musstest dich stattdessen schon wieder verteidigen. Die Lage kippte sehr schnell, aus Opfern wurden Täter und aus Tätern Opfer. Das Blatt hatte sich blitzschnell gewendet: Kaum hat das Abschlachten ein Ende, flieht die erste Welle von Schlächtern auch schon ... und während du selbst schweigst, werden sie von der ganzen Welt bemitleidet, weil ihr Schmerz sehr viel sichtbarer ist als deiner: Ihre

Angehörigen waren im Exil, gingen in den Camps an Cholera zugrunde oder steckten in Gefängnissen – von den wahren Opfern aber sieht man nichts: Die Schwerverletzten schleppen sich nicht durch die Straßen, die Überlebenden reden nicht, vegetieren auch nicht massenhaft in Lagern dahin ... Die Überlebenden leiden an inneren, unsichtbaren Verletzungen. Wie viele Jahre hat es zum Beispiel gedauert, bis die vergewaltigten Frauen über das reden konnten, was ihnen widerfahren war? ... Und was das Zuhören angeht ...

In den folgenden Monaten wurden meine Probleme bei der Arbeit schlimmer, alle fanden, ich würde aggressiv. (*Lachen*) Stimmt, ich stand ja auch unter Schock! Aber vor allem wollte ich mich mit der Ungerechtigkeit nicht mehr abfinden. »Wie«, dachte ich, »wir sind aus Ungerechtigkeit gestorben!« In Diskussionen über unsere Zukunft fuhr ich häufig aus der Haut, und außerdem hatte ich oft Lust, den Westen anzugreifen, der uns fallen gelassen hatte und sich nun um unsere Traumata kümmerte, ohne uns zu verstehen.

Ich hielt trotzdem zwei Jahre durch; ich engagierte mich sehr für Avega, allein die Treffen mit anderen überlebenden Frauen hielten mich aufrecht. Es wurde Zeit, meinen Entschluss, eine Ausbildung zur Therapeutin machen, in die Tat umzusetzen. Oxfam bot mir an, mich für ein Jahr zu beurlauben. Aber wo sollte ich meine Ausbildung machen? Ich wusste, ich könnte kein zweites Mal so lange studieren wie vor mehr als fünfzehn Jahren in Belgien. Dann fiel mir das Buch in die Hände, durch das ich einen

Ausbildungsplatz in Großbritannien bekam, für *Person Centered Therapy*, personenzentrierte Gesprächsführung: Das war genau das Richtige für mich. Die Therapie funktioniert, indem sie die Stärke eines Menschen betont und herausarbeitet, wie diese Kraft im Laufe seiner Erziehung und durch das, was er erlebt, fast versiegt, dabei aber nie ganz zerstört wird ... Reste dieser Energie, dieser Lebenskraft stecken noch in dir. Und das Einzige, was dir fehlt, um wieder hochzukommen, ist jemand, der dir hilft, deine Stärken wieder zu entdecken. Auszugraben, was zugeschüttet wurde, erkennen, wie es zugeschüttet wurde, und darauf dann (*in einem Atemzug*) ... darauf dann aufbauen.

Ich ging also 1996 nach England, mit meinen drei Töchtern und einer Freundin, die auch Witwe war, wie ich. Sie war sehr jung, hatte ein Baby, das an dem Tag zur Welt kam, an dem sein Vater ermordet wurde, und sie wollte nicht in Ruanda bleiben; ich schlug ihr vor, mich zu dem Intensivkurs zu begleiten. Oxfam hat sich sogar um ihr Visum gekümmert und ihre Reise bezahlt – was sie vorher noch nie getan hatten, für niemanden. Sie haben mir mein ganzes Sabbatjahr bezahlt und mir sogar die Garantie gegeben, dass ich bei meiner Rückkehr einen Arbeitsvertrag bekäme, in Abordnung für Avega. Dafür und besonders, weil sie sich während des Genozids so große Mühe gemacht haben, mich zu suchen – und dann auch noch zu finden –, bin ich ihnen ewig dankbar. Auch wenn sie mir meinen Landrover, den ich gebraucht hätte, um nach Überlebenden zu suchen, noch immer nicht gegeben haben ... (*Lachen*) Von einem Jeep träume ich übrigens nach wie vor! Warte nur, eines Tages kauf ich einen.

Zweifellos waren die Leute der Meinung, sie helfen uns und tun das Richtige ... Aber was wird heute wirklich für all die ruandischen Frauen getan, die sich ein neues Leben aufbauen wollen, nach ihrer Vergewaltigung und trotz HIV-Infektion? Die Energie, die sie sich bewahrt haben, ein kleiner Schubs würde genügen, und sie wären wieder auf den Beinen. Genau wie ein kleiner Schubs genügen würde, damit alles wieder in sich zusammenfällt ... Diese Kleinigkeit für einen Neuanfang, was bedeutet das für eine Tutsi heute? Alles, wenn man's genau betrachtet. Wieder Eigentum besitzen, weil andere immer wieder ihre Familie vertrieben, ihr Haus, ihr Stück Ackerland verwüstet, ihre Kuh abgeschlachtet haben. Gern hätte sie also wieder ein Haus, ein Stück Ackerland, eine Kuh ... Vor kurzem hab ich mich gefreut, weil eine Organisation, für die eine französische Freundin arbeitet, einer Witwe eine Kuh gekauft hat. Wenn du eine Kuh mit heimbringst, dann bist du wieder jemand! In Europa misst man dein Ansehen an deinem Bankkonto; in Ruanda zählt, wie viele Kühe du hast. Kühe sind deine Investition und deine Rücklagen. Und ein Symbol dafür, dass man Verantwortung übernimmt: Männer geben Kühe als Brautgeschenk zur Hochzeit, und wer jemandem eine Kuh schenkt, der hat mit ihm einen Pakt fürs Leben geschlossen. Im Genozid haben manche Leute diejenigen getötet, die ihnen eine Kuh geschenkt hatten. Das ist absolut tabu, eine solche Tat hätte man früher nicht für möglich gehalten. Das Tier nützt dir auch, weil du mit seinem Dung die Erträge deines Ackers steigern kannst: Nachbarn sind manchmal sogar bereit, deine Kuh monatelang kostenlos zu hüten, und verlangen als Gegenleistung nur den Dung. Außerdem – Nichtruander werden jetzt lachen, ich weiß – leistet dir eine Kuh auch nachts Gesellschaft. Wenn du sie wiederkäuen hörst, fühlst du dich einfach wohl. Ach, wenn ich nur jeder Witwe, die den Genozid überlebt hat, eine Kuh schenken könnte! ... Eine Witwe, die eine Kuh mit in ihren Hof bringt, zeigt ihren Nachbarn: »Ich lebe, bin sogar sehr lebendig, weil eine Kuh bei mir wohnt!« Und was ist schon eine Kuh für die Leute von der UNO, die uns im Stich gelassen haben? Und Medikamente? Die Dreifachtherapie, die angeblich so teuer ist, kostet in Kigali hundert Euro pro Monat und Frau, dadurch kann die Frau überleben und für ihre Kinder sorgen! Das ist doch das Mindeste, was man bereitstellen kann, wenn man jemanden im Stich gelassen hat, oder? Am Internationalen Strafgerichtshof für Ruanda* zahlt die

---

* Im November 1994 per UNO-Resolution 955 geschaffen, hat der Internationale Strafgerichtshof für Ruanda seinen Sitz in Arusha, Tansania, und ist befugt, Völkermörder weltweit und mit internationalem Haftbefehl zu verfolgen, der anschließend dem UNO-Sicherheitsrat vorgelegt wird. Das Land, in dem der Verdächtige gefasst wird, ist verpflichtet, ihn an die internationale Justiz auszuliefern. Ruanda hat die Resolution 955 unter anderem deshalb nicht unterzeichnet, weil es, anders als der Strafgerichtshof, die Todesstrafe nicht ausschließt; außerdem hatte es gewünscht, dass der Gerichtshof seinen Sitz auf ruandischem Boden erhielt. Das Verhältnis zwischen dem Internationalen Strafgerichtshof und der ruandischen Regierung ist eher gespannt.

UNO sie wohl gerade, die Dreifachtherapie, für die Mörder nämlich … Und was die überlebenden Frauen noch gebrauchen könnten wäre, dass man sich ein bisschen mehr Zeit nimmt, ihnen zuzuhören.

Stattdessen kriegen sie, kriegen wir nur zu hören: »Darüber ist genug geredet worden!«

5

An Gott zweifeln.
An meinem Vater nie ...

Ich hatte oft Zweifel während des Völkermords. Denn als die Weißen, gleich am Anfang, schleunigst evakuiert wurden, mitsamt ihren Haustieren, da sagten wir uns: »Na schön, die Weißen sind weg, aber wir kommen schon zurecht, uns bleibt ja noch Hoffnung ...« Obwohl wir damals erkennen mussten, dass ihnen eine belgische Katze mehr Wert war als ein Tutsikind. Nach den Weißen flohen auch unsere Kollegen und alle anderen Hutu aus der Nachbarschaft des Gymnasiums, in dem wir uns versteckt hielten, in Richtung Süden, um dem Krieg zwischen den Interahamwe und der Befreiungsarmee zu entkommen. Wir aber konnten uns weder vor den Bomben in Sicherheit bringen noch irgendwohin fliehen, weil das Land ja übersät war mit Straßensperren, von Milizionären errichtet, die, auf der Jagd nach Tutsi, unsere Papiere und ethnische Zugehörigkeit peinlich genau überprüften. Und wir sagten uns: »Na schön, die Weißen sind weg, die Hutu lassen uns im Stich. Jetzt bleibt uns wenigstens Gott.« Und dann, als sie am 30. April anfingen, Leute systematisch umzubringen und ich Innocent verlor, sagten wir uns: »So, jetzt

hat auch Gott uns verlassen. Jetzt sind die Würfel gefallen.«
Und ich, ich verstand die Welt einfach nicht mehr … In
deiner Vorstellung ist Er ja allmächtig, weißt du. Du sagst
dir: »Er kann etwas tun, Er kann doch allem Einhalt gebie-
ten, warum tut Er nicht etwas gegen den Genozid?«

Ich habe an Gott gedacht während des Genozids, sehr
oft. Wir taten ja nichts anderes: beten, beten … Du betest
zwar aus Resignation, aber du hast trotzdem noch immer
die Hoffnung, dass Er für dich da ist, dass Er uns nicht im
Stich lässt. Und jedes Mal, wenn einer von uns ging …
Weißt du, als Innocent von uns gegangen ist, hab ich trotzdem weiter gebetet, hab ihn angefleht, uns am Leben zu
halten. Ich hatte ja noch meine Schwester Stéphanie, wir
standen noch in Kontakt miteinander, und ein Wachtmeister war sogar bereit gewesen, sie bei sich zu Hause abzuholen und in unser Versteck in der Schule zu bringen, wo
uns Ordensschwestern aufgenommen hatten. Doch eben
diese Ordensschwestern weigerten sich, Stéphanie aufzunehmen; der Wachtmeister konnte sie einfach nicht holen,
und ich erfuhr später, dass sie ermordet wurde, sie und ihre
drei Kinder. Also siehst du, jedes Mal, wenn man wieder
Hoffnung gefasst hatte: »Das wird Er doch wenigstens tun,
wenigstens für Stéphanie oder für jemand anderen …« Er
tat nichts. Er verschwand.

Ich habe während des Genozids an ihm gezweifelt. Ich
habe nach dem Genozid an ihm gezweifelt. Meine größten
Zweifel aber kamen, nachdem ich meinen Vater verloren
hatte. Als ich jung war, brachte der mich immer zurück
auf den richtigen Weg, sobald ich an Gott zweifelte. Er

nannte mir jede Menge Beispiele, um mir zu beweisen, dass es aus allen Schwierigkeiten einen Ausweg gibt. Von der Grundschule auf die Sekundarschule und dann aufs Gymnasium zu kommen ist in Ruanda ein großes Ereignis, weil du nur so die Chance erhältst, eines Tages zu studieren und Geld für die Familie zu verdienen. Die Bevölkerung lebt größtenteils von der völlig unrentablen Landwirtschaft. Nach sechs Jahren Grundschule gibt es eine landesweite Prüfung, und wer die machen will, muss ein Personalblatt ausfüllen. Ich weiß nicht mal mehr, wie dieses Formular aussah, aber die Sache war ziemlich traumatisch, weil man auch angeben musste, ob man Tutsi war oder Hutu. Du musstest aufschreiben, zu welcher Ethnie du gehörtest, und wer Tutsi angab, erhielt mit großer Wahrscheinlichkeit keinen Platz; dieses Personalblatt begleitete dich dann während deiner gesamten Schulzeit. Und ich weiß noch, in der sechsten Klasse hatte ich einen Lehrer, der mir riet, »Hutu« einzutragen. Ich war damals zwölf. Als ich nach Hause kam und das meinem Vater erzählte, sagte der zu mir: »Niemals.« Denn er fand, man sollte nie lügen. Ich weiß nicht, warum der Lehrer mir diesen Rat gegeben hatte, ob es eine Falle war, damit ich »Hutu« schrieb und man mich erwischt hätte, oder ob er mich wirklich für intelligent hielt und wollte, dass ich die Chance bekäme zu studieren. Ich habe es nie erfahren. Ich schrieb also »Tutsi« und kam auch so durch. Zugegeben, ich war versucht, »Hutu« hinzuschreiben, weil ich mir sagte: »Wenn das wirklich die einzige Chance ist durchzukommen, na gut, dann kann ich studieren.« Aber insgeheim fragte ich mich auch schon, wie mein Vater auf eine solche Lüge reagieren würde, denn es wäre mir nie in den Sinn gekommen, nicht mit ihm darüber zu sprechen. Ja, sicher, die Versuchung zu lügen war groß! Aber nicht ohne seine Zustimmung. Die hat er allerdings sofort verweigert. »Du hast, was Gott dir geben will«, hat er zu mir gesagt. (*Sie lacht.*) Und ich kam trotzdem weiter. Und sofort hat er hinzugefügt: »Siehst du, die Wahrheit siegt immer.« Aber nach dem Genozid war meine ganze Familie tot, diesmal.

Alles war zerstört worden. Nicht nur alle Kühe geschlachtet oder Häuser niedergebrannt. Einfach alles. Alles war … Alle waren sie tot. Alle waren sie ermordet worden, und Gott, wo war Gott? Deshalb war ich ja so empört.

Papa hat uns immer gesagt: »Ich bete zu einem Gott, der zuhört«, und er hat uns viele konkrete Beispiele dafür genannt, wie er in dieser oder jener Lage erhört worden war. Einmal, während der Massaker 1959, musste er uns verstecken; für Mama und mich gab's ein Versteck, wir fanden in einem solchen Fall Unterschlupf bei der Nachbarin; sie wohnte in der Nähe, und ich werde ganz traurig, wenn ich daran denke, dass … Eines Abends nahm sie meine Mutter und mich auf, mich als Baby auf Mamas Rücken, und sagte zu Papa: »Mehr kann ich nicht tun, sonst fällt es auf …« Sie war Hutu, die Nachbarin, eine tolle Frau, wirklich. Sie hieß Nyiragasage, »Kleine Haarsträhne«, sie war nie getauft worden, war nie Christin, trug nie einen anderen Namen. Sie versteckt uns also, aber meine Schwestern nicht und meine Cousinen auch nicht. Also geht Papa zu einem seiner Freunde, auch ein Hutu, Mwalimu, Religionslehrer bei den Adventisten, ein herzensguter Mann. Weil aber die anderen Hutu um seine Herzensgüte wussten und auch wussten, dass er nicht für das Massaker an den Tutsi war, gingen die, die töten wollten, direkt zu ihm, um ihn mit ins Boot zu ziehen. Als Papa bei Mwalimu ankam, hörte er die Männer laut diskutieren und sofort war ihm klar, dass sie sich berieten. Dort konnte er uns also nicht mehr verstecken, dort würde er umkommen. Er steckte ziemlich in der Klemme. »Lass ich sie bei Mwalimu, werden sie mit der Machete zerhackt; versteck ich sie im Schilf, beißen die Schlangen sie, von denen es dort nur so wimmelt.« Und weil er sich entscheiden musste, fing er an, mit Gott zu handeln: »Sag, wirst du die Hand des Hutu mit der Machete bei Mwalimu aufhalten oder das Maul der Schlange verschließen, die sich im Schilf versteckt?« Gott hat ihm gesagt, er wird das Schlangenmaul schließen. Also hat mein Vater meine Schwestern bis zum nächsten Morgen im Schilf versteckt, und sie wurden tatsächlich nicht gebissen. Siehst du, solche Geschichten hat er uns erzählt und uns überzeugt.

Ich glaube, das hat mir sehr geholfen, die Kraft aufzubringen, um »nachher« weiterzumachen. Er, mein Vater. Bei uns zu Hause herrschte optimistische Stimmung, weil er immer versucht hat, in allem das Gute zu sehen, selbst dort, wo wir überhaupt kein Licht mehr erblickten. Wie er fliehen musste während der Massaker 1959, 1963 und 1973, seine Bedrückung, jedes Mal, wenn sein Haus niedergebrannt, alles geplündert, seine Kühe abgeschlachtet waren, und auch das Wunder im Schilf, das uns Schutz bot, uns, seinen kleinen Kindern, trotz der gefährlichen Schlangen, von denen er uns erst spät erzählt hat, 1974, als er so krank war, dass er glaubte, sein Ende wäre gekommen. Sonst hätte er uns vielleicht nie davon erzählt. Ich war damals schon sechzehn. Frag mich nicht, was er hatte: Krankheiten sind bei uns oft genauso undurchsichtig wie ethnische Angelegenheiten, entweder weil geheim gehalten oder aus Unwissenheit. Er lag auf seinem Bett, wir saßen daneben; alle hatten wir Angst, weil wir glaubten, er würde sterben. Diese Szene ist mir eine kostbare Erinnerung. Er hatte sein Testament gemacht, und weil wir nur Mädchen waren, wollte er nicht, dass wir von der Verwandtschaft um unseren Anteil gebracht würden, wie es das traditionelle Erbrecht vorsieht. Da hat er uns gesagt: »Ich bin sehr krank, es kann sein, dass ich sterbe. Aber zusätzlich zu den Äckern und Kühen, die ich euch vermache, möchte ich, dass ihr meinen großen Freund kennen lernt, den ihr jederzeit um Rat fragen und bitten könnt, euch in schwierigen Lagen zu helfen.« Stéphanie und ich, wir fragten uns, wie er wohl heißen mochte, dieser Vertraute. Mwalimu, sein Jugendfreund, der Hutu? Oder Onkel Daniel? »Es ist Gott«, sagte mein Vater. Und dann fing er an, uns die Beispiele aufzuzählen, Situationen in seinem Leben, in denen er schwere Entscheidungen treffen musste und in denen Gott, um Rat gefragt, ihm geholfen hat. Da war auch die Geschichte von unserer Mutter, die fast fünfzehn Jahre lang kein Kind bekam, obwohl doch mein Vater so zuversichtlich war. Er hat sie so geliebt ... Als er sie heiraten wollte, hielt er bei seinen künftigen Schwiegereltern um ihre Hand an, die aber schlugen ihm erst Mélia vor, ihre älteste Tochter, die noch unverheiratet und älter war als meine Mutter. Doch mein Vater wollte unsere Mutter. Darüber haben wir später immer Witze gemacht. Wann immer Tante Mélia uns besuchte, provozierte sie meinen Vater zum Spaß: »Na, mich hast du ja damals verschmäht, stimmt's ...« Auf ihre Art haben meine Eltern die Liebe auf den ersten Blick erlebt, eine Traumehe geführt. Am Ende ihres Lebens sahen sie einander so ähnlich, dass alle Leute dachten, sie seien Geschwister.

Mein Vater hatte seine eigene Theorie über all die Massaker, die er überstanden hatte, 1959, 1963, 1973: Am meisten zu bedauern war immer der, der uns angriff. Und wenn wir wütend wurden, meine Schwester Stéphanie und ich, sagte er jedes Mal, wir spielten das Spiel unseres Gegners. Wir beide hatten wirklich Wut im Bauch. Aber vor allem fragten wir uns: Wohin kann das führen? Wohin? Und wie lange können wir noch die andere Wange hinhalten? Interessant war, dass wir mit unserem Vater immerhin darüber diskutieren konnten. Bei ihm hieß es nie: »Schluss jetzt! Mein Wort gilt und jetzt keine Widerrede mehr!« Wir diskutierten, und er überzeugte uns schließlich davon, dass Wut niemanden überzeugt. Da ist was Wahres dran, denn jedes Mal, wenn man von vorn anfing – weißt du, nach jedem Massaker fing immer wieder alles von vorn an: Man baute das zerstörte Haus wieder auf, man bestellte die Felder wieder, man züchtete wieder Rinder ... –, nach einiger Zeit waren wir viel besser dran als die, die uns ausgeplündert und alles zerstört hatten. Und jedes Mal sagte unser Vater: »Seht ihr, hab ich's euch nicht gesagt? Das Böse hilft nie weiter«, und er erklärte noch, dass die, die uns unsere Hirse oder unsere Bohnen stahlen, sie schnell aufaßen und dass die Früchte des Bösen ihnen auf keinen Fall halfen, im Leben weiterzukommen. Kaum sind ihre Vorräte erschöpft, sind sie wieder so arm dran wie vorher, so schloss er. Aber wir, wir hatten im Gegensatz zu ihnen den Mut und das Glück, anständig zu sein, und wir hatten niemandem Unrecht getan; es besteht also zumindest die Chance, dass Gott dir hilft. So hat er argumentiert. Und mich überzeugten die Tatsachen. Es dauerte ja oft nur drei, vier Monate, bis für uns alles wieder lief wie früher, während die, die uns verjagt hatten, bei meinem Vater vor der Tür standen, kaum dass ihre Beute aufgebraucht war, und ihn wieder um Hilfe baten. Nach allem, was sie ihm angetan hatten! Sie dachten, sie könnten es sich auf unsere Kosten gut gehen lassen, aber was hatten sie davon? Sie brannten das Haus nieder, schlachteten die Kühe, die armen Kühe, und am Ende, nichts ... Die Kühe taten mir immer Leid, die wurden genau so umgebracht wie die Tutsi, die Leute hackten ihnen die Beine ab, genau wie sie den Tutsi die Beine abhackten ... Dieses Bild geht mir seitdem nicht mehr aus dem Kopf: Es brennt überall, und die Kühe muhen, sie muhen, im Busch, unentwegt muhen sie, auf der Suche nach ihren Besitzern, und gejagt werden sie auch ... Eines Tages dachten wir uns, Stéphanie und ich, bevor wir das nächste Mal verjagt würden: »Wie wär's, wenn wir unsere Vorräte vergiften ..., wenn die Diebe dann wiederkommen und uns alles wegnehmen ...« Wir hätten nichts dagegen gehabt! Um sie zu bestrafen. Aber wir hatten nicht das Recht dazu, mein Vater war dagegen. Papa meinte, sie bekämen später ihre Strafe. (*Schweigen*) In unseren Familien bereitete man Bananen- oder Hirsebier zu. Nach der Ernte dankte Papa Gott, und wenn er Gott gedankt hatte, reichte er die Kalebasse in die Runde. Er selbst trank nicht, weil er Magenprobleme hatte … die anderen, engagierte Protestanten, tranken aus Überzeugung nicht. Für ihn aber waren die Früchte der Erde und Früchte, die der Mensch hergestellt hat, gleichermaßen gut. Er war nicht engstirnig in seinem Glauben.

… Weißt du, wie es scheint, haben die Leute miteinander diskutiert, bevor sie ihn umgebracht haben. Sie waren sich nicht einig. Manche wollten ihn töten, andere sagten: »Aber wieso denn?«, weil er ein alter Mann war und alle ihm Respekt entgegenbrachten, auf unserem Hügel und auch darüber hinaus. Er war weithin bekannt, der alte Lehrer. Wer dort hatte nicht bei ihm Unterricht gehabt? Am Ende gewannen die, die ihn töten wollten, weil er Tutsi war und »weil alle Tutsi sterben müssen«: Sie beschlossen, wir bringen ihn um. Viele Tutsi aus unserer Nachbarschaft hatten bei uns Zuflucht gesucht. Weil sie alle meinen Vater als Autorität anerkannten, Hutu wie Tutsi; er war eine der Säulen unserer protestantischen Kirche, der Prediger der EPR, der protestantischen Kirche Ruandas. Viele versteckten sich also bei uns und blieben bei meinen Eltern, bis sie umgebracht wurden. Seit Tagen schon wollten die Mörder das Haus stürmen, aber es tat sich nichts. Eines Tages war es dann doch so weit: »Diesmal ist auch er dran.« Und als ihnen ein Freund, Hutu, der über die Gemetzel Bescheid wusste, sagte, jetzt ist alles vorbei, dachten sie sich: »Nun ist es Zeit, unser Schicksal in die Hände des Herrn zu legen«, und gingen gemeinsam zur nahen Kirche. Es ist der letzte Tag im Leben meines Vaters, der 17. April, glaube ich. Babys und Großmütter, jung und alt. Allein im Massengrab in Mwirute, bei meinen Eltern, liegen siebenundvierzig. Alle hatten sie geglaubt, bei meinem Vater wären sie in Sicherheit. Freunde, Nachbarn … Unser Haus war groß, und wir hatten ja auch die Ställe.

Was mir manchmal Kummer macht, anfangs haben auch einige Hutu Widerstand geleistet. Der erste Mann, den der Internationale Strafgerichtshof für Ruanda in Arusha verurteilt hat, der allererste, war der Bürgermeister, Akayesu hieß er, der verstand sich mit meinen Eltern sehr gut. In den ersten Tagen war er gegen das Morden. Er war zwar Hutu, als uneheliches Kind aber unter den Hutu nicht unbedingt geachtet. Entgegen der Tradition erbt ein uneheliches Kind die ethnische Zugehörigkeit der Mutter, nicht die des Vaters. Seine Mutter war Hutu, also war er immer schon Hutu, doch alle Welt ging davon aus, sein unbekannter Vater sei Tutsi. Der unbekannte Vater war sehr wohl bekannt: Jeder wusste, dass er Tutsi war. Und Akayesu war von seiner Statur und seinem Aussehen her Tutsi – das heißt, er war groß, schlank, hatte eine schmale Nase, dem äthiopischen Typ ähnlich. In unseren Geschichtsbüchern, die man heute korrigieren will, stand damals, die Twa hätten Ruanda als Erste besiedelt, Jäger und Töpfer, Nachfahren von Pygmäen; dann wären die Hutu gekommen, Bauern aus Kamerun beziehungsweise Westafrika – kleine Menschen meist, kräftig gebaut, mit breiten Nasen; dieser Theorie nach wären die Tutsi die Letzten, die sich in Ruanda niederließen, schlank und hoch gewachsen, ursprünglich aus Abessinien. Die Usurpatoren, Thronräuber. Also hieß es in Aufrufen zur Vernichtung schon 1992 ausdrücklich: »Schickt die Tusi auf dem kürzesten Weg nach Hause zurück«, und der kürzeste Weg hieß über den Nyabarongo, den Quellfluss des Nil, der durch ganz Ruanda und bis nach Äthiopien fließt. »Schickt sie auf dem kürzesten Weg nach Hause zurück!«, diese Worte hat ein Uniprofessor damals gesprochen, Leon Mugesera[*], später nach Kanada geflohen, auf einer Parteiversammlung in Kabaya, in der Region Gisenyi, 1992. Und genau das ist passiert, sogar noch vor dem Genozid. Genau das passierte während der »Völkermordtests«, die sie immer veranstaltet haben, und auch damals sind die Leute direkt nach der Versammlung zurück auf ihre Hügel gelaufen und haben die Tutsi dort getötet, getötet, getötet und sie dann in den Nyabarongo geworfen.

Akayesu, der Bürgermeister unseres Hügels, war also Hutu, sah aber eher aus wie ein Tutsi. Und als er sich zu Anfang der Unruhen gegen das Gemetzel aussprach, sag-

---

[*] Der zum Umfeld des Präsidenten Habyarimana gehörende Leon Mugesera war Ministerberater sowie Mitglied des Zentralkomitees und zweiter Vorsitzender der MNRD (Mouvement révolutionnaire national pour le développement, der Einheitspartei bis 1991) in der Präfektur Gisenyi.

ten die Extremisten: »Jetzt wissen wir Bescheid! Jetzt zeigst du dein wahres Gesicht, du willst deine Brüder schützen.« Und von einer Minute auf die andere hat er sich total gewandelt, zumal seine Frau Hutu war, unnachgiebig und hart. Und so wurde auch er hart. Wenn ich an ihn denke, den ersten Häftling, der in Arusha verurteilt wurde, sage ich mir immer: »Er tut mir zwar Leid, aber für seine Feigheit muss er büßen.« Wenn man für die Verbrechen nicht zahlt, zahlt man für die Feigheit, die zu diesen Verbrechen geführt hat.

Mein Vater hatte ein Fahrrad. Auch das ist eine unglaubliche Geschichte! (*Sie lacht.*) Mit seinen achtzig Jahren nahm mein Vater keinen Gehstock, sondern er hatte immer sein Fahrrad dabei, auf das er sich stützte, wenn er irgendwo stehen blieb, um mit den Leuten zu reden. Er sprach lange mit ihnen, und ich fragte mich immer, was er ihnen zu sagen hatte. Mit seiner Zeit ging er nie sparsam um. An dem Tag, als er damals zur Kirche ging, und mit ihm alle Tutsi, die bei uns versammelt waren, hatte er sein Fahrrad dabei. In der Kirche sangen sie und beteten, legten vor ihrem Tod ihr Schicksal in Gottes Hand. Dann kamen die Mörder und holten sie ab. Meine Mutter, damals schon sehr alt und krank, war zu Hause geblieben. Also hat Papa die Mörder gebeten, ihm wenigstens zu erlauben, sich von seiner Frau zu verabschieden. Das gestatteten sie ihm, aber als er sein Rad mitnehmen wollte, sagten sie: »Hey, das musst du hier lassen!« Daraufhin wandte mein Vater sich an einen Nachbarjungen und bat ihn: »Heb das für mich auf.« Dieser junge Nachbar, Munyarukundo, war als Einziger im Dorf anständig; deshalb haben meine Schwester und ich ihm nach dem Genozid gesagt, er darf Papas Fahrrad behalten.

Also eskortierten die Mörder meinen Vater und seine Freunde. Noch schlugen sie sie nicht und brachten sie auch noch nicht um. »Von deiner Frau willst du dich verabschieden? Na schön, dann geh!«, haben sie gefeixt. So verließ die ganze Gruppe die Kirche und ging wieder den Hügel hinab, umzingelt von ihren Mördern. Mein Vater hätte sich nie träumen lassen, dass sie meine Mutter zu Hause umbringen würden. Er glaubte noch immer, man würde, wie bei früheren Massakern, nur die Männer umbringen, Frauen und Kinder aber am Leben lassen. Er hat meiner Mutter Auf Wiedersehen gesagt, die kaum begriff, was vor sich ging, weil sie seit Jahren bettlägerig war. In dem Moment, als er sich von meiner Mutter verabschiedete, fing im Haus jene Diskussion an, zwischen denen, die fragten: »Warum ihn umbringen? Was hat er uns denn getan?«, und den anderen, die konterten: »Doch, doch, er muss sterben!« und die schließlich gewannen. Einer von denen hat ihm dann auch den tödlichen Hieb mit der Hacke versetzt, als Startsignal sozusagen. Danach wurden auch die anderen umgebracht, auf ganz grässliche Art. Halt, nein, vorher war noch was: Als ihre Entscheidung fest stand, ihn umzubringen, hat mein Vater gesagt: »Jetzt lasst uns beten!«, und er sprach sein letztes Gebet, um sich in Gottes Hand zu geben und um für seine Mörder zu bitten: »Herr, vergib ihnen, denn sie wissen nicht, was sie tun.« Er ist seiner Logik wirklich konsequent treu geblieben ... Und er hatte Recht, denn diese Leute wissen wirklich nicht, was sie tun ... (*Schweigen; dann, zwischen Lachen und Irritation*) Deshalb habe ich Angst vor ihm, wenn ich wütend bin und keine Lust habe, irgendjemandem zu vergeben! (*Lachen*) Ich denke mir: »So, jetzt wirst du mir wieder böse sein, Papa, weil mein einziger Wunsch ist, sie alle mit dem Maschinengewehr abzuknallen!« Mein Vater hat meine Revolten nie gutgeheißen. Nie, nie werde ich die Geschichte mit seinen gestohlenen Schuhen vergessen. 1973, damals hatte wieder einmal der Wind geweht: Haus abgebrannt, Kühe abgeschlachtet, Hab und Gut geplündert und wir verjagt und irgendwo untergekrochen. Dann legt sich der Wind: Wir kommen aus unseren Verstecken, finden unser Fleckchen Erde wieder, bauen das Haus wieder auf, schaffen nach und nach neue Sachen an ... Und vor allem tun wir den Nachbarn gegenüber, als sei nichts geschehen, obwohl wir nur zu gut wissen, wer unsere Tische, unsere Stühle, unsere Türen jetzt hat. Ohne das geringste Recht, sie zurückzufordern. Eines Tages, nach »dem Wind«, kam ich mit meiner Schwester Stéphanie von der Quelle zurück, trug meinen Kanister Wasser auf dem Kopf, da überholt uns Kanyamanza, ein Nachbar, Hutu, im Sonntagsstaat. Es war zwar nicht Sonntag, aber er wollte jemanden besuchen und hatte sich fein gemacht. Lange Hosen, adrettes Hemd und richtig schöne Schuh ... O, o! Auf der Stelle kocht eine Riesenwut in mir hoch! Was sehe ich da, da, direkt vor meinen Augen, was sehe ich da? Was erkenne ich wieder? Die Schuhe gehören meinem Vater! Ach, die hätte ich mit verbundenen Augen wieder erkannt, hätte sie nur anfassen müssen, diese Schuhe, so oft hab ich sie geputzt, poliert! Größe 44, neue Absätze, glatte Sohlen, feine Schnürsenkel und glänzend schwarz. Und warum glänzen sie? Weil ich sie putze! Also, wenn's ums Schuhputzen geht, das kann niemand besser als ich! Ich mache das, seit ich laufen kann, seit ich die Arme bewegen kann, jedes Mal, wenn mein Vater aus dem Haus gehen muss! Und bestimmt nicht dafür, dass mein Nachbar sich die Schuhe unter den Nagel reißt, nein … Ich reagierte blitzschnell: Ohne meinen Kanister vom Kopf zu nehmen, schoss ich auf unseren Nachbarn zu, fasste ihn am Arm und forderte die Schuhe zurück. Die Schuhe meines Vaters. Ich hatte schon Angst, er würde alles abstreiten, er hätte mich wegstoßen können, und niemand hätte mir geholfen. Aber ich handelte impulsiv; eine Tür oder einen Tisch hätte ich nie zurückgefordert, aber diese Schuhe an fremden Füßen empfand ich als die größte Ungerechtigkeit … Mein Glück war, dass der Überraschungseffekt gewirkt hat, der Mann hat mir die Schuhe sofort zurückgegeben, wortlos, und hat sich getrollt. Ich kam nach Hause, total stolz, trug die Schuhe triumphierend zur Schau. Man würde mich mit Lob überhäufen, dessen war ich mir sicher. Doch als ich meinem Vater die Geschichte erzählte, sagte der nur: »Mach das ja nie wieder.« Er hatte Angst um mich, Angst, meine Rebellion könnte ein böses Ende nehmen. Irgendwo hatte er ja Recht: in einem Meer der Gleichgültigkeit revoltieren und sich vergeblich aufreiben … Ich aber wollte lieber leiden und trotzdem revoltieren. Zumal ich Stéphanie ganz auf meiner Seite wusste. Heute, seit sie nicht mehr da ist, hab ich niemanden mehr, der mich unterstützt, wenn ich mich ärgern will, egal über wen. Mein Vater hätte dafür am allerwenigsten übrig ... (*Schweigen*) Manchmal sage ich mir aber, er würde meine Rachegelüste verstehen, nach allem, was wir während des Völkermords durchgemacht haben. Ja, bestimmt, er könnte mich verstehen ... Aber er würde mir sagen – und in diesem Punkt wird er immer Recht behalten –, er wird mir sagen, dass ich nicht gewinnen werde. Ja, er hätte Recht: Ich werde nicht gewinnen. Gewinnen heißt leben können, noch. Und frei.

... Was mir gefiele wäre, nicht in der Realität leben zu müssen. Ich ließe sie gern in ihren Geschichten, und sie sollen mich in meinen und mich vor allem in Frieden lassen. Aber das schaff ich nicht. Ich zweifle. Ich finde keine Ruhe. Mein Vater war immer gelassener, trotz aller Schwierigkeiten. Und in solchen Momenten denke ich manchmal, vergeben hilft vielleicht doch. Manchmal sage ich mir: »Also gut, ich vergebe ihnen.« Aber meine Vergebung hat rein egoistische Gründe. Ich will Frieden finden. Und nach jedem Versuch zu vergeben, wohl wissend, dass ich es nur tue, um meine Ruhe zu haben, fühle ich mich völlig erschlagen ...

Denn im Grunde, im Grunde meiner Seele kann ich nicht vergeben, ich will, dass die, die meine Familie ausgerottet haben, bestraft werden, und zwar hart bestraft werden. Um aber durchzuhalten, um zu gewinnen, und ich sage es noch einmal, aus purem Egoismus, um gedanklich zur Ruhe zu kommen, rede ich mir ein, ich muss vergeben. (*Stille*) Jedenfalls haben die anderen nicht gewonnen. Ich glaube, die Natur selbst hat sie schon bestraft. Eigentlich komisch, aber auf die Justiz zähle ich gar nicht. Bei Avega haben wir lang und breit darüber diskutiert, eine Freundin hat sogar mit mir geschimpft, weil das Thema ganz und gar nicht zu meinen Stärken gehörte. Meine Meinung stand fest: »Ich kämpfe dafür, dass die, die überlebt haben, weiterleben können, aber mit der Justiz lasse ich mich möglichst gar nicht ein.« »Weil du feige bist«, hat meine Freundin geantwortet. Sie lebt heute in den USA, und wenn wir miteinander telefonieren, diskutieren wir noch immer darüber. In diesem Punkt sind wir uns noch immer nicht einig … Ich für mich glaube, sie, die Völkermörder, haben selbst Probleme. Der Nachbar meines Vaters, der, der ihm den ersten Hieb mit der Hacke versetzt hat, ja, der ist einige Zeit später auch gestorben; ich hab ihn nicht mal wieder gesehen. Und wie ist er gestorben? Weil die Mörder sich gegenseitig umgebracht haben! Beim Plündern sind sie in Streit geraten, und er musste auf der Stelle sein Leben lassen. Die Familie uns gegenüber, die so hässlich zu meiner Mutter war und so freimütig unsere Felder und unsere Sachen an sich gerissen hat, diese Familie hatte bald auch einen Haufen Probleme am Hals. Der Vater starb im Gefängnis, seine Frau wurde verrückt. Die Frau, Uzanyizoga, die hat sich so abscheulich verhalten, als die Männer meine Mutter und meine Tante umgebracht haben. Sie haben die beiden nicht gleich getötet, sondern sie vorher ganz niederträchtig beleidigt. Nach-

dem die Mörder meinen Vater und seine Freunde niedergemetzelt hatten, fiel ihnen ein, dass die alten Frauen noch
im Haus waren, weil Mama ja nicht aufstehen konnte. Bevor sie anfingen, das Haus auszuplündern und alles zu
Kleinholz zu machen, zerrten sie die beiden Frauen aus
dem Bett und warfen sie auf die Leichen, aber lebendig. So
wurden die beiden alten Frauen zum Gespött der Leute;
alle Frauen kamen angelaufen und machten sich lustig
über sie, und Uzanyizoga, die Nachbarin von gegenüber,
riss ihnen die Kleider vom Leibe ... Mama und meine
Großtante Maria sind nackt gestorben – vor Sonne, vor
Durst, vor Regen, vor Hunger. Dafür wurde Uzanyizoga
später verrückt. Eines Tages stand sie am Massengrab und
wartete darauf, dass mein Vater ihr ein Büschel Bananen
geben würde, weil er immer alles teilte, was er besaß. Sie
hatte den Verstand verloren. Sie hatte ihre Nachbarn verloren. Sie irrte umher und zog sich aus dabei, genauso,
wie sie meine Mutter und Maria entblößt hatte, und so
wahnsinnig, wie sie war, ist sie auch gestorben. Ich will
damit nur sagen, dass sie jedenfalls nicht glücklich gestorben ist.

Gott in all dem ... Gott war mir nach dem Genozid
vollkommen gleichgültig geworden. Wenn mich jemand
fragte, ob ich an Gott glaube oder nicht, sagte ich immer:
»Ich würde ja gern an ihn glauben, denn wenn er schon
für uns nichts tun konnte, dann bestraft er vielleicht wenigstens die Völkermörder.« ... Ein schwacher Trost. Aber
im Grunde war mir das schnurz, ich sagte mir: »Wenn es
ihn gibt, umso besser, wenn nicht, auch nicht schlimm,

mir ist das völlig egal.« Erst später, sehr viel später hab ich ein Stück weit zum Glauben zurückgefunden. Seltsam eigentlich ... Wegen Joséphine, einer Freundin von mir, die alles verloren hat. Sie verlor ihre Kinder, bekam damals selbst einen Machetenhieb gegen den Kopf, die Leute hielten sie für tot und ließen sie auf den Leichen ihrer eben getöteten Kinder liegen und ... sie hat überlebt. Wir sind zusammen zur Schule gegangen, aber weil sie nicht weitermachen konnte, hat sie sehr jung geheiratet. Sie hatte schon sieben Kinder, als der Völkermord begann. Sie glaubte, sie wäre Waise, weil sie während der Massaker von 1959 mit ihren Eltern geflüchtet war und nach Burundi wollte, in den Sümpfen aber gefasst wurde. Ihre Eltern hatten es auf die andere Seite der Grenze geschafft, aber das erfuhr sie nie, sie hielt ihre Eltern für tot, weil sie sie auf der Flucht durch die Sümpfe aus den Augen verloren hatte. Irgendwann wurde sie von den Mördern aufgegriffen, aber nicht getötet; eine Hutufamilie hat sie aufgenommen und großgezogen. Erst als sie ungefähr siebzehn war, erfuhr sie, dass ihre Eltern lebten, irgendwo. Und 1994 wird ihr Mann getötet, werden ihre sieben Kinder getötet, Joséphine hat überall klaffende Schnittwunden, man lässt sie liegen, hält sie für tot. Und mich trifft sie genau zu der Zeit wieder, als ich so böse auf Gott bin, als ich nichts anderes im Sinn habe als »Rache, Rache!« Ich treffe sie, und sie sagt zu mir: »Esther, hör auf damit! Du lässt dich doch vom Teufel vor seinen Karren spannen.« Und weiter sagt sie: »Esther, du kennst mich doch, wir waren zusammen auf der Schule. Du weißt, wie viele Kinder ich hatte, du weißt, was ich durchgemacht habe, du weißt das. Aber ich habe mir vorgenommen, mich wird der Teufel kein zweites Mal töten. Das war Teufelswerk, der Teufel hat sie bewaffnet, der Teufel hat ihnen die Machete in die Hand gedrückt, und sie haben gemordet, gemordet, gemordet. Sie haben sie fast alle vernichtet, fast ist ihnen die Endlösung gelungen. Aber Gott ist stärker als der Teufel. Deshalb hast du überlebt, deshalb habe ich überlebt. Und du, du stirbst jetzt von innen, das ist nämlich Plan Nummer zwei des Teufelsprogramms: Alle, die er mit der Machete nicht gekriegt hat, die will er jetzt von innen haben. Und die sterben bei lebendigem Leib. Schau doch, Esther, du hast Glück, deine Kinder sind dir geblieben, du hast das Glück, dass du eine Arbeit hast, dass du gesund bist, aber daran denkst du gar nicht, du bist nicht froh, und du bist nicht glücklich.« Das war Joséphines Philosophie oder auch ihr Glaube. Ich habe sie sofort eingeladen, sich Avega anzuschließen, und heute ist sie die Vorsitzende für die Region Kigali.

Joséphine hat mich wirklich wachgerüttelt. Sie konnte mir das ja auch sagen, und sie hat die Gelegenheit genutzt. Ohne ein Blatt vor den Mund zu nehmen: »Du weißt, was ich durchgemacht habe, was ich verloren habe. Und was ist mir geblieben? Keine Gesundheit mehr, kein Haus mehr, keine Kinder mehr, keine Familie mehr.« Das hat mich dann doch berührt. Durch sie, wie gesagt, hab ich mich entschlossen: »Esther, halt dir vor Augen, was dir geblieben ist, statt nur zu sehen, was du verloren hast«, und mit Gott weniger zu hadern.

6

»Davon«
nur unter Überlebenden sprechen

Weißt du, nach dem Genozid musste ich erkennen, dass sie
meine ganze Familie hingeschlachtet hatten. Es ist nichts
und niemand übrig. Innocent, meinen Mann, haben sie
umgebracht, seine Brüder und die meisten seiner Schwestern umgebracht, auch seine Eltern umgebracht. Nur zwei
Schwestern haben überlebt, von denen eine sechs Jahre
später starb. Meinen Vater und meine Mutter haben sie
umgebracht, Stéphanie, meine Schwester, auch umgebracht, mit ihrem Mann und ihren drei Kindern. Bei mir
zu Hause ist nichts geblieben, bei Innocent ist nichts geblieben, bei Stéphanie ist nichts geblieben. Nicht einmal
die Bäume haben sie diesmal verschont. Ganz zu schweigen von den Kühen. Auch die Kühe sind abgeschlachtet
worden. Alles bricht zusammen, der Wahnsinn lauert mir
auf, er lauert auf tausende von Witwen und Waisen, von
Witwen und Mädchen, die aufs Abscheulichste vergewaltigt wurden und nun HIV-infiziert sind, weil Aids ja schon
so stark verbreitet war in Ruanda. Und was uns vor dem
Wahnsinn bewahrt hat, das war Avega, die Vereinigung der
Witwen des Völkermords vom April. *Agahozo*, so heißt Ave-

ga auf Kinyaruanda, ein Wort, das tröstet, oder ein Wort aus einem Gedicht, das man singt, damit ein Kind aufhört zu weinen.

Es ist gewiss nicht das erste Mal, dass in Ruanda eine Frau zur Witwe wird. Das bekamen wir damals ziemlich oft zu hören: »Ihr seid nicht die ersten Witwen hierzulande.« Das wissen wir ja selbst; unter unseren Großmüttern, Müttern, Tanten und Nachbarinnen sind auch Witwen, seit den Massakern von 1959 und 1973. Wir aber sind die Ersten, die außer ihren Ehemännern auch ihre ganze Familie verloren haben. Es ist also niemand mehr da, der dich trösten, dir die Tränen trocknen könnte. Weder Familie noch Nachbarn; der Nachbar war fast überall der Verräter, wenn nicht gar der Mörder deiner Familie. Es gibt keinen Ort, an dem du trauern könntest, kein Grab, an das du dich zurückziehen könntest, nicht einmal ein Zimmer oder ein Bett, in dem du dein Elend verstecken könntest. Alles haben sie zerstört oder geplündert. Und viele von uns haben sogar ihre Gesundheit eingebüßt. Wir haben so viele Hiebe mit der Machete abbekommen, dass bei vielen Frauen das Genick sozusagen nur noch am seidenen Faden hängt. Klaffende Schnitte am Kinn, im Gesicht, im Nacken. Uns sind grauenhafte Narben geblieben. Wir verstecken uns; scheuen die Öffentlichkeit. Wir verrotten zu Hause.

Und trauern können wir schon deshalb nicht, weil wir nicht wissen, wie unsere Familien ihre letzten Augenblicke verbracht haben. Was ist wirklich geschehen? Wie wurden sie getötet? Haben sie sehr gelitten? Man sammelt solche

Angaben bruchstückweise, du setzt dir ein Bild daraus zusammen, weil du wissen willst, wie deine Lieben ihr Ende gefunden haben. Aber wissen wozu? Wer weiß, leidet manchmal ja sogar noch mehr. Aber am Nichtwissen leidet man genauso sehr … Jedenfalls ist das Dilemma bald gelöst: Die Nachbarn hüllen sich in Schweigen, und mit der Zeit raten dir fast alle, am besten ist es, gar nichts zu wissen. Aus all diesen Gründen können wir nicht so sein wie andere Witwen. Um unseren Sonderstatus sind wir beileibe nicht zu beneiden. Wir müssen unsere Häuser neu aufbauen. Wir müssen unsere Herzen und Körper neu aufbauen. Wir müssen eine neue Familie erfinden. Mütter, die alles verloren haben, müssen lernen, Kindern Mütter zu sein, die alles verloren haben. Kinder, die alles verloren haben, lernen, Kinder von Müttern oder Enkel von Großmüttern zu sein, die niemanden mehr haben. Aus all diesen Gründen können wir nicht die gleichen Witwen sein wie die anderen, deshalb haben wir im September 1994 Avega gegründet, *Agahozo*, die Vereinigung, die im Januar 1995 offiziell wurde. Um zu überleben, aber vor allen Dingen, um miteinander zu weinen. Chantal, Espérance, Annonciata, Paulina, Sylvia, Esther … Auch, um unsere Tränen zu trocknen, die endlich fließen können, jetzt, wo wir eine Familie geworden sind, und sei sie noch so konstruiert. Wir kämpfen dafür, wirklich zu leben – nicht bloß zu überleben –, wir weigern uns, von innen zu sterben, wir weigern uns, bloße Opfer zu sein. Aber unsere Wunden sind tief, wir haben zu viel Herzblut verloren. Unter unseren Programmen, mit denen wir helfen wollen, zum

Beispiel materielle Probleme zu lösen, entsprechende Mittel zu beschaffen oder Kinder wieder zu finden, gibt es eines, das wir »Herzenspflege« genannt haben. Für mich ist es das Wichtigste. Ein paar Jahre später bin ich Therapeutin und praktiziere für Avega, bei den Überlebenden. Ich pflege Herzen.

Anfangs trafen wir uns in der Vereinigung immer nur, um über den Völkermord zu reden. Reden, reden, reden, nur darüber, nur darüber, nur darüber. Einander erzählen, wie jede von uns überlebt hatte, wer dabei umgekommen war, wen du verloren hattest. Aber wir redeten nur, solange wir unter uns waren. Wenn andere dabei waren – Arbeitskollegen, Nachbarn, Familie –, schwiegen wir. Die anderen hatten damit entweder nichts zu tun, oder aber es war ihnen zu grauenhaft, sich unsere Geschichten anzuhören. Für uns war es in jeder Minute grauenhaft.

Trotzdem sagten die Leute ganz, ganz zu Anfang – direkt nach dem Genozid – noch nicht: »Darüber ist genug geredet worden.« Anders als heute.

Zu jener Zeit sagten die Leute zu uns noch nicht, was uns der damalige Premierminister Twagiramungu in einer Rundfunkrede im November, drei Monate nach dem Ende des Genozids, verkündete: »Drei Monate reichen, um zu vergessen und neu anzufangen.«

Oder unser Präsident Kagame, vier Jahre später in seiner Rede an die Überlebenden: »Räumt eure Gefühle in den Schrank!« Die Leute sagten nichts, ganz einfach.

Aber wir spürten, dass wir störten.

Ich hatte nicht den Mut, das Thema bei der Arbeit anzusprechen. Die Überlebenden gehörten ja auch nicht zu den Prioritäten der Hilfsorganisationen, auch wenn Oxfam mich gerettet hatte. Für Oxfam bestand die dringlichste Aufgabe darin, die Ansiedlungen für die aus dem Exil der fünfziger und sechziger Jahre nun zurückgekehrten Ruander mit Wasser zu versorgen. Ich war ja auch eine Überlebende, hätte vielleicht sagen können, was uns fehlte, was wir brauchten … aber ich habe nichts gesagt. Vielleicht, weil ich wusste, dass den Leuten irgendwie klar war, was wir empfanden, oder vielleicht, weil ich wusste, dass unsere Betreuung nicht auf der Tagesordnung stand? Ich weiß noch genau, wann ich begriff, wie wenig unsere Befindlichkeit ihnen in den Kram passte. Auf dem Rückweg vom Lager in Uganda, aus dem Mitarbeiter von Oxfam mich abgeholt hatten, fuhren wir bei einem Kollegen zu Hause vorbei, in Remera, einem Stadtteil von Kigali, und stellten fest, dass bei ihm eingebrochen worden war. Der Kollege, der sich wirklich um mich gekümmert und sich während des Genozids große Mühe gegeben hatte, mich ausfindig zu machen, war entrüstet und fing an aufzuzählen, was ihm gestohlen worden war. Ich sah ihn, sah die anderen, wie sie Bestandsaufnahme machten – die Fensterscheibe war eingeschlagen, die Möbel waren weg, der Fernseher auch … Und ich war … ich war … verstört, ja genau. Verstört. Ich ging in den Garten, setzte mich irgendwo hin und war sprachlos. Ich dachte an nichts, verurteilte niemanden, dachte nicht: »Yeee, ich hab meine

Familie verloren, und er weint um seinen Fernseher ...«, aber ich musste einfach Abstand schaffen. Niemand kam nach draußen, um mit mir zu reden. Was hätten sie mir auch sagen sollen? Sie hätten mich ja nicht fragen müssen, was mit mir los ist; was passiert war, wussten sie ja.

Genau in solchen Momenten wird dir bewusst, dass du störst; wäre ich nicht dabei gewesen, hätte der Kollege seinem Ärger, seiner Wut noch stärker Luft machen können. In meinem Beisein aber wäre ihm das sicher peinlich gewesen, weil er ja wusste, was ich hinter mir hatte. Ich saß im Garten und dachte nichts in diesem Augenblick. Später erst, sehr viel später, habe ich akzeptiert, dass auch er gelitten hat. Mein Kollege war wütend, und zwar zu Recht: Er war Vater von sechs Kindern, und sein Haus war gerade leer geräumt worden. Das sind große Sorgen. Trotzdem glaube ich, dass der Verlust, den wir Überlebenden erlitten haben, so immens groß war, dass materielle Sorgen für uns einfach nicht die Hauptrolle spielten. Wer den Völkermord nicht erlebt hatte, hatte nicht annähernd so viele Angehörige verloren wie wir, nicht auf diese wahnsinnige Art und Weise zumindest, und für den hatten, im Gegensatz zu uns, materielle Dinge ihren Wert eben nicht verloren. Deshalb besetzten wir auch keine unbewohnten Häuser, wie andere Leute, obwohl man unsere Häuser ja niedergebrannt hatte. Als Überlebender warst du zwar eben dem Tode entronnen, innerlich aber schrecklich müde. Die anderen hatten noch Lebensmut, dich aber hatte dieser Mut verlassen. Während die anderen schon wieder einen Lebensrhythmus gefunden hatten, hast du viel

Zeit darauf verwendet, einen neuen Topf zu suchen, einen
Teller, weil alles so sinnlos war. Die anderen lebten, wir
überlebten.

… Aber wie hätte ich durchhalten können, wenn unsere
Witwenvereinigung nicht gewesen wäre? Ohne Avega wären wir wirklich aufgeschmissen. Man braucht jemanden,
mit dem man reden, dem man seine Geschichte erzählen
kann. Du hältst ja nicht einfach jemanden auf der Straße an
und sagst: »Hören Sie mir zu!«, oder? Wer, außer Menschen, die dir sehr, sehr nahe stehen, wer außer deinen Angehörigen brächte die Geduld auf, dir zuzuhören? Die dich
hätten trösten sollen, waren umgebracht worden. Ich hatte
Glück, weil ich meine beiden Schwestern noch habe, aber
wir haben nur selten darüber gesprochen. Marie-Josée
brach jedes Mal sofort in Tränen aus, wenn sie anfing zu
erzählen; deshalb redete sie lieber gar nicht darüber. Eines
Abends sah sie im Fernsehen den Film Lumumba, eine Er-
schießungsszene erinnerte sie sofort wieder an den Moment, in dem ihr Sohn und ihr Mann getötet wurden, und
sie verlor mit einem Schlag den Verstand. Sie fing an zu
schreien, Leute seien hinter uns her, um uns umzubringen, und sie lief aus dem Haus, um sich zu verstecken, genau wie damals während des Genozids. Wir mussten ihr
ein starkes Beruhigungsmittel geben. Joséphine, meine andere Schwester, drängte mich, mit meinen Kindern nicht
darüber zu sprechen, und ist bis heute von ihrem Standpunkt nicht abgewichen. Sie findet, dass reden die Trauer
unnötig verlängert. Wie soll man die verurteilen, die uns

nicht reden lassen, wenn sie, die selbst überlebt hat, sich genauso verhält?

Bei Avega verfuhren wir absolut nach dem entgegengesetzten Prinzip, weil wir erkannt hatten, wie gut uns unsere Gespräche taten. Wir beschrieben im Detail, wie es passiert war, wann, wo, welches Wunder geschehen war. Wir unterbrachen einander, weinten gemeinsam, fanden manchmal auch Grund zu lachen, über manche Gewohnheiten aus unserer Zeit vor dem Völkermord, denen wir unser Leben verdankten. Unsere Freundin Espérance zum Beispiel, glücklich verheiratet, Mutter von zwei Kindern, guter Job: Sie führt mit ihrem Mann, einem Ingenieur, in Kigali den Inbegriff der modernen Ehe. Weil sie sich zu dick fand, hatte sie Schwimmunterricht genommen, im Schwimmbad des Hôtel des Mille Collines, dem luxuriösesten Hotel der Hauptstadt. Das hat sie gerettet! Ihren Mann hatten sie gleich zu Beginn des Genozids umgebracht, und sie floh mit ihrem Baby Vanessa. Beide wurden am Nyabarongo gefasst, diesen Fluss hab ich schon als Kind gehasst. Die Mörder haben ihr befohlen, das Kind vom Rücken zu nehmen, und haben Vanessa vor ihren Augen ertränkt. Dann haben sie Espérance halb nackt ausgezogen, um sie zu demütigen. Espérance war schlank und hatte stark ausgeprägte Hüften: Die Mörder wollten, wie sie sich ausdrückten, den Prototyp einer Tutsi sehen, den Espérance ihrer Auffassung nach verkörperte. Schließlich haben sie auch Espérance in den Fluss geworfen, und sie trieb davon. Glücklicherweise war sie nicht totgeschlagen worden, und so fing sie automatisch an zu schwimmen.

An der Stelle ihrer Geschichte lachten wir bei Avega immer und sagten, wie gut, dass die moderne Ehe es Madame erlaubt hatte, Schwimmunterricht zu nehmen; sonst wäre sie einfach untergegangen. Der Fluss trug sie wieder ans Ufer, und ein paar Hirten haben sie aufgelesen. Espérance hat sie angelogen, hat gesagt, sie sei Hutu und ihr Idiot von Bruder habe eine Tutsi geheiratet, wofür jetzt ihre ganze Familie büßen müsse. Ziemlich blöde, ihre Geschichte, aber die Männer haben ihr geglaubt. Wenn du den Tod vor Augen hast, wirst du ungemein erfinderisch! Und später, wenn die Angst vorbei ist, fragst du dich, wie du so schnell auf solchen Humbug kommen konntest. Zu ihrem Unglück kamen dann andere Leute vorbei, von denen wurde Espérance als Tutsi entlarvt; sie zeigten auf ihre Hüften und warfen sie wieder in den Fluss. Espérance schwamm also weiter und wartete die Nacht ab, um zum zweiten Mal ans Ufer zu klettern. Diesmal traf sie auf streng gläubige Hutu, *Aharokore*, die aus Überzeugung gegen den Genozid waren. Für sie galt Töten als eine Sünde, und sterben war besser, als eine Sünde zu begehen. So wurde Espérance gerettet.

Unsere Witwengeschichten, eine war schrecklicher als die andere; trotzdem wollte jede ihre Geschichte erzählen, und jede wollte wissen, wie es anderen ergangen war. Und zwar deshalb: Ein Grund, aus dem wir mit anderen selten über den Genozid gesprochen haben und auch heute noch selten darüber sprechen, war der, dass die Geschichten für den, der sie hört, sich immer gleich anhören. Für uns aber, die wir sie erlebt haben, sind sie eben nicht gleich. Eine

Patientin erzählte mir eines Tages von dem »Film«, der nachts immer wieder in ihrem Kopf ablief. Diesen Begriff habe ich von ihr übernommen, weil ich finde, dass er das Leid der Patientinnen sehr treffend beschreibt. Wer uns zuhört, sieht den Film. Aber derjenige, der sich unsere Geschichten anhört, selbst wenn sie sich noch so sehr voneinander unterscheiden – es kommen nicht dieselben Personen vor, die Vornamen sind anders, auch die Verwandtschaftsgrade, die Tatorte, die Hügel, die Details sind nicht dieselben, jedes Opfer hat ein anderes Ende gefunden –, gewinnt trotz allem den Eindruck, immer wieder denselben Film zu sehen, nur mit anderen Schauspielern. Also wird er dir sagen, den Film kennt er schon, und wird ihn sich kein zweites Mal anschauen. Dasselbe steckt hinter der Redewendung: »Wir haben schon gespendet«, wenn jemand bei dir klingelt und um etwas Geld bittet. Und zu uns sagen die Leute: »Wir haben schon zugehört.« Wir aber hatten tatsächlich geglaubt, die Leute würden voller Anteilnahme vor uns auf die Knie fallen! Im Gegenteil: Sie haben Reißaus genommen. Manche haben mir später gestanden: »Als Innocent tot war, haben wir dich gemieden. Was hätten wir dir sagen können?«

Vielleicht mieden uns die Leute aus Rücksicht. Sie glauben, du bist gut beraten, wenn sie dir raten, nicht darüber zu sprechen. Ich glaube viel eher, dass wir die Leute durch unser Schweigen geschützt haben. Alle wollten so tun, als wäre nichts, und ich wollte das auch. Normal sein. Ich glaube, ich hätte nicht gewollt, dass jemand mich daraufhin anspricht. Was hätten sie denn tun sollen? Mich bemitleiden? Ich bat niemanden darum, und niemand hatte den Mut, es mir zu geben … Eigentlich aber bin ich gespalten: Ich sage zwar, ich hätte nicht gewollt, dass man mich anspricht, aber im Grunde hätte ich es mir doch gewünscht. Es gab ja auch ein paar Menschen, die es gut meinten und Anteil nahmen, aber was passiert war, überstieg ihre Fassungskraft; sie wussten nicht, wie auf uns zugehen. In welcher Form sollten sie uns ansprechen? In welchem Rahmen? Wenn bei uns jemand stirbt, wird er normalerweise beerdigt. Bei einer Trauerfeier kommen alle zusammen: Man hält die Totenwache, jemand bringt einen Kasten Bier oder einen Krug Wein mit, man isst und wohnt für acht bis zehn Tage im Haus des Verstorbenen. Der Genozid hat unsere Riten zerstört: Die Leute gingen Beerdigungen aus dem Weg. Dabei glaubten wir so fest daran, alle wären sich einig, dass wir Schreckliches durchgemacht hatten … Zu guter Letzt aber saßen wir sogar fast auf der Anklagebank und mussten andere davon überzeugen, dass es tatsächlich passiert war. Himmel noch mal, es ist passiert! … Und heute, mit dem Internationalen Strafgerichtshof für Ruanda in Arusha, ist alles sogar noch schlimmer! Meine ganze Familie wurde umgebracht, jeder auf unserem Hügel weiß das, und ich soll als Zeugin aussagen, ich, vor dem Tribunal, aber von mir will man vor allem wissen: »Was hast du gesehen?« Nichts hab ich gesehen. Ich war nicht selbst dabei, als sie meinen Mann, meine Eltern, seine Eltern, meine Schwester, deren Mann, meine Neffen, meine Nichten, meine Großtante, meine Cousinen, meine Cousins umgebracht haben. Wie soll ich also eine Zeugenaussage machen? Trotzdem wurden sie doch alle umgebracht, oder nicht? Und wurden alle in ein Massengrab geworfen. Meine Eltern zum Beispiel. An einem Donnerstag oder einem Sonntag wurden sie umgebracht, ich weiß nicht mal genau an welchem Tag. Aber der ganze Hügel war dabei: Das ist nicht nachts passiert, alle haben das Verbrechen mit angesehen, das an meinen Eltern geschah. Nur ich war nicht dabei! Aber wenn ich anfange, die zu fragen, die dabei waren, was sie gesehen haben und wie es passiert ist, dann antworten sie mir, *nichts ist passiert*, das ist alles nicht wahr. Ein anderes Beispiel, konkreter: Meine Schwester Stéphanie ist tot. Aber ich dachte mir, vielleicht hat ja eines ihrer drei Kinder überlebt. Ich ging zu ihr nach Hause, wollte weder Rache noch Gerechtigkeit, wollte nicht einmal jemanden beschuldigen, ich war einfach nur auf der Suche nach einem Kind. Stéphanie und ich sehen uns sehr ähnlich, und die Jungen, die mich auf der Straße erblickten, fingen an zu schreien, weil sie glaubten, ich wäre ein Geist. Ich fragte einen Mann, Thomas, der zu der Zeit beim Roten Kreuz arbeitete, ob er vielleicht was weiß, und ich weiß noch genau, dass er mir spontan – und sogar ziemlich teilnahmsvoll – gesagt hat, und ich bin nicht verrückt, er hat es mir *wortwörtlich* gesagt: »Esther, hör auf zu suchen, sie sind alle tot, deine Schwester und ihre Kinder, ich hab sie in der Grube gesehen und an ihren Kleidern erkannt.« Da wusste ich, er sagt die Wahrheit.

Damals wollte man einfach nur wissen, wer überlebt hatte, man dachte noch überhaupt nicht daran, die Leichen zu begraben. Ein Jahr später aber, als die Überlebenden ihre Toten bestatten wollten, ging ich wieder zu diesem Thomas, um zu erfahren, wo die Leichen von Stéphanie und ihren drei Söhnen vergraben lagen, und Thomas antwortet mir: »Ich weiß es nicht, ich weiß nichts, Esther.« Ich bin völlig klar im Kopf, das hat er mir tatsächlich gesagt. Er hatte mir wirklich von den Kindern in der Grube erzählt, mir gesagt, was sie anhatten. Aber ein Jahr später, aus Angst vor einem Prozess, aus Angst davor, mit den Tätern in Verbindung gebracht zu werden oder sie verraten zu müssen, hatte er beschlossen zu lügen. Von seinem Standpunkt aus war sein Verhalten plausibel: Wenn er sagen würde, was passiert war, könnte man ihn ausfragen – wo war er selbst, als es passierte? Was hat er genau gesehen? Und man könnte insistieren und ihn nach Namen von Beteiligten fragen. Er aber steht auf deren Seite, denn die Mörder sind vielleicht Angehörige von ihm oder vielleicht Nachbarn in seinem Stadtviertel, Leute, mit denen er unterwegs ist. Mit ihnen, nicht mit mir, trinkt er abends sein Primusbier. Deshalb wollte Thomas nichts sagen. Er hatte zwar seine Gründe, aber Recht hatte er nicht.

Bis heute haben meine Schwestern und ich Stéphanie und ihre Kinder nicht beerdigen können. Es gab einen Moment, an dem ich größte Lust hatte, die Wahrheit aus Thomas rauszuprügeln. Den Gedanken hab ich irgendwann fallen lassen: Die Rache würde mich zu viel Kraft kosten. Wenn ich ihn schlage, bin ich im Unrecht und lande am Ende noch selbst im Gefängnis. Wer jemanden angreift, begeht eine Straftat. Thomas war bei der Ermordung meiner Angehörigen dabei, hat aber keine Straftat begangen und ist nicht schuldig. Hier wird mit zweierlei Maß gemessen. Also hab ich beschlossen, mich auf andere Weise zu verausgaben, in meinem Kampf für Avega, bei der Verteidigung der HIV-infizierten Frauen, damit die Waisenkinder zur Schule gehen können, und um unseren Anliegen internationale Aufmerksamkeit zu verschaffen. Und meine Rache besteht in meiner Geringschätzung, für mich sind die Mörder weniger als nichts, ich lasse sie links liegen. Man soll mir nur zusichern, dass sie uns nicht mehr bedrohen und mir nicht mehr nach dem Leben trachten. Sie sollen mich in Frieden lassen, denn ein Völkermord ist der Mord an tausenden von Menschen, ohne einen einzigen Mörder.

Wenn in normalen Zeiten jemand stirbt, dann begräbst du ihn, du trauerst und lebst danach dein Leben weiter. In einem Genozid aber stirbt nicht nur ein Mensch: Es sterben alle. Und wer die Täter sind, wird verheimlicht, niemand scheint sie zu kennen. Du sprichst aus, dass deine Angehörigen ermordet wurden, was ja jeder sieht, und nur weil du den Täter nicht benennen kannst, weil seine Familie, seine Nachbarn, alle Betroffenen den Mund halten, bist du verloren. Kein Mensch hat sie getötet, unsere Toten.

Da war noch ein anderer Grund, warum wir über den Genozid nicht redeten: Wir lebten ja noch unter unseren Mördern. Und bis heute leben unsere Mörder unter uns. Sie waren unsere Nachbarn, unsere Kollegen, Leute, bei denen wir einkauften, und auch ohne sie persönlich zu kennen, wussten wir, sie waren allesamt beteiligt. Also wollten wir nicht vor ihren Augen unsere Wunden lecken. Diese Genugtuung sollten sie nicht auch noch haben, denn sie hatten die Unsrigen ja schon alle umgebracht. Wie gesagt, man braucht jemanden, mit dem man reden kann. Wenn du auf dem Markt sitzt und deine Ware verkaufst, was willst du sagen, und wem willst du's sagen? Auch die Mörder bieten auf dem Markt ihre Waren feil, sie sind überall, Seite an Seite mit uns. Auf dem Markt sind wir Seite an Seite, in der Schule sind wir Seite an Seite, an der Wasserstelle Seite an Seite, in der Kirche Seite an Seite … Und selbst wenn du was sagst, wie geht das am Ende aus? Du erzählst deine Geschichte, und am Ende weinst du, du weinst ganz bestimmt … und sie, die Täter, sie freuen sich über deine Tränen. Und das willst du nicht. Ein britischer Journalist hat mir mal gesagt, er hätte sich nie vorstellen können, dass nach dem Genozid die Hutu auf der rechten Straßenseite gehen würden und die Tutsi links, und wenn er nicht selbst hingefahren wäre und es mit eigenen Augen gesehen hätte, hätte er nie geglaubt, wie verrückt unser Leben ist: Tutsi und Hutu Seite an Seite, nach dem Völkermord. Als sei nichts geschehen. Fast alle auf meinem Hügel sind Völkermörder geworden. Ich kenne sie alle. Frühere Lehrer von mir, meine Nachbarn, junge Menschen, mit denen ich aufgewachsen bin, der Bürgermeister. Wenn ich zu meinen Eltern unterwegs war, schaute ich immer bei ihm vorbei, er war ein sehr freundlicher Mensch, bis er sich um 180 Grad gedreht hat, wie gesagt. Wenn ich genau betrachte, was uns geschehen ist, sage ich mir: Die Hutu waren gar nicht so schlecht, nicht schlechter als ich. Es sei denn, der Mensch kann sein wahres Ich vor anderen verbergen. Die Täter, die ich kenne, konnten sich entweder gut verstellen, und ich war total naiv, oder aber sie sind einfach menschlich und als Menschen zum Schlimmsten fähig, und dieser Gedanke, der macht mir Angst, Angst vor der Menschheit und Angst um die Menschheit.

Wie dem auch sei, verstehen will ich sie nicht, noch nicht. Ich möchte einen Schritt nach dem anderen machen; in zehn Jahren, vielleicht.

7

Angst, dass einem niemand glaubt

Wenn ein Überlebender vom Völkermord erzählt, spürt er genau, dass die Leute ihm kaum glauben können. Es ist zu viel. Wie gesagt, für die Zuhörer ist es zu viel, es klingt alles übertrieben. Der Überlebende meint deshalb ständig, man misstraue ihm, weil seine Zuhörer sich oft vergewissern wollen, dass die Situation in Wahrheit nicht so schrecklich war, wie er sie darstellt. Es *war* schrecklich. So schlimm, dass man sich selbst als Überlebender fragt: Ist das *wirklich* passiert? Konnte jemand das *wirklich* tun? Dabei weiß ich ja, dass *das passiert ist*, aber es scheint, als wollte sogar ich es nicht glauben, weil es zu unvorstellbar ist.

… Weil ein Überlebender *sich* ja selbst kaum glaubt.

Noch heute frage ich mich manchmal, ob ich nicht ein paar Details, manche Szenen erfunden habe, obwohl ich sie doch selbst erlebt, sie doch genau in Erinnerung habe.

… Weil ein Überlebender es ja selbst kaum glaubt.

Er glaubt den Genozid kaum, obwohl er ihn doch selbst durchlebt hat.

Ich bin mir bewusst, wie riskant es für mich ist, diesen Zweifel laut auszusprechen. Einige Leute werden ihn sofort für ihre Zwecke nutzen, um ihre leugnerischen oder revisionistischen Thesen zu untermauern. Seit zehn Jahren hält sich hartnäckig der Glaube, der Genozid habe entweder gar nicht oder aber doppelt stattgefunden: einmal an den Tutsi und anschließend, nach dem Einmarsch der RPF, an den Hutu. Und ich weiß genau, vor Gericht würde man meine Worte gegen mich verwenden: »So, Sie haben also selbst Zweifel daran, obwohl Sie doch vorgeben, ihn persönlich erlebt zu haben ...«

Natürlich hat er stattgefunden, unser Genozid! Ich will keinen historischen Zweifel anmelden. Hier geht es um etwas, das in uns steckt, in mir, um Verstörung, Wahnsinn. Ja, genau, ein Zweifel, der weniger mit der Authentizität der Fakten zu tun hat als damit, dass diese Fakten so über alle Maßen wahnsinnig sind. Wir sagen uns: Was wir durchgemacht haben, ist so verrückt, dermaßen sinnlos, und trotzdem suchen wir unentwegt nach einem Sinn ... Kein Wunder, dass einen das verrückt macht. Oder zumindest verwirrt. Vor einem Gericht werde ich niemals irgendwelche Forderungen stellen, weil ich genau weiß, Richter legen mir meine Verwirrung als Lüge oder als Verzerrung der Wahrheit aus. Obwohl ich die Wahrheit, die unfassbare, sinnlose, absolut verrückte, wahnsinnige Wahrheit des Völkermords erlebt, am eigenen Leib erfahren habe und sie mir noch heute unfassbar, sinnlos, absolut verrückt, wahnsinnig vorkommt.

Als ich anfing, therapeutisch zu arbeiten, in Kigali, kam

eine alte Dame zu mir in die Praxis, Bibi. Bibi hat mir erzählt, wie die Mörder ihre Kinder umgebracht und sie dann in die Toilette geworfen haben, Bibi hat das mit angesehen und die Mörder gebeten, auch sie zu töten, doch die weigerten sich, weil es grausamer war, Bibi am Leben zu lassen, mit der Erinnerung an die Ermordung ihrer Kinder, ohne die sie nun weiterleben müsste. Und immer wenn Bibi beschrieb, wie ihre jüngste Tochter umkam, stockte sie. Dieser Moment war der Kernpunkt ihres Traumas: Ihre Tochter hatte zu breite Hüften, also hackten die Mörder sie ab, um ihr »einen Standardkörper« zu verpassen, wie sie es nannten. Männer, die Tutsi waren, galten als zu groß: Einen Meter neunzig groß sein war also ein Fehler. Die Frauen wiederum begingen den Fehler, sehr schmale Taillen zu haben, einen flachen Bauch und sehr breite Hüften. Bevor man die Frau umbrachte, musste man sie also auf »Standardmaß« zurechtstutzen, damit sie, in diesem Fall Claire, in die Latrine passten. Und das taten sie vor den Augen von Bibi, ihrer Mutter.

Aber genau wie meine Freundin Alice unterbrachen Bibis Zuhörer auch sie ständig, denn im Grunde ihrer Seele sagten sie sich: »In Stücke hacken! Du übertreibst ja, das ist doch unmöglich …« Es war möglich, denn Bibi hat es ja mit eigenen Augen gesehen. Weil aber die Situation so grauenhaft war, wurden Zweifel wach, und wie um sich selbst zu schützen, konnte man nur denken: »Mag ja sein, dass sie mit der Machete auf sie eingeschlagen haben, aber sie haben doch die Grausamkeit nicht so weit getrieben, den Körper der Tochter zurechtzustutzen, damit er in die

107

Toilette passt! ...« Claire zerhacken, damit sie einen »Standardkörper« bekommt, Glaubst du, ein Überlebender erfindet solche Ausdrücke?

Warum die Leute so reagieren, lässt sich erklären: Kann der menschliche Verstand akzeptieren, dass ein Mensch zu so etwas fähig ist? Kann der Verstand solche Grausamkeit zulassen? Nein. Nein, kann er nicht. Wenn dir dein Gegenüber sagt: »Halt, hör auf!« oder »Nein, das ist unmöglich, das ist bestimmt nicht wahr!«, dann liegt das daran, dass man an die Grenze des Unvorstellbaren stößt. Ich selbst erreiche manchmal die Grenze des Undarstellbaren. Wohlgemerkt, das heißt nicht, dass ich die Geschichte nicht glaube, sondern dass ich sie nicht verstehe, sie nicht an mich ranlasse. Der Milizionär hatte den Befehl zu töten, zugegeben. Aber niemand hat von ihm verlangt, so brutal vorzugehen, niemand hat ihm befohlen, noch Schlimmeres zu tun als zu morden. Also? Hm? ... (*Schweigen; dann sehr leise*) Also verstehe ich, dass man versucht ist, so was nicht zu glauben, um sich selbst zu schützen. Dass man Geschehenes lieber analysiert, statt sich eine Geschichte anzuhören, wie der ausländische Kollege, der mir eines Tages gesagt hat, welches Buch er besonders gut fand, eine Untersuchung über den Völkermord, »die die Ereignisse analysiert und keine Horrorgeschichten liefert. Die Schreckensdarstellungen kennt man ja schon.« Wie, er will das analysieren, was ich erlebt habe? Was könnte ich ihm nur antworten? Nichts: Innerlich protestiere ich, aber ich nehme es hin.

Bei Vorträgen schwäche ich manchmal die Schilderungen der Überlebenden, die ich zitiere, von vorneherein ab, um mein Publikum nicht zu verstören, nicht zu schockieren. Ich spare Details aus, erwähne die schrecklichsten Szenen nicht, weil ich den Eindruck habe, die Leute fühlen sich unwohl angesichts all der Grausamkeiten, die damals geschehen sind, und ich habe das Gefühl, sie werden mir nicht glauben – weil es *unglaublich* ist. Die Leute wollen in erster Linie hören, dass du tapfer und mutig warst und dass du da rausgekommen bist. Ich habe schon Vorträge gehalten, bei denen mir der Veranstalter vorher gesagt hatte: »Versuch positiv zu sein bei deiner Darstellung.« Vielleicht aber hab ich mir dieses Verhalten auch zur Gewohnheit gemacht. Warum lege ich zum Beispiel bei Vorträgen immer Wert darauf, überlebende Frauen zu zeigen, die stark sind, die aus eigener Kraft zwanzig Waisenkinder aufziehen? Warum zeige ich uns so kämpferisch? … Ich glaube, das tue ich vor allem, weil ich fürchte, Mitleid zu erregen, aber auch, um meine Zuhörer zu schützen, nicht zu stark zu verschrecken, damit sie sich nicht verschließen. Wenn es nämlich zu schrecklich wird, schalten sie ab. Du kannst, du willst dich im zu Schrecklichen nicht zurechtfinden. Wenn du aber inmitten von all dem Grauen ein Stückchen Geschichte erzählst von Mut, von glücklichen Zufällen, dann nehmen die Leute das auf, trotz allem. Und mit diesem Stückchen identifizieren sie sich. Und ich mich auch, wenn ich ehrlich bin! Nicht nur meine Zuhörer, auch ich brauche positive Nachrichten! Ich brauche dieses Stückchen Menschlichkeit, wenigstens daran muss ich noch irgendwie glauben können, damit ich weitermachen kann. Sonst …, sonst gibt man sich ja völlig auf.

Bibi kam eine Zeit lang zu mir in Behandlung, einmal pro Woche, immer am gleichen Wochentag, zur gleichen Uhrzeit, immer für sechzig Minuten. Das Sprechen fiel ihr nicht leicht. Über lange Strecken sagte sie nur: »Esther, dieser Film, den ich im Kopf habe, der Film, den ich Nacht für Nacht sehe …«, und weiter kam sie nicht. Nach und nach aber fing sie an zu erzählen. Sobald sie die Stelle erreichte, die ihr den Hals zuschnürte, schwieg sie wieder. Was uns im Rahmen der Therapie geholfen hat, war die Tatsache, dass sie in einem Schuppen lebte und sich immer, wenn der »Film« wieder anlief, mit konkreten Sorgen ablenken konnte. Im traumatischen Moment brach sie ihre Schilderung ab und sprach stattdessen über praktische Dinge. Und eines Tages – knapp drei Wochen nach Beginn unserer Arbeit – konnte sie über Claire sprechen, über ihre zu breiten Hüften, die die Täter gekappt hatten, damit sie ihre Tochter in die Toilette stopfen konnten. Es hatte geregnet, und weil das Dach ihres Schuppens undicht war, war sie über Nacht klatschnass geworden. Indem sie während unserer Sitzung über den Regen sprach, ging sie in Gedanken zurück auf das Feld, auf dem ihre Kinder ermordet wurden, weil es auch damals sehr stark geregnet hatte: Der Regen war also der Auslöser dafür, dass sie endlich über alles sprechen konnte. Durch das, was sie sagte, konnten wir auch etwas ermessen, was uns vorher gar nicht klar war: Wenn ein nächtlicher Regen Bibi nicht nur bis auf die Knochen durchnässt, sondern auch ihre Erinnerung ge-

110

weckt hat, dann mussten das ungeheure Wassermassen gewesen sein, nicht nur ein paar Tropfen. Trotz all ihrer Würde lebte Bibi unter erniedrigenden Bedingungen. Von da an haben wir ihr geholfen, sich ein Haus zu bauen. Psychisch ging es ihr zusehends besser, und ihr neues Haus hat sehr viel dazu beigetragen. Ich fuhr sie manchmal nach Hause. Für uns lag wenig Sinn darin, sie zu therapieren, ohne ihr die Fahrkarte oder ein Taxi bis zu uns zu zahlen, ohne sie nach Hause zu fahren oder uns am Bau ihres Hauses zu beteiligen. Die Fortschritte unserer Arbeit konnte ich immer wieder auch an solchen konkreten Aktionen ablesen.

Als Bibi diesmal redete, löste sich endlich etwas in ihr. Früher hatte sie zu sehr versucht, den Schein zu wahren: Sie kam in ihren besten Kleidern, versuchte, lustig zu sein. An jenem Tag aber fing sie an zu zittern und fuchtelte wild mit ihrem Gehstock um sich, den sie nie aus der Hand legte. Die Sitzung war heftig, verlief aber sehr gut. Ich begleitete Bibi anschließend zur Tür und verabschiedete mich von ihr, bevor ich die nächste Patientin empfing. Bibi hatte Espérance nie vorher gesehen, meine Freundin, der die Schwimmkurse das Leben gerettet hatten. An jenem Nachmittag begegnete sie ihr zum ersten Mal, und weil Espérance Hüften hatte wie Bibis Tochter Claire, lief Bibi bei ihrem Anblick sofort schreiend davon und rief: »Versteckt mich! Versteckt mich!« Ich wurde sofort verständigt und wusste zum Glück auch gleich, was los war. »Was hast du denn mit ihr gemacht«, fragten mich die Kolleginnen, »der geht's ja gar nicht gut!« Wäre Bibi Espérance früher begegnet, als sie mir ihre Geschichte noch nicht erzählt hatte, dann hätte ich den Kernpunkt ihres Traumas nicht erkannt. So aber war ich, im Gegensatz zu den anderen, froh und fand, dass wir Fortschritte machten. Bibi hatte es aussprechen können, es hatte sich gelöst. Danach kam sie sehr oft. Anfangs verlief sie sich jedes Mal, doch mit der Zeit wurde Avega ihr Ziel, ihr Lebensinhalt. Nun kaufte sie sich auch neue Kleiderstoffe. Dass sie ihren »Film« nun zu Ende führen, über jede Szene, jedes Detail sprechen konnte, ohne Unterbrechungen, bis zum Ende, ohne jede Blockade, das war ein echter Fortschritt. Und das Schöne daran: Bibi hat danach eine sehr enge Beziehung zu Espérance aufgebaut, als ob sie bereit war, mit der Vergangenheit weniger zu hadern und symbolisch ihre Claire wieder zu finden, gesund, unversehrt. Vor allem aber, ganz abgesehen davon, dass sie über ihr Problem sprechen konnte, war für Bibi entscheidend, dass ihre Worte nicht mehr angezweifelt wurden.

Während ich an diesem Buch arbeite, habe ich das Gefühl auch: Immer fürchte ich, man könnte mir nicht glauben. Deshalb versuche ich ständig, so konkret wie möglich zu sein, so viele konkrete, unumstößliche Details wie möglich zu liefern, damit man mich nicht in Zweifel zieht. Bei jedem Vortrag ist das eine meiner Befürchtungen: dass man zweifeln könnte, sagen, was ich erzähle, sei nicht wahr. Dass man mich zum Beispiel fragen könnte: Wie konnte Espérance im Fluss überleben, wo doch normalerweise die Täter ihre Opfer erschlugen, bevor sie sie ins

112

Wasser warfen? Aber Espérance wurde nicht erschlagen. Wenn ich aber nicht alle Einzelheiten von Anfang an genau aufzähle, könnte man die Geschichte anzweifeln. Ich komme auch jedem Verdacht zuvor. Als wollte ich die Schuld für einen Fehler auf mich nehmen, den ich gar nicht begangen habe! Obwohl ich doch weiß, dass alles genau so passiert ist, wie es erzählt habe. Merkst du, wohin das führt … Also passe ich sehr genau auf, sage, als die Mörder erst Espérances Baby ertränkt und dann sie in den Fluss geworfen haben, genau: »… Glücklicherweise war sie nicht totgeschlagen worden, und so fing sie automatisch an zu schwimmen.« Hier liegt also ein Grund dafür, warum wir so viele Einzelheiten nennen, wenn wir manchmal erzählen, wie wir den Genozid überlebt haben. Zugleich aber – o, das ist immer wieder derselbe Teufelskreis! – würde mir niemand zuhören, wenn ich jedes Detail erzählte, weil es ja »zu viel« ist, wie uns die Leute immer sagen …

Deshalb, so sage ich mir, will ich schreiben, weil es dringend notwendig ist, lebensnotwendig, weil ich es unbedingt tun muss. Ich muss diese Momente unsterblich machen, die ich zwar nicht aus meiner Erinnerung löschen, aber vielleicht verdrängen werde, weil so viele Zweifelswellen sie überrollen. Weil mir mein Gefühl sagt, dass weder die Geschichte noch die Erinnerung viel dazu tun werden, diese Zweifel zu entkräften.

TEIL ZWEI

8

Die Kindheit einer Tutsi
auf dem Land

Mwirute, das ist mein Hügel. Dort bin ich zur Welt gekommen. Am 10. September 1958, einem Mittwoch, nachmittags. Ich bin die vierte Tochter meines Vaters und meiner Mutter. Das zu erwähnen ist wichtig, weil meine Eltern sich immer einen Sohn gewünscht hatten, mich das aber nie spüren ließen. Papa war fantastisch, für die einen war er ein Weiser, für die anderen ein wahrer Christ. Er ist und bleibt mein Vorbild. Ich führte immer sehr lange Gespräche mit ihm, schon als Kind. Ich nutzte jede Gelegenheit, um in seiner Nähe zu sein. So erfuhr ich auch etwas über die Geschichte der Abadungu, unserer Lineage, die aus dem Klan der Abasindi hervorgegangen ist. Ich bin Tutsi, weil mein Vater Tutsi ist, und ich bin Umusindi, weil mein Vater diesem Klan angehört. (Umusindi ist der Singular von Abasindi.) Meine Mutter gehörte zum Klan der Abatsobe. Für uns hat der Klan größere Bedeutung als die ethnische Zugehörigkeit. Ich wusste genau, ich gehöre zum Klan der Abasindi, und alle Angehörigen meines Vaters, Onkel Daniel, Onkel Migambi, Tante Maria und ihre Kinder waren meine Familie auf dem Hügel von Mwirute.

Und ich wusste, meine Onkel Sindambiwe, Petero, Gasongo, Tienne waren meine Verwandten auf den Hügeln von Gacurabgenge, Kamonyi und Ruyumba.

Wenn eine Frau heiratet, dann sind bei uns Kinder die logische und glückliche Folge aus dieser Ehe. Viele Kinder und am besten Söhne. Sie gewährleisten den Fortbestand des Geschlechts: Jungen, nicht Mädchen. Wenn du Töchter hast, bedeutet dies das Ende der Familie, denn wenn ich als Mädchen heirate, gehören meine Kinder zum Klan ihres Vaters. Der Fortbestand des Klans wird also durch mich nicht gesichert. Wenn ich Umusindi bin, wird mein Nachkomme kein Umusindi sein. Wer eine Tochter bekommt, trägt also dazu bei, dass der Klan ausstirbt, was die Familie meines Vaters meiner Mutter zum Vorwurf gemacht hat, weil sie nur Töchter bekam, noch dazu mit vierzehn Jahren Abstand zwischen der ersten und der zweiten! Nach der Logik der patrilinearen Gesellschaft schickte meine Mutter sich an, den Klan meines Vaters auszulöschen. Dem Hause Mfizi, so hieß mein Vater, würden also künftig nie Abadungu geboren, da seine Nachkommen, also wir, ausschließlich Töchter waren und später Kinder von Nachkommen der Klans unserer Ehemänner bekommen würden. So war es ja später auch: Meine Kinder sind Abaha, vom Klan meines Mannes Innocent. Folglich musste man meine Mutter verstoßen. Die Frau wird für das Geschlecht des Kindes verantwortlich gemacht, das sie zur Welt bringt, aber Papa hat zu seiner Familie gesagt: »Erstens stimmt das nicht, sie ist nicht dafür verantwortlich. Das ist biologisch falsch! Nicht meine Frau entscheidet, also ist es auch nicht ihr Fehler! Gott hat mir Töchter geschenkt.« Deswegen hielt mein Vater die Geburt seiner Töchter aber nicht für vorbestimmt, zumindest nicht ausschließlich. Jedenfalls betrachtete er sie nie als tragisches Schicksal. Vielmehr wandte er sich gegen die Ablehnung der anderen; er weigerte sich, meiner Mutter die Schuld zu geben, und das allein war schon sehr mutig von ihm: »Gott hat Pläne mit meinen Töchtern.« Zu Hause haben wir übrigens immer im Geist dieses erwartungsvollen »Patriotismus« gelebt: Was hat Gott mit uns, Mfizis Töchtern, vor? ... (*Schweigen*) Hunde wollte er jedenfalls nicht aus uns machen, das haben wir uns zumindest nie vorgestellt ... Die traurige Ironie des Schicksals aber ist, alle, ob Abadungu oder Abatsobe, Abah oder Abahindiro auf Seiten meines Mannes, alle waren Tutsi, und alle wurden sie 1994 ausgelöscht.

Als ich klein war, wusste ich nicht, dass die Familie unseres Nachbarn Stefano und auch meine Familie Tutsi waren. Für mich gehörte er vor allem einem anderen Klan an. In Ruanda spielt der Nachbar eine wichtige Rolle. Jedenfalls im täglichen Leben, und unser Alltag war ja für alle gleich. Das hieß jeden Tag arbeiten, außer sonntags, da arbeiteten zumindest die Christen nicht. Harte Zeiten. Aber wir kannten ja nichts anderes. Kaum waren wir alt genug, die ersten Schritte zu machen, konnten wir schon erste Aufgaben übernehmen, zum Beispiel all die kleinen Verrichtungen, die in Haus und Hof anfielen. Denn bei uns zählt nicht allein das Haus, sondern das gesamte Gehöft. Im Haus wird hauptsächlich gegessen und geschlafen. Ansonsten spielt sich der Alltag im Freien ab. Vor dem Haus zum Beispiel, im Vorhof, der als öffentlicher Platz fungiert. Dort empfängt man Besuch – Bekannte aus der Nachbarschaft, die nur auf einen Sprung vorbeischauen, um Guten Tag zu sagen oder um zu hören, wie es dem Kind geht oder der Kuh, die gestern krank war, oder auch, um zu erfahren, ob die Reise gestern gut verlaufen ist. Solcher Besuch kündigt sich schon am Eingang zum Hof an, »mu marembo«, lautstark und mit den üblichen Begrüßungen, je nachdem, ob er morgens oder tagsüber vorbeikommt. Morgens sagt er: »*Mwaramutseho yemwe kwa Mfizi?*« Das bedeutet: »Habt ihr die Nacht überlebt, ihr Menschen, die ihr bei Mfizi wohnt?« Und wenn der Tag schon weit fortgeschritten ist, wird der Besucher fragen: »*Mwiriweho yemwe kwa Mfizi?*« Was so viel heißt wie: »Überlebt ihr den Tag gut, ihr Menschen, die ihr bei Mfizi wohnt?« Das Leben hat große Bedeutung. Und es ist das Beste, was man seinem Nachbarn wünschen kann. Es gibt auch andere Begrüßungen, unter Leuten, die sich lange nicht gesehen haben. Immer grüßt der Ältere den Jüngeren, man legt beide Arme umeinander, und man kann dir zum Beispiel Rinder wünschen (»*Amashyo?*«), worauf du antwortest: »Ja, am besten Kühe« (»*Amashyongore*«). Wenn du unverheiratet bist, wünscht man dir einen Ehepartner (»*Gira umugabo? Ye*«), und wenn du verheiratet bist, wünscht man dir Kinder (»*Gira abana? Ye*«). Bist du ein Kind, wünscht man dir einen Vater und eine Mutter (»*Gira so na nyoko? Ye*«). So erklärt sich auch, warum sich seit dem Genozid selbst die banalsten Begrüßungen so schwierig gestalten. Woher willst du wissen, ob der Genozid die schöne Frau, der du einen Mann wünschst, nicht eben zur Witwe gemacht hat? Eine Mutter, der du Kinder wünschst, hat vielleicht alle ihre Kinder verloren, so wie Waisenkinder ihre Eltern verloren haben, oder wie soll man alle die begrüßen, die neben ihren geliebten Angehörigen auch all ihr Vieh verloren haben?

Nach der Begrüßung setzt man sich gemeinsam vors Haus. Wenn man dabei ist, Kaffeebohnen oder Bohnen zu schälen oder Saatgut auszulesen – zu tun gibt es ja immer genug –, dann gesellt sich der Besuch hinzu, plaudert weiter und hilft zugleich bei der Arbeit. Ist der Gast ein Mann, bringt man ihm einen kleinen Klappstuhl oder Hocker; kommt eine Frau zu Besuch, bringt man ihr eine Strohmatte. Die Strohmatten stellen wir selbst her. Das heißt, die Mädchen fertigen sie an. Beim Entspannen, in der arbeitsfreien Zeit sozusagen, zum Beispiel nachmittags, wenn es drückend heiß ist: Wir flechten Matten, auf denen wir sitzen oder die wir als Tagesdecken verwenden können, und wir flechten allerlei Körbe, in denen wir unsere Ernte lagern. Man ist bemüht, so wenige Dinge wie möglich zu kaufen, weil Geld ja knapp ist auf dem Land. Geld gibt es nur während der Kaffeesaison, und wenn man gut verkauft hat. Steht eine größere Ausgabe an, wenn ein Kind aufs Gymnasium kommt, zum Beispiel, oder für eine Hochzeit, dann muss man ein Tier verkaufen, wenn man eines hat, ein Rind oder eine Ziege oder eine kleine Parzelle Land.

Sonntage mochte ich immer gern. Der Sonntag war der einzige arbeitsfreie Tag. Allerdings nur, wenn du nicht eingeteilt warst, das Haus zu hüten! Wir gingen nämlich nie alle gemeinsam aus dem Haus, schlossen also auch nicht hinter uns ab. Sicher, wir hätten es tun können, und weil Papa Arbeit hatte, hatten wir auch ein schönes, modernes Schloss an der Außentür am Hintereingang. Die öffneten wir selten, nur wenn sehr bedeutende Gäste kamen, von weither, wie meine große Schwester, die mit ihrer Familie in der Stadt lebte und uns mit dem Auto besuchen kam. Leute, die mit dem Auto zu Besuch kommen, sind meist sehr bedeutende Gäste. Sie kommen also nicht durch den großen Hof vorn, sondern klopfen an die Hintertür, und zum Glück hörten wir das Motorengeräusch schon eine Weile, bevor der Besuch tatsächlich vor der Tür stand, und hatten ein paar Minuten Gelegenheit zu prüfen, ob das Wohnzimmer einigermaßen aufgeräumt war – zumal meine Mutter zur großen Erntezeit nichts dabei fand, dort Bohnen oder Hirse zwischenzulagern, die sie später weiterverarbeitete und konservierte. Die Tür für den vornehmen und reichen Besuch benutzten auch Leute, die spät abends vorbeikamen. Wenn jemand die Eltern in dringenden Fällen abends sprechen musste, nachdem das Vieh schon wieder im Hof war, konnte man den Hofeingang nicht mehr öffnen, weil das Vieh über Nacht drinbleiben muss. *Kugarira* heißt die Methode, um den Hof abzuschließen. Zwischen den beiden Eingangspfosten muss man Stöcke so stabil miteinander verflechten, dass niemand durchpasst, und hoch genug müssen sie auch sein, damit niemand drüberspringen kann. *Kugarira no kugurura* heißt, den Hof abends zu- und morgens aufschließen, eine Aufgabe, die kein Kind gern übernahm. Wenn man es abends tun muss-

120

te, wurde es meist schon kalt, oder es regnete, und man hätte lieber schon gemütlich warm in der Küche am Feuer gesessen; und um morgens zu öffnen, musste man in aller Herrgottsfrühe raus, bei Sonnenaufgang, sonst hätten Passanten, die früh auf den Beinen waren, gemerkt, dass der Hof noch verschlossen war und nachher überall rumerzählt, wir seien faul.

Sonntags, wenn du sehr früh aufgestanden warst und die dringend notwendigen Arbeiten erledigt hattest – Wasser holen, Essen machen, die tags zuvor gewaschenen Sonntagskleider bügeln –, konntest du nach Remera gehen, zum Gottesdienst. Eine Reise: vier Kilometer Fußmarsch. Aber du kamst wenigstens aus dem Haus. Deswegen mochte ich auch unsere kleine Kirche in Mwirute nie, die später gebaut wurde; die war nämlich nur fünf Fußminuten entfernt, aber ich ging gern lange Strecken, weit laufen und erst abends wiederkommen, das machte mir Spaß. Wir kamen zwar immer zu spät nach Remera, waren aber nie die Letzten, weil Leute von überall herbeiströmten. Nach dem Gottesdienst durften wir oft bei unseren Verwandten vorbeischauen, auf Gishyeshye, dem Hügel der Familie meiner Mutter. Wir durften Tante Melia besuchen, die Schwester meiner Mutter, meine Lieblingstante, oder Onkel Rwagaju, dessen Frau mir allerdings nicht recht geheuer war, wegen ihres riesig großen Busens. Meine Schwestern Stéphanie und Rachel hatten mir erzählt, dass sie ihre Babys nicht vom Rücken nahm, um sie zu stillen, sondern einfach ihre Brust über die Schulter schob, damit die Kinder trinken konnten. Außerdem hatte sie eine kräftige Stimme und einen starken Akzent, weil sie aus dem Norden stammte, aus der Gegend von Byumba. Unsere Eltern mochten es gar nicht gern, wenn wir uns über Leute lustig machten, das gehörte sich einfach nicht, und Leute nicht zu mögen war auch nicht gut. Jeder war anders, aber alle verdienten Respekt und Liebe. Mit dieser Tante war mein verwitweter Onkel Rwagaju übrigens in zweiter Ehe verheiratet, Nyinawandori, seine erste Frau und Mutter seiner Kinder, meiner beiden Cousinen Iyakaremye und Nyamoinga, war gestorben. Onkel Rwagaju hatte wieder geheiratet, weil er seine vielen Kinder nicht allein versorgen konnte, obwohl Mélia ihn unterstützte. Aber Mélia hatte auch selbst alle Hände voll zu tun: Ihre Nichte, Nyiramasuka, war gestorben und hatte ihr ihre Kinder hinterlassen; zwei von ihnen musste sie sogar meiner Mutter anvertrauen, weil wir viele Kühe hatten: An Milch würde es bei uns nicht fehlen. Ich wuchs also mit diesen beiden Cousinen auf und betrachtete sie immer als meine Schwestern: Mutumwinka und Dedeli kamen zu uns, als sie noch ganz klein waren, und wurden später als Töchter meines Vaters und meiner Mutter verheiratet.

Wir hatten nicht viel Geld, aber wir hatten unsere Hände, um zu arbeiten, unsere Köpfe, auf denen wir Sachen tragen konnten, und unsere Beine zum Gehen, Gehen … bis uns die Füße wehtaten. Als Kind machte ich mich schon immer beim ersten Hahnenschrei auf den Weg. Zum Wasserholen ist das die beste Zeit. Wir holten unser Wasser im Ruginatal, wo Onkel Daniel wohnte. Im Laufschritt ging es einen steilen Weg bergab, der mit Schotter bedeckt war, damit man bei Regen nicht ausrutschte. Aber diese Steinchen am frühen Morgen, welcher Schmerz für die nackten Füße! Die Erwachsenen erzählten uns, die Steinchen am frühen Morgen tun weh, weil sie noch schlafen, und tatsächlich, wenn man den Weg mehrmals am Tag ging, besonders an Tagen, an denen viel zu tun war, wenn beispielsweise Bananen- oder Hirsebier gebraut wurde, dann spürte ich den Unterschied; der zweite Gang war schon weniger schmerzhaft. Ich glaubte lange, es läge wirklich daran, dass die Steinchen im Laufe des Tages wach wurden.

Ewig in Erinnerung, und ihre Spuren trage ich noch heute, sind mir die großen Steine. Die, an denen ich mich so oft stieß, weil ich sie übersah oder zu schnell lief, um meine Schwester oder meine Freundinnen einzuholen, die vor mir herliefen. Unweigerlich stieß man sich die großen Zehen an den Steinen, *Gusitara*. Irgendwann waren die Zehennägel dann ab, und obwohl sie nachwuchsen, haben meine Zehen nie wieder ihre ursprüngliche Form angenommen. Meine Großmutter – wir nannten sie *Nyogokuru* (Kinyaruanda für Großmutter), obwohl sie eigentlich eine Tante meiner Mutter war – verkündete mir eines Tages, sie würde mir die schlechte Angewohnheit, mir die Zehen zu stoßen, austreiben. Sie sagte mir – und ich glaubte ihr –, meine Füße stießen an, weil meine Zehen blind seien. Ich müsse sie also ein für alle Mal erleuchten. Und jeden Abend am Feuer zelebrierte sie eine Fußzeremonie: Sie erleuchtete meine Füße mit einem brennenden Stück Holz und befahl ihnen, die Augen von nun an offen zu halten und auf dem ganzen Weg vom Ruginatal bis nach Hause nicht einen einzigen großen Stein mehr zu übersehen. Und es hat funktioniert! Seitdem hab ich mich nie wieder so verletzt wie früher. Da das Unglück aber schon geschehen war, werden meine Füße niemals einen Schönheitswettbewerb gewinnen.

Ich erfuhr erst später, nachdem Nyogokuru wieder fort war, warum sie bei uns gelebt hatte: Bei den Massakern an den Tutsi im Jahr 1959 war ihr Mann getötet und sie aus ihrem Haus in der Region Kibali verjagt worden. Ihr Sohn Yohana versuchte, sich in der Bugesera ein Stück Land zu erobern. Die Bugesera ist ein unwirtliches Gebiet, in der fortan alle Tutsi leben sollten, die die Massaker von 1959 und 1963 im Norden überlebt hatten. In diese Region, eine Sumpflandschaft mit ungesundem Klima, hatten die Behörden sie deportiert, weil man überzeugt war, dass die Menschen dort nicht überleben würden: In diesem Gebiet herrschte Malaria, die Tse-Tse-Fliege war wiet verbreitet, und es gab allerhand Raubtiere. Aber die Leute haben den Boden urbar gemacht, die Sümpfe trockengelegt, Häuser gebaut, den Busch gerodet und die Hyänen und Löwen zurückgedrängt. Als Yohana der Wildnis ein Stück Land abgetrotzt und sich mit Frau und Kind ein Zuhause geschaffen hatte, zog Nyogokuru wieder zu ihnen. Es war weit weg von uns, ich habe sie nicht wieder gesehen. Erst später begriff ich, welche tragischen Erlebnisse, die ich damals nicht verstanden hätte oder von denen man nicht wollte, dass ich sie verstand, sie hinter ihrem Schweigen und ihrer Bitterkeit verborgen hatte.

Heute ist nicht ein Angehöriger meiner Familie aus der Bugesera mehr am Leben.

Und kaum jemand aus der Familie meines Vaters, noch aus der meiner Mutter, noch aus der meines Mannes.

9

Großzügige Natur,
rassistischer Staat

In Ruanda gehst du dauernd zu Fuß. Du gehst zu Fuß Wasser holen; du gehst zu Fuß in die Schule; du gehst zu Fuß zum Markt; du gehst zu Fuß in die Kirche; du gehst zu Fuß Verwandte besuchen ... Immer gehst du zu Fuß, schon immer.

Kagina, das ist der Hügel, auf dem wir unseren zweiten Wohnsitz haben. In drei Stunden erreichbar. Zu Fuß, versteht sich ... Auf Kagina sind unsere Herden, die Rinder. Mwirute, mein Heimathügel, ist schon seit einigen Jahren zu dicht bevölkert, Weideland wird immer knapper, und Nachbarn geraten immer häufiger in Streit, weil die Rinder die Ackereinfriedungen kaputt machen. Deshalb beschließen mein Vater und sein Onkel Daniel, das Vieh nach Kagina umzusiedeln. Nur ein, zwei Tiere, Mutterkühe und Milchkühe vor allem, sollen in Mwirute bleiben. So bleibt auch gewährleistet, dass uns der Dünger nicht ausgeht. Kuhdung ist immens wichtig für die Felder, die heutzutage kaum noch was hergeben, wenn man sie nicht düngt. Die einzige Ziege, die auf Kagina weidet, gehört meinem Cousin Rubayiza, Onkel Rwagajus Sohn. Er kam, um meinem Vater zu helfen, die Herde zu hüten, und brachte ihm ein Zicklein mit. Rubayizas Ziege, so heißt sie, gehört also mit zur Landschaft. Sie hat keinen anderen Namen, im Gegensatz zu den Rindern. Diese Woche, im April 1973, hat Rubayizas Ziege Nachwuchs bekommen.

Drei Stunden Fußmarsch, das ist nicht sehr weit, um die Hirten mit Essen und umgekehrt Mwirute mit Milch zu versorgen. In unserer Jugend liefen wir, meine Schwestern und ich, abwechselnd nach Kagina. Sie mögen das nicht, sie finden den Weg trotz allem weit, erst recht, weil sie auf dem Hinweg einen großen Korb Lebensmittel und zurück zwei große Töpfe Milch, *Ibyansi*, auf dem Kopf heimtragen müssen. Außerdem ist Kagina sehr arm, und wir sind nur spartanisch eingerichtet: eine kleine Behelfsunterkunft, ganz ohne jeden Komfort. Aber ich gehe gern dorthin. Mir macht der lange Weg Spaß, schon allein, weil ich mir unterwegs ständig Geschichten erzähle und in meiner Umgebung dauernd neue Entdeckungen mache. Zuerst gehe ich über die Felder von Mwirute und bin auch noch nicht allein unterwegs. Noch begegnen mir viele Passanten oder Leute, die ihre Felder bestellen. Und die üblichen Begrüßungen nehmen kein Ende. Du kommst an niemandem vorbei, ohne zu grüßen oder zu sagen, wohin du gehst, und musst auch versprechen, Grüße an deine Eltern auszurichten ... Durch diese Plaudereien bin ich zumindest immer auf dem Laufenden, weiß über alle das Neueste. Meine Schwestern nennen mich deshalb »Radio Euphorbia«, nach dem bei uns auf dem Lande typischen Gewächs: Ich weiß, wer gerade krank ist, welches Ehepaar zurzeit Streit hat, wo Kühe geschlachtet wurden … Aber meine Eltern hören es nicht gern, wenn ich mein Wissen zum Besten gebe.

Sobald ich Mwirute durchquert habe, komme ich nach Nyaruyonza und Kibitare. Dort lebt niemand, weil der Boden sehr karg und steinig ist und bedeckt mit *ishinge* und *umukenke*, den Pflanzen, die auf nährstoffarmen Böden so verbreitet sind. Dabei sind sie sehr schön und so graziös, wenn sie sich mit dem Wind bewegen! Sie neigen sich bis zum Boden, wie um sich vor dir zu verbeugen, dann richten sie sich wieder auf, sehr würdevoll, tänzeln ein wenig auf der Stelle und wenden sich schließlich von dir ab. Weil niemand mehr da ist, den ich grüßen oder mit dem ich mich unterhalten könnte, gehe ich schneller. Im Moment leisten mir nur die Grillen Gesellschaft, die unentwegt miteinander schwätzen; und weil ich allein bin und ein bisschen Angst habe, rede ich jetzt auch mit ihnen. Ihnen erzähle ich nun all den Klatsch und Tratsch, den meine Eltern mir verbieten weiterzutragen, und wenigstens sie lachen darüber, statt mir zu sagen, ich solle das alles für mich behalten. Entweder lachen sie, oder sie stellen mir ganz viele Fragen. Aber wenn sie alle auf einmal reden, entsteht ein heilloses Durcheinander, und ich befehle ihnen zu schweigen, wenn sie meine Geschichten zu Ende hören wollen. Sofort zirpen sie leiser, und ich erzähle weiter. Und spüre den Wind, der in den *umukenke* weht.

Unterwegs begegnen mir auch wunderschöne Schmetterlinge, die mich ein Stück begleiten. Sie schillern bunt, in allen Farben und sind wirklich herrlich gekleidet. Auch viele Vögel gibt es hier, die in den unterschiedlichsten Stimmen singen. Die *nyirabarazana* sind die schönsten, sie fliegen immer in Schwärmen: Manchmal bleiben sie in der Luft stehen – im Kinyaruanda ist der Vogel »weiblich« – und zeigen am Himmel tolle Tanzformationen, könnte man sagen. Um sie aber zum Tanzen zu bringen, musst du ihnen singend versprechen, dass du ihnen schöne frische Kuhmilch bringst, Milch, die für die Kälbchen bestimmt ist: »*Mbyinira agatebebe, nzaguha amata y'inyana.*« Kaum sehe ich die Vögel, gönne ich mir meine erste Pause, denn um ihnen ihr Lied vorzusingen und dabei im Takt ihrer Flügelschläge zu klatschen und ihren Flug zu bestaunen, muss ich den Kopf heben und in den Himmel schauen. Dabei könnte mein Vorratskorb abstürzen, den ich auf dem Kopf balanciere: Also stelle ich ihn vorsichtig auf den Boden und kann dann meine kurze Pause genießen, in Gesellschaft der *nyirabarazana*.

Aber trödeln darf ich nicht. Die Hirten warten auf ihr Essen, ich muss mich beeilen. Ich laufe schnell den Hügel hinab, durchs Mayagatal, und hoffe, der Cyogo führt kein Hochwasser, denn sonst muss ich warten, bis ein Erwachsener kommt und mir ans andere Ufer hilft. Von dort aus geht die Reise weiter durch das Gehölz von Mukigusa. Jetzt gehe ich schneller, weil hier riesige Vögel umherfliegen, deren Namen ich nicht kenne, bis auf den *ibyiyoni*, eine Art Rabenvogel, bedrohlicher Anblick, so groß und schwarz, mit weißer Krawatte, dessen hässliches Krächzen nichts gemein hat mit dem schönen Gesang der *nyiraba-razana*. Die Gegend hier ist dicht bewachsen und voll der seltsamsten Töne und Geräusche und voller Schlangen, die durchs Unterholz kriechen, und nun packt mich wirklich die Angst. Ich spreche wieder laut, erfinde Gesprächspartner und verstelle meine Stimme, als sei ich, als seien wir zu zweit. Erst wenn ich am Waldrand angelangt bin und das Haus der Familie Malakia und Martha sehe, fühle ich mich wieder in Sicherheit. Ich begrüße sie sehr herzlich, sie erwidern meinen Gruß und wünschen mir alles Gute für den Rest des Wegs. Aber ich weiß, das Schlimmste hab ich überstanden, nun lauern keine unangenehmen Begegnungen mehr. Geschafft ... Erleichtert gehe ich die wenigen Schritte bis zu den ersten Häusern von Kagina und bin endlich am Ziel.

Heute entscheidet mein Besuch in Kagina über meine Zukunft, aber das weiß ich noch nicht. Meine Mutter ist schon seit einer Woche hier, und ich freue mich, sie wieder zu sehen. Cesaria, Cousin Kareras Frau, leistet ihr Gesellschaft. Sie wohnt in der Gemeinde Shyorongi, Kagina gegenüber, nur getrennt durch den Fluss Nyabarongo. Besagter Fluss, der mir so verhasst ist, weil man so furchtbare Geschichten über ihn erzählt. Wegen der Flusspferde und Krokodile versteht sich. Und vor allem natürlich auch seit den Ereignissen von 1959 – seit den Massakern –, weil im Nyabarongo damals wie später wieder die Leichen der Tutsi treiben. Der Fluss, den ein intellektueller Hutu seinen Hutubrüdern gegenüber als den kürzesten Weg bezeichnen wird, auf dem man die hamitischen Tutsi dahin zurückschicken kann, wo sie herkommen, nach Äthiopien nämlich. Als einer der Quellflüsse des Nil fließt der Nyabarongo nach Äthiopien. Der Mann wurde erhört: Die Massaker, zu denen er aufrief, fanden statt. Sie waren die Vorläufer des Genozids von 1994. Der Intellektuelle, Dr. Leon Musegera, lebt heute als freier Mann in Kanada.

Damals mochte ich also den Nyabarongo nicht und habe immer Angst, ihn in der kleinen Piroge zu überqueren, in die ich mit meiner Mutter steigen muss, wenn sie ihre Verwandten in Shyorongi besuchen will. Aber heute braucht mich das nicht zu kümmern, weil heute nicht wir über den Fluss fahren, sondern Tante Cesaria uns besucht hat. Und noch weiß ich nicht, dass ihr Besuch mein Leben verändern wird, weil ich Innocent kennen lerne. Auf dem Rücken trägt Tante Cesaria Umutesi, ihr erst wenige Monate altes Baby, und ihren ältesten Sohn Innocent, sechzehn Jahre alt, hat sie auch mitgebracht. Sechzehn war sein tatsächliches Alter, sein offizielles Alter aber musste er mehrfach ändern, und zwar jedes Mal, wenn er die letzte Grundschulklasse wiederholen musste, einmal, zweimal, dreimal, in der unentwegten Hoffnung, eines Tages aufs Gymnasium zu kommen. O, nicht dass er dumm wäre, Innocent! Ganz im Gegenteil, er ist sogar hochintelligent, doch er hat ein großes Handicap: Er ist Tutsi. Das steht im Ausweis seiner Eltern, auf dem Personalblatt der Schule, und jedes Mal, wenn er eine Prüfung absolviert, liest man zuerst, welcher Ethnie er angehört.

Deshalb landet seine Arbeit im Papierkorb, ungelesen.

10

Das Trauma
vom kleinen Personalblatt

Elf oder zwölf Jahre: Alles hängt davon ab, in welchem Alter du mit der Grundschule fertig bist, und in diesem Augenblick beginnt das Trauma vom kleinen Personalblatt. Und nach sechs Jahren Grundschule (*die Ruander haben das belgische Schulsystem übernommen: Auf sechs Jahre Grundschule folgen sechs Jahre höhere Schule, S. B.*) begleitet dich das Personalblatt von nun an für den Rest deiner Ausbildung, vom Gymnasium bis zur Uni, und auf dem Blatt steht auch, welcher Ethnie du angehörst. Ach, dieses Blatt! ... Du trägst es unentwegt mit dir herum, hier, im Kopf, es lässt dich nie mehr los. Es ist dein Trauma – das Trauma aller Tutsi. Mein Trauma begann, als ich zehn Jahre alt war. Mit fünf kam ich in die Schule, zwei Jahre früher als sonst, weil wir zu Hause jeden Abend die Bibel lasen: Mein Vater hatte uns allen das Lesen beigebracht, und wir älteren Schwestern halfen den jüngeren dabei.

Nur wer's nach sechs Jahren Grundschule aufs Gymnasium schafft, hat später die Chance zu studieren. Und wer die landesweite Prüfung für die offizielle Zulassung zur höheren Schule besteht, der sorgt für ein großes Ereignis in Ruanda, das zu den ärmsten Ländern der Erde zählt und dessen Bevölkerung überwiegend von unrentabler Landwirtschaft lebt. Man absolviert also drei Jahre Sekundarschule gemeinsam, erhält aber damit noch keinen Abschluss; in den zwei bis vier folgenden Jahren lernen die Sekundarschüler, je nach Schulzweig, entweder für einen technischen Fachabschluss oder für die Hochschulreife. Aber Plätze im Gymnasium sind für alle gleichermaßen rar, weil es so wenige Schulen gibt: Von etwa einhundert Kindern, die die Grundschule absolviert haben, kommen nur zehn auf die Sekundarschule. Meine Güte, welche Farbe hatte das Personalblatt noch? Rosa oder gelb? ... Nun hat mich das Ding mein Leben lang verfolgt, und ich kann mich nicht mal mehr richtig dran erinnern! ... Ich hatte ja schon erzählt, dass ich versucht gewesen war, zu lügen und mich als Hutu auszugeben, und dass mich die Reaktion meines Vaters davon abgehalten hat. Jedes Mal war man verpflichtet, seine Ethnie anzugeben, und wer Tutsi angab, hatte gute Chancen, nie aufs Gymnasium zu kommen; die Schulbehörde hatte immer Angst, unter den besten Schülern könnten nur Tutsi sein, die das geringe Kontingent freier Plätze ausschöpfen würden. Ich möchte wissen, wie sie auf die Theorie gekommen sind.

Ich schaffte es zum Beginn des Schuljahres im September 1969 trotzdem auf die Sekundarschule; durch welches Wunder mein Name den offiziellen Weg auf die Zulassungsliste gefunden hatte, war mir absolut schleierhaft. Einen Monat später kam Clémentine, auch Tutsi; wir wurden später enge Freundinnen. Trotz ihrer exzellenten Leistungen war sie nicht zur Sekundarschule zugelassen, sondern erst kürzlich aufgrund einer Empfehlung angenommen worden. Wie das? Ruandas Schulen sind zwar staatliche Einrichtungen, werden aber von religiösen Kongregationen verwaltet. Und wenn das Bildungsministerium etwa fünfzig Schüler benennt, die auf die höhere Schule gehen können, bleibt der Kirche zumindest ein kleines Kontingent für eigene Empfehlungen. Ob katholisch oder protestantisch, meist empfehlen die Kirchen Schüler gemäß ihrer jeweiligen Konfession, vor allem aber die, bei denen sie finden, dass in Anbetracht ihrer guten Leistungen die Zulassungssperre nicht gerechtfertigt ist. Dieser Ermessensspielraum gibt ihnen also die Möglichkeit, Unrecht wieder gutzumachen. Die presbyterianische Kirche, die die Schule verwaltet, auf der ich die drei Jahre absolviere, bildet Mädchen protestantischen Glaubens aus, und weil Clémentine so gute Noten hatte, rutschte ihr Name eben auf deren Liste. Die drei Schuljahre verlaufen gut, und als sie 1972 um sind, bin ich vierzehn und habe einen einzigen Traum: weiter zur Schule gehen, aufs Gymnasium Notre-Dame de Cîteaux, das einen hervorragenden Ruf hat, und danach will ich Medizin studieren.

Wenn ein Kind bei uns die drei Jahre Sekundarschule abgeschlossen hat, versammelt sich die ganze Familie zu Hause ums Radio, denn im Radio werden die Namen derer verlesen, die zum Gymnasium zugelassen werden. Weil außer den Lehrern niemand ein Radio besaß, kamen die Leute zu uns. Ich erinnere mich nicht mehr genau an den Tag, aber es war vor dem Abendessen, dass weiß ich noch.

Dieses Bild ... Wir saßen allesamt um das Radio herum, über eine Stunde lang, weil hunderte von Namen einzeln verlesen wurden. Erst wird der Name der Schule genannt, dann die Namen der Schüler, die einen Platz bekommen haben. Wir hören zu und hören zu, und mein Name wird nirgends genannt. Es war totenstill, alle hielten den Atem an, nicht ein Name wäre uns entgangen. Nach Notre-Dame de Cîteaux wurden noch andere Schulen genannt, mein Name nicht. Trotzdem hatte ich die Hoffnung noch nicht aufgegeben, mein Name kommt schon noch irgendwann, dachte ich, aber ... (*Murmeln*) Dann war ich doch enttäuscht, schrecklich enttäuscht ... Ich brach in Tränen aus, und weil wir noch nicht zu Abend gegessen hatten, sagte meine Mutter: »Wein doch nicht, Kind, wir lassen dich schon nicht verhungern.« (*Ihr Lachen steigert sich.*) »Essen ist mir egal!«, hab ich ihr geantwortet. Bittere Tränen hab ich vergossen. Erst dachten wir, es wäre ein Fehler passiert, und weil dieselben Listen auch am nächsten Tag verlesen wurden, scharten wir uns wieder ums Radio. Doch noch immer war mein Name nicht dabei. Um endgültige Gewissheit zu bekommen, gingen wir in die Schulen, weil die Listen dort ausgehängt werden, nachdem sie im Radio verlesen wurden. Und da wurde uns klar: Ich war nicht als Einzige ausgeschlossen worden. Fast allen Tutsikindern hatte man die Zulassung zum humanistischen Gymnasium verweigert. Das war 1972, also schon die Vorbereitung für 1973, das Jahr, in dem die Regierung offiziell den Ausschluss der Tutsi aus dem Bildungssystem und dem öffentlichen Dienst erklärte. Als das Schuljahr

1972 anfing, war es für mich besonders schlimm mit anzusehen, dass alle anderen Kinder wieder zur Schule gehen, nur ich nicht ... ich nicht. Alle, deine Nachbarn, deine Klassenkameraden wissen, dass Kinder ausgeschlossen worden sind, aber keiner sagt ein Wort. Meine Hutunachbarn kamen ins Internat, und ich wüsste nicht zu sagen, ob sie mich bedauerten, ob sie fanden, dass wir ungerecht behandelt wurden. Jedenfalls hab ich nicht einen Einzigen gesehen, der protestiert hätte. Es war wirklich zum Weinen.

Ich weinte überhaupt jeden Tag, weil ich zu Hause bleiben musste, keine Schule hatte, keine Zulassung. Tagsüber hütete ich Kühe und war beschäftigt, es machte mir schon Spaß, doch, aber eben nur in den Ferien ... Ich hatte nicht vor, mein Leben als Kuhhirtin zu fristen! Auch für meine Eltern war es nicht leicht, mich weinen zu sehen und mir nicht helfen zu können. Nach einiger Zeit fand ich schließlich einen Ausbildungsplatz in der Schneiderwerkstatt unserer Kirche in Remera, unter der Leitung von Mademoiselle Olga, einer Schweizer Missionarin. Ihre wohlhabende Kundschaft war weiß und sprach Französisch, die Schneiderinnen aber sprachen nur Kinyaruanda: also brauchte Mademoiselle eine Dolmetscherin. Ich sprach schon sehr gut Französisch, nach drei Jahren Sekundarschule: Mademoiselle Olga hat mich eingestellt, und so lernte ich zusätzlich zum Dolmetschen auch Nähen. Mein großes Problem dabei war, dass ich jeden Tag auf dem Weg zur Werkstatt an meiner alten Schule vorbeikam; da sah ich sie an ihren Schultischen sitzen, die Hutu, die weiter lernen durften, und ich … Manchmal wollten frühere Mitschülerinnen mich grüßen, aber ich lief davon, floh vor ihnen, mit Tränen in den Augen; wenn ich an solchen Abenden heimkam, weinte ich noch mehr.

Und dann »das« Wunder. Ein Freund meines Vaters ging zum Bildungsminister, der aus derselben Region stammte wie wir. Der Minister war Hutu, aber nicht alle Hutu waren für die Diskriminierungen – er am allerwenigsten. Weil sie aber offizielle Staatspolitik waren, konnte er nichts tun, außer den Leuten einen Weg durch die Hintertür zu öffnen. Verärgert darüber, dass die Tochter des bekannten und allseits beliebten alten Lehrers abgelehnt worden war, schrieb er eigenhändig ein paar Zeilen auf ein Notizblatt und ordnete an, ich sei auf Notre-Dame de Cîteaux aufzunehmen.

Diese Entscheidung hatte ich seinem tiefen Respekt für meinen Vater zu verdanken, der viele junge Menschen unterrichtet hat, aus denen später bedeutende Leute wurden. Eines schönen Tages kam Violette, eine Cousine von mir und Lehrerin an meiner Schule, in die Schneiderei, unterbrach mich bei der Arbeit und hielt mir die vom Minister persönlich überbrachte Note vor die Nase. »Hiermit genehmige ich, der unterzeichnende Harelimana Gaspard, Bildungsminister, Esther Mujawayo den Besuch der vierten Klasse des Gymnasiums Notre-Dame de Cîteaux.« Sie war von ihm unterzeichnet und mit Stempel versehen, ohne den ich nichts erreicht hätte. Violette wusste, die Nachricht würde mir die größte Freude meines Lebens bereiten. Sie nimmt mich beiseite, erzählt mir die Neuigkeit, und weil ich ihr nicht glauben will, zeigt sie mir die kostbare Note ... O, meine Begeisterung hättest du sehen sollen, ich spüre sie noch heute! ... Ich fing an zu tanzen und tanzte und tanzte und ... Es gibt Tage, da siehst du Wunder geschehen, und das war eins! Keine Tränen mehr, endlich würde ich nicht mehr jeden Tag weinen und konnte noch dazu genau auf die Schule gehen, die ich mir gewünscht hatte! Meine Stelle in der Werkstatt gab ich sofort auf. Alle freuten sich für mich, so wie alle mit mir gelitten hatten, als ich ausgeschlossen worden war. Ich ging mit Violette sofort Sachen fürs Internat kaufen – einen Eimer, Bettlaken, Decken ... Und um den Anlass gebührend zu würdigen, kaufte sie mir unterwegs ein Paar geschlossene weiße Schuhe. Sonntagsschuhe.

Gleich am nächsten Tag war ich im Internat. Ich hatte viel Unterricht versäumt, immerhin war schon Dezember. Drei Monate aufholen. In den Pausen erkennt man alle Tutsi auf den ersten Blick: Statt an die frische Luft zu gehen, arbeiten sie weiter, um Stoff nachzuholen. Wir borgen uns die Hefte von unseren Mitschülern und verbringen jede freie Minute damit, die versäumten Lektionen abzuschreiben. So habe ich auch die erkannt, denen es ergangen war wie mir. Consolata und Jeanine, mit denen ich die Sekundarschule in Remera besucht hatte, und Colette, Dativa und Maria. Wir Freundinnen blieben zusammen bis zum Ende unserer Schulzeit, nur Jeanine blieb nicht bei uns, sondern ging im März 1973 nach Burundi ins Exil, und ich sah sie erst nach dem Genozid wieder. Wir machen also monatelang keine Pause, wir laufen unserer verlore-

138

nen Zeit hinterher. In jenem Halbjahr 1973 habe ich so
viel geschuftet, dass ich Klassensechste wurde. Aber ich bin
so froh, dass ich wieder zur Schule gehen kann und einfach nur um gute Noten bemüht, dass mir gar nicht auf-
fällt, wie spürbar die Spannung ist, die im Lande herrscht.
Mir wird nicht bewusst, dass sich »das« zusammenbraut
und auch losbrechen wird. Erst musste sich ein weiteres
Drama ereignen, um mir auf die Sprünge zu helfen: Ich
werde wieder von der Schule verwiesen, trotz und nach
meiner erfolgreichen Prüfung am Ende des Halbjahrs.
Ganze drei Monate! Ich war also nur drei Monate auf dieser Schule! Erst will ich es nicht glauben. Ich rede mir ein,
die Entscheidung ist nur vorübergehend, sie haben uns
zwar rausgeworfen, nehmen uns aber bestimmt wieder
auf ... Diesmal aber ist die Diskriminierung gegen uns offiziell; und von meinem Internat aus, das wusste ich damals noch nicht, wird eine landesweite Anti-Tutsi-Kam-
pagne ausgehen: An allen Schultoren hängen Listen aus
mit den Namen der Tutsi, die aufgefordert werden, die
Schule zu verlassen. In der Stadt verweigert man ihnen sogar den Zutritt zu manchen Bars. Die Tutsi werden aller
Vergehen beschuldigt: »Sie« ziehen alle Gunst der Lehrer
auf sich, »sie« hetzen die Hutupolitiker gegeneinander
auf, und sowieso wird jeder von »ihnen«, der in Ruanda
lebt, sprich jeder Tutsi »innen«, in Verbindung gebracht
mit einem Tutsi »außen«, also mit einem Tutsi, der als
Feind und Komplize im Exil lebt ...

An jenem Donnerstag fing alles an, mit einem Gerücht
in meinem Internat. Jeanine, die das Land sofort nach die-

sem Vorfall verlassen hat, sagt, es war ein Dienstag. Jedenfalls steht das Datum fest: der 28. Februar 1973. Dieser Tag, welcher Wochentag es war, spielt keine Rolle, dauert in der Schule normalerweise bis zur Studienstunde um 17.00 Uhr, in der wir uns selbst beschäftigen. Nach dem Unterricht gehen wir kurz in die Schlafräume, machen uns frisch und versammeln uns anschließend, um unseren Stoff zu wiederholen, im großen Saal und unter Aufsicht. Chantal, eine Freundin aus Kigali, warnte uns Tutsi: »Seid vorsichtig, geht nicht in den großen Saal! Sie wollen uns aus dem Internat jagen!« Die Mädchen waren geteilter Meinung: Manche wollten trotzdem unbedingt hingehen, andere wurden unsicher. Consolata und ich beschließen zu fliehen. Dativa, die wir für die Klügste halten, weigert sich, mit uns zu kommen, und sagt zu mir: »Esther, du weißt doch, wie schwer es für uns war, hier einen Platz zu bekommen. Und jetzt spielst du die Rebellin und gehst! Wer verjagt dich denn?« Chantal drängte uns: »Was ich sage, stimmt, so begreif doch! Mit Stockhieben wollen sie uns verjagen!« Vor Schlägen hatte ich Angst und sagte wieder, dass ich weggehen würde. Und genauso kam es: Einige Mitschülerinnen, Hutu, hatten sich gerade an die Spitze so genannter Heilskomitees gesetzt und sich gegenseitig im Amt bestätigt, um die Überprüfung unserer Personalien einzuleiten; und tatkräftig unterstützt von den Jungen der Krankenpflegeschule, direkt nebenan, wollten sie buchstäblich Jagd auf uns Tutsi machen, mit Stöcken. Losschlagen sollte das Kommando bei Anbruch der Nacht, nach der Studienstunde.

Wir weihten niemanden in unseren Fluchtplan ein, außer Schwester Marie-Aimée, die uns dann auch das Tor aufgeschlossen hat, denn das Internat war ja immer abgeschlossen. Warum hat sie das getan? Wusste sie Bescheid? Wir gingen alle nach Hause, zu unseren Familien, mussten uns unterwegs aber ständig in Acht nehmen, denn wir trugen ja unsere Schuluniformen, und die Leute hätten sofort gemerkt, dass wir auf der Flucht waren, weil wir uns um die Zeit außerhalb der Schule aufhielten. Ich ging zu meiner großen Schwester Joséphine, nach Kigali, fünf Kilometer entfernt, und traf dort auch Stéphanie. Die war gerade aus Ruhengeri gekommen, einer Region im Norden, wo man schon Jagd auf Tutsi machte. Stéphanie hatte ein Riesenglück: Sie fuhr in einem Kleinlaster mit und wurde unterwegs angehalten, von Leuten, die sie umbringen wollten. Der Fahrer schrie die Leute an: »Hört gefälligst auf, das ist meine Schwester!« Sie kannte ihn nicht, er hat ihr das Leben gerettet. Stéphanie war also auch bei Joséphine gelandet. Als ich ihr aber mein Abenteuer erzählte, da lachte sie nur: »Du mit deiner großen Nase, wer hätte dich denn verjagen wollen? Dich hat jemand für eine Tutsi halten?«, hat sie sich lustig gemacht. Zu Hause haben wir uns früher oft darüber amüsiert: Ich bin nicht die typische Tutsi; meine Nase ist eher breit, ich habe weniger schmale Gesichtszüge als Stéphanie. Man konnte mich nicht verjagen, erkläre ich ihr, weil ich vorher geflohen bin. Als sie hört, dass man nicht mal meine Papiere überprüft hat, stichelt sie weiter. Weil sie aus Ruhengeri gekommen war, der Region, die als die extremistischste galt, konnte Stéphanie sich überhaupt nicht vorstellen, dass die Gewalt sich bereits im ganzen Land ausbreitete. In jener Nacht schlief ich jedenfalls sehr schlecht, weil mir klar war, dass meine Schwestern mich nicht ernst nahmen und mich zur Schule zurückbringen würden. Als sie mich am nächsten Morgen tatsächlich dort hinbegleiten wollten, traf ich zum Glück Dativa und die anderen Mädchen, die zunächst im Internat geblieben waren. Alles war so passiert, wie Chantal es vorhergesagt hatte. »Sie« waren nach der Studienstunde gekommen, »sie« waren zwischen achtzehn und zwanzig Jahre alt, waren zur Verstärkung der Mädchen, Hutu, gekommen, und als alle sich im Refektorium an ihre Tische setzen wollten, sagten »sie«: »Wir fordern jetzt sämtliche Tutsi auf, aus der Schule zu verschwinden und sich hier nie wieder blicken zu lassen.«

Weißt du was? ... Von den Ordensschwestern kam keinerlei Protest. Kein bisschen Widerstand. Sie haben die Türen geöffnet und die Tutsi aufgefordert zu gehen. Ein paar Mitschülerinnen haben sich verstecken wollen, doch die waren schnell aufgespürt und verprügelt. Die Übrigen taten sich zusammen, mitten in der Nacht, denn nach Hause konnten sie nicht, es war ja stockdunkel. Einige hatten Glück und fanden Unterkunft bei Lehrern, die in der Nähe wohnten und auch Tutsi waren. Andere verbrachten die Nacht auf Türschwellen vor Läden. Und am nächsten Morgen traf ein ganzer Schwarm von ihnen bei meiner Schwester in Kigali ein. Joséphine hatte immer büschelweise reife Bananen im Haus, sie konnte die ganze Kolonne verpflegen. »Siehst du, meine Geschichte war nicht erfunden!«, hab ich zu Stéphanie gesagt. Noch glaubte ich, der Spuk wäre schnell wieder vorbei.

Eine Woche später erfuhren wir, dass sie unser Haus, unser Elternhaus, niedergebrannt hatten.

11

Muyaga, der ungünstige Wind
oder immer wieder von vorn anfangen

Wind: *Muyaga*, so nannten wir sie. Bei uns hießen die Massaker »Wind«. Genau bezeichnet man dieses Element der Natur im Kinyaruanda mit dem Begriff *Umuyaga*. Ohne den Anfangsbuchstaben behält das Wort seine volle Bedeutung, meint zusätzlich aber die »Ereignisse« von 1973. Eine Bezeichnung, mit der man die Gewalt herunterspielte, die man uns antat, uns und unseren Rindern. Ich kenne kein anderes Volk, das so geschickt ist im Gebrauch von Euphemismen. Mein Heimathügel Mwirute blieb vom Feldzug gegen die Tutsi nicht verschont: Auch hier blies der ungünstige Wind, traf das Haus meiner Eltern – zerstörte es –, traf die Rinder und hätte auch meine Eltern erfasst, wenn die sich nicht versteckt hätten … Aber im April 1973 verkündet die Regierung offiziell, »der Wind hat sich gelegt«.

Und das hieß, wieder von Null anfangen. Wie immer. Der ewige Neuanfang. Sie hatten die Häuser niedergebrannt: Nun heißt es, sie wieder aufbauen. Sie hatten das Vieh abgeschlachtet: Nun heißt es, die wenigen Tiere einsammeln, die den Macheten der Hutu entkommen sind.

Aus Schutt und Asche heißt es, Alltagsleben zusammen-klauben, Töpfe, Bettdecken, Kleidungsstücke … Weil meine Schwester Joséphine uns von Kigali aus versorgt, wird das Elend für uns erträglicher. Trotzdem ist es schwer. Schwer, umgeben von völliger Gleichgültigkeit immer wieder von vorn anzufangen, nachdem man inmitten völliger Gleichgültigkeit angegriffen worden war. Obwohl damals, während der wenigen Wochen, die die Angriffe dauerten, und anders als zur Zeit des Genozids 1994, wenigstens die Kirchen uns gewogen blieben und die Natur auch. Die Vernichtungsmethoden sind damals noch nicht sehr ausgefeilt; so fanden unsere Verwandten aus Gacurabgenge Aufnahme in der katholischen Pfarrei von Kamonyi. Und unsere Angehörigen in Mwirute, die zu weit weg von Kamonyi wohnten, finden Zuflucht im Busch, der auch meinem Vater vierzehn Jahre vorher schon Unterschlupf gewährt hatte. Als der Wind 1959 blies, hatte mein Vater geahnt, dass der Himmel am Horizont nicht schwarz war vor Regenwolken, sondern vom Rauch brennender Häuser. Und ihm war klar, unser Hügel würde nicht verschont bleiben.

Auch nach den Massakern von 1959 hatte mein Vater sein Haus brennen sehen; auch nach den Massakern von 1959 hatte er von vorn anfangen müssen. Jetzt, 1973, brennt sein Haus wieder. Weil Albert, der Sohn meiner Schwester Joséphine, und Pascasia, die Tochter meiner Cousine Iyakaremye, beide neun Jahre alt, bei ihm leben, bringt er die zwei zu Nyiragasage, der alten Nachbarin, die uns schon während der Massaker von 1959 aufgenommen

145

hatte. Dass er Hutu ist wie sein Vater, Joséphines Mann, nützt Albert nichts, er bliebe nicht verschont, denn er lebt bei seinen Großeltern, Tutsi. Anschließend verstecken mein Vater und die anderen Erwachsenen sich im Busch, wie immer; Nyirasage kann keinen Erwachsenen aufnehmen, das Risiko ist zu groß. Sie hütet also die Kinder, denn an ihnen vergriff man sich damals noch nicht. Als Alberts Vater seinen Sohn abholt, findet er ihn also gesund und munter, aber vor unserem Haus bietet sich ihm das gewohnte Bild: Was nicht feuerfest war, war den Flammen zum Opfer gefallen. Alles ist geplündert, jede Tür, jedes Fenster zerschlagen, um das Haus unbewohnbar zu machen, Dächer sind von Lanzen durchlöchert, Rinder abgeschlachtet ... alles verwüstet. Und wir haben keine Ahnung, wo unsere Eltern sind. Niedergemetzelt oder versteckt? Bei wem? Wo?

Das, das hieß der Wind. Der Wind, der geweht hatte, dann der Wind, der sich eben gelegt hatte. Die Tötungswelle. Plünderungen. Niedergebrannte Häuser. Im Radio hatte die Regierung offiziell das Ende der Massaker verkündet, mit einer viel sagenden Redewendung: »*Kunamura icumu*: Es ist Zeit, die Lanze zu heben.« Es würde wieder Ruhe einkehren. Also krochen wir alle aus unseren Löchern und Büschen und begannen mit dem Wiederaufbau. Nachts klemmten wir Zweige in die Fenster, zum Schutz gegen Wind und Kälte. Wir verriegelten die Hintertür und bewachten den Eingang zum Hof. Und abends stellten wir eine Behelfstür davor, eine große Matte aus Blattgeflecht, die normalerweise bei der Hausarbeit verwendet wird. Wir kauften neue Türen, neue Töpfe, bauten eine neue Küche, fingen ganz von vorn an. Drei Nachbarsfamilien waren wir, alle in derselben Lage und auf sehr engem Raum. Zudem lebte die alte Tante meines Vaters bei uns, deren Haus komplett abgebrannt war. Zwanzig Jahre später wird sie gemeinsam mit meiner Mutter sterben, im Völkermord. Was wir hatten, teilten wir zuerst mit unseren Verwandten, aber auch mit Nachbarn, mit Stefanos Familie zum Beispiel. Von uns aus hatten sie's nicht so weit bis zu ihren Feldern, auf denen sie Süßkartoffeln und Bananen ernteten. Kein Einziger von Stefanos Verwandten lebt heute mehr, sie wurden alle, alle umgebracht … Eine einzige Tochter hatte, nach einer Vergewaltigung, überlebt. Sie ist kürzlich an Aids gestorben. Jetzt ist die Familie vollständig ausgelöscht.

Nach dem Wind von 1973 bauten wir zwar unser Haus wieder auf, doch an Schule war für mich nicht mehr zu denken. Wirklich alles aus diesmal, für alle – zumindest für alle Tutsi. Aber in die Schneiderei ging ich nicht zurück, das brachte ich nicht über mich. Es wäre zu demütigend gewesen, außerdem war ich so wütend wie nie. Ich blieb zu Hause, hütete Kühe und half bei der Feldarbeit. Ich hatte keine Hoffnung mehr. Nicht das kleinste bisschen. Wie soll man so sein Leben fristen, fragte ich mich, unter Kühen, auf dem Acker, wenn man davon geträumt hat, Ärztin zu werden. Keine Hoffnung mehr. Nicht die geringste. Auch für Innocent nicht, den ich nun regelmäßig treffe, weil auch er zum Viehhüten verdammt ist. Viermal hat er die berühmte Prüfung gemacht, völlig umsonst. Seine Eltern meldeten ihn schließlich an der Handwerksschule von Nyamirambo an. Pech für ihn, dass er jeden Morgen zwei Stunden unterwegs ist und abends wieder, weil die Schule kein Internat hat. Aber alles, alles lieber als inmitten von Vieh auf den Feldern der Eltern zu versauern. Das Leben auf den Hügeln ist zu hart, und bei sieben Kindern wird es ohnehin schwierig, die Felder in Erbfolge aufzuteilen. Innocent will jedenfalls Lehrer werden. Weil er sich aber der Diskriminierung bewusst ist, ist er auch bereit, Maurer zu werden oder Schreiner vielleicht, irgendeinen Beruf zu ergreifen, mit dem er seine Eltern unterstützen und das Schulgeld für seine jüngsten Brüder zahlen kann. Seine Pläne macht er während der zwei Stunden Fußmarsch zur Handwerksschule. Eines Tages begegnet er einem Verwandten, dem Mann der Tante seiner Mutter, der ein Bauunternehmen besitzt und den Innocent um Arbeit bitten wollte, wenn er mit der Handwerksschule fertig wäre. Er ist reich, der Mann der Tante, hat seine Firma, fährt ein Auto, pflegt Umgang mit hohen Tieren aus der Regierung und hat das Glück, Hutu zu sein. Und ein guter Mensch ist er obendrein. »Sag mal, Kleiner, bist du nicht der Sohn von Karera, aus Shyorongi?«

»Ja, Monsieur.«

»Wohin des Wegs, so früh am Morgen?«

Und schon erzählt ihm Innocent seine unendliche Geschichte vom versperrten Zugang zur höheren Schule. Der Mann ist in Eile, auf dem Weg nach Kigali, aber er bietet Innocent an, ihn mitzunehmen. Innocent, überglücklich, steigt zu ihm in den Wagen. Ein Auto! Ihm sind ja nur die

Kleinlaster der Händler vertraut, an denen die Jungs sich festklammern, obwohl es verboten ist, und riskieren, verscheucht zu werden, wenn der Fahrer sie im Rückspiegel entdeckt. Doch heute klammert er sich weder außen am Wagen fest, noch ist Mitfahren untersagt. Innocent sitzt neben dem Mann seiner Tante, der sich für seine Geschichte zu interessieren scheint. Er scheint sogar verärgert darüber, dass Innocent vier Jahre in Folge die berühmte Prüfung nicht bestanden hat. Um Innocent auf die Probe zu stellen, fragt der Onkel ihn plötzlich auf Französisch aus. Innocents Französisch ist perfekt. Der Onkel schüttelt den Kopf, wie um sein Bedauern auszudrücken; und da sind sie auch schon in Kigali. Innocent muss aussteigen. Er überlegt noch, wie er sich bei seinem Onkel für das morgendliche Wunder bedanken soll, als der noch hinzufügt: »Sag deinem Vater, er soll mal bei mir vorbeischauen, Kleiner.« Innocent hat sich auf Französisch bedankt und war so stolz, dass er mit dieser Sprache endlich Eindruck machen konnte.

Die Begegnung sollte Innocents Leben verändern. Denn jener Mann, ein Hutu und verärgert darüber, wie ungerecht man dieses Kind behandelt hatte, nur weil es Tutsi war, sprach mit dem Bildungsminister, seinem Nachbarn und Freund. Und der Bildungsminister persönlich gab ihm die Genehmigung, die es Innocent Seminega, Sohn des Karera und der Nyirantamali, ermöglichte, das Collège du Christ Roi in Nyanza zu besuchen, eine der besten Jungenschulen des Landes.

Das war im Dezember 1972. Innocent hatte, wie ich damals, schon drei Monate versäumt und holte sie auf, wie ich damals. Wie glücklich er war … Und dieses Glück wollte er sich durch nichts verderben lassen. Drei Monate später, im Februar 1973, kamen die offiziellen Anweisungen der Regierung: Alle Tutsi, Schüler, Studenten und Beamte, wurden aus den Schulen, von der einzigen Universität des Landes und aus ihren Ämtern gejagt. Viele gingen gleich ins Exil nach Burundi oder in den Kongo: Wer beschloss, im Land zu bleiben, versuchte, bei Verwandten unterzukommen, die sich im Busch oder in Pfarreien versteckt hielten, während die Hutu »bei der Arbeit« waren. Schon in jenem Jahr hieß »arbeiten« (gukora) Tutsi töten oder jagen, alles niederbrennen, plündern und ihr Vieh abschlachten. Weil man uns beide nun von unseren Schulen vertrieben hatte, waren Innocent und ich wieder zu unseren Familien gezogen, doch wir scheuen uns, den Schritt ins Ausland zu wagen. Über das Exil wissen wir zu wenig, und wir machen uns große Sorgen um unsere Familien, weil überall schon dicke Rauchschwaden in der Luft hängen: Die Häuser der Tutsi brennen … Leben unsere Mütter und Väter noch? Als wir unsere Eltern schließlich unversehrt fanden, gaben wir jeden Gedanken an Schule oder Studium auf. Wir sind erst fünfzehn und sechzehn Jahre alt und haben beide schon keinerlei Hoffnung mehr. Nicht einen Funken. Wie, so fragen wir uns ständig, wie soll man so sein Leben fristen, inmitten von Vieh und Feldern, wenn man doch so sehr davon geträumt hat, etwas anderes zu werden? Wir fragen uns das jedes Mal, es ist fast ein Ritual, wenn wir uns treffen, wie damals, als Innocent uns mit seiner Mutter in Kagina besuchte und wir, von unseren Verwandten unbemerkt, Rubayizas Ziege melken und die Milch in einem kleinen Topf auffangen, der für Kuhmilch gedacht ist. Ziegenmilch aus einem Kuhmilchtopf! Wir handelten uns eine saftige Strafe ein für diesen Kinderstreich! Aber wir schwören uns, dass wir die Dummheiten der Erwachsenen nicht wiederholen wollen. Wir schwören uns, Widerstand zu leisten; und sich widersetzen heißt, Bücher tauschen, darüber reden, unser Französisch nicht verlernen und trotz allem irgendwie weiterkommen. Aber vor allem, vor allem anderen schwören wir uns, uns immer wieder zu treffen, uns immer zu lieben. Unseren Schwur leisten wir vor Rubayizas Ziege, die jetzt Luftsprünge macht vor Freude, weil sie die überschüssige Milch los ist, die ihre neugeborenen Jungen nicht vollständig trinken konnten. Rubayizas Ziege auf dem Hügel Kagina ist das Symbol unserer Liebe geblieben.

Wir haben unseren Schwur nie gebrochen. Wir haben gekämpft und haben, als wir später endlich studieren konnten, eifrig für unsere Studienabschlüsse gelernt, in Soziologie, Anthropologie und Linguistik. Wir haben unser Versprechen gehalten, Innocent und ich: Wir haben uns wahnsinnig geliebt, wir haben geheiratet, bekamen unsere drei schönen Töchter, und nach dem Tagebuch der Anne Frank, in dem wir die gleichen Ungerechtigkeiten und Diskriminierungen entdeckten, wie wir sie am eigenen Leib erfahren hatten, nannten wir unsere erste Tochter Anna.

Wie haben uns wahnsinnig geliebt und glaubten, den

Fluch besiegt zu haben, der auf den Tutsi in Ruanda lastete. Aber wir waren zu naiv. 1994, kaum zwanzig Jahre später und abermals im April, dem Monat, in dem wir unseren Schwur geleistet hatten, holte uns das Schicksal ein: Wir waren Tutsi und zur Vernichtung verdammt. Und genau das ist geschehen. Alles und fast alle wurden ausgelöscht. Damit wir dieses Mal nicht wieder von vorn anfangen könnten.

In Kagina ist heute nichts und niemand mehr übrig. Ich war seitdem nie wieder dort.

12

Ein Staatsstreich … die Rettung

Wie stellst du das Schuljahr 1972/73 in einem Lebenslauf dar? Wie erklärst du, dass du eigentlich in die vierte Klasse des Gymnasiums gehen solltest und stattdessen auf dem Land ein Häuflein Kühe hütest, die, genau wie deine Angehörigen, einer Machete entgangen sind? Wie sollst du dein Leben lang Bohnen ernten, wenn du eigentlich Ärztin oder Lehrer werden willst? Wie besessen stellen Innocent und ich uns täglich diese Frage. Viele unserer Freunde, Lehrer und andere Beamte, sind bereits arbeitslos; und eine ganze Reihe Intellektueller hat das Land verlassen; entweder nach der Entlassung aus dem Schuldienst, oder weil sie sich nach den Massakern auf den Hügeln im Februar und März ins Exil geflüchtet hatten – nach Burundi, in den Kongo. Ihre Familien, die in Ruanda geblieben sind, leben unter starkem Druck: Ein Kind im Exil zu haben war ein Verbrechen, die Eltern galten als Verräter. Briefe schreiben durften sie sich nicht, höchstens heimlich. So konnten Jahre vergehen, ohne dass man von den Angehörigen erfuhr, es sei denn, man hatte Vermittler, und was das Schlimmste war, man wusste, man würde sich nie wieder sehen, vor dem … Dein Leben war im Exil, dein Herz war im Exil. Weggehen war schmerzlich und dableiben auch. Welche Zukunft in Ruanda?

Die Antwort bricht in Form eines Staatsstreichs über uns herein, am 5. Juli 1973. Die Armee, der mehrheitlich Hutu aus dem Norden angehören, stürzt die Regierung, in der Hutu aus dem Süden das Sagen haben. Die Armee wirft dem Präsidenten Kayibanda und beinahe der gesamten Ministerriege vor, alle Macht zu monopolisieren. Es geht also eindeutig um einen Konflikt unter Hutu. Auch ist allgemein bekannt, dass die meisten Minister aus der Region Nduga im Süden des Landes stammen. Nur der Verteidigungsminister nicht, Juvenal Habyarimana, der Urheber des bisher unblutig verlaufenen Staatsstreichs. Später erfuhren wir, dass man die Amtsinhaber aus dem Süden schrecklichem Druck ausgesetzt hatte: Notabeln, ehemalige Minister, niemand war verschont geblieben, auch der Bildungsminister nicht, dem ich meine Zulassung zum Gymnasium zu verdanken hatte. Es ging sogar das Gerücht, dass sie den gestürzten Präsidenten der Republik und seine Frau im Gefängnis haben verhungern lassen, mutterseelenallein. Für uns ist es schon verwunderlich, Jahre nach den Ereignissen zu erfahren, dass nicht allein den Tutsi Gewalt angetan wurde in diesem Land.

Ich bin auf dem Feld, als die Radiomeldung kommt: Es ist Sommer, Erntezeit, wir hören Radio, während wir Erbsen ernten. Doch statt der üblichen Sendungen läuft nur klassische Musik, ununterbrochen. Untrügliches Zeichen dafür, dass etwas Schlimmes passiert sein muss. Dann endlich kommen die neuen offiziellen Töne aus dem Radio: »Sie« erklärten uns, dass sie soeben die gestürzt hatten, die das Land in den Abgrund gestürzt hätten, dass aber (*sie imitiert den deklamatorischen Tonfall, reckt eine Faust in die Höhe und unterstreicht jeden Satz durch ein Kopfnicken*) »zum-Glück-die-wachsamen-Retter-des-Volkes« und Blablabla … Und gleich darauf wieder eine Symphonie von wer weiß wem. (*Lachen*) Für klassische Musik werde ich mich jedenfalls mein Leben lang nicht begeistern! Wenn ich sie in Ruanda hörte, fragte ich mich sofort, ob sich wieder irgendwas zusammenbraute. Andere entspannen bei dieser Musik, mir macht sie Angst. (*Lachen*) Man hat sich redlich bemüht, sie mir näher zu bringen, hat mich auch in die Oper eingeladen. Aber nach einem letzten Versuch hab ich endgültig aufgegeben: Um Helmut, meinem Mann, eine Freude zu machen, hab ich ihn eines Abends in ein Konzert begleitet. Allerdings hatte ich ihn gewarnt: »Ich gehe mit, weil ich dir Gesellschaft leisten möchte, aber ich werde mich nicht verstellen und sagen, es macht mir großen Spaß«; allerdings hätte ich mir nie träumen lassen, dass ich dabei … einschlafen würde! Zu meinem ohnehin geringen Interesse an klassischer Musik kam nun noch hinzu, dass ich entweder jedes Mal dachte, nun wird gleich ein Putsch verkündet, oder den Eindruck hatte, man verheimlicht mir etwas, und auf jedes Musikstück könnte eine stumpfsinnige Rede folgen …

Für uns war die Meldung vom Umsturz der Regierung eine Erleichterung, in gewisser Weise zumindest. Unsere

Verfolger waren Hutu aus dem Süden: Wir glaubten oder wollten glauben, dass mit den neuen Machthabern unsere Qualen ein Ende hätten. Allerdings bleibt festzustellen, dass der neue Präsident Habyarimana uns nach seiner Machtübernahme Sand in die Augen gestreut hat. Er tat so, als wollte er die Tutsi wieder in die Gesellschaft integrieren, aus der sie zuvor ausgeschlossen worden waren. Und tatsächlich wurden anfangs auch Leute, die man entlassen hatte, wieder eingestellt, Schüler konnten wieder zurück auf ihre Schulen. Habyarimana hat uns in Sicherheit gewiegt, und wir haben ihm geglaubt. In seinen Reden* verurteilte er das, was man uns Tutsi angetan hatte, und fragte sich, wie seine Vorgänger ein Volk so hatten spalten können. Wir hielten ihn für unseren Retter, für den, der endlich die Wahrheit sagte. Erst später, bei näherem Hinsehen, wurde uns klar, dass ja gerade die neue Regierung für Instabilität im Land gesorgt hatte, um leichter an die Macht zu kommen und sich als Retterin der Nation aufspielen zu können. Habyarimanas Ideologie blieb jedenfalls unverändert, er war bei seiner Amtseinführung zu sehr mit seinen politischen Gegnern unter den Hutu beschäftigt, um sich mit uns Tutsi zu befassen. Aber kaum war er mit seinen Gegnern fertig, nahm er sich die Tutsi wieder vor, die er in Wahrheit nie vergessen hatte. Im Laufe der Jahre wurde uns das immer bewusster, und endgültig klar wurde es, als der Genozid begann. Er brach so

---

* Vgl.: José Kagabo und Théo Karabayinga, Les réfugiés, de l'exil au retour armé, a. a. O.

plötzlich los, war so effektiv, so gut koordiniert, überall im Land … Es war unübersehbar, minutiös war alles von langer Hand geplant worden.

Fürs Erste aber, in jenem Sommer 1973, sind wir Tutsi erleichtert. Der neue Präsident erklärt, er wird sich darum bemühen, dass das Land seine Spaltung überwindet, und er wird für Chancengleichheit sorgen. Und zum Beginn des neuen Schuljahrs im September beginnt tatsächlich auch für uns die Schule wieder.

Innocent geht zurück aufs Collège du Christ-Roi, ich gehe zurück aufs Gymnasium Notre-Dame de Cîteaux und treffe dort auch meine Freundinnen wieder: Colette, Consolata, Dativa und Maria. Chantal, Janine und Rosalie sind nicht mehr dabei … Sie waren kurz zuvor ins Exil gegangen und kehrten erst zwanzig Jahre später nach Ruanda zurück. Wir lernen wie die Verrückten. Weil man uns so ungerecht behandelt hat, kämpfen wir umso verbissener für unseren Erfolg. Wir sind nicht intelligenter als die anderen, aber wir wissen, dass wir nicht die gleichen Rechte haben. Wenn unsere Mitschülerinnen eine Stunde arbeiten, arbeiten wir zwei. Umso mehr, als unsere Illusionen über die neue Regierung nur von kurzer Dauer sind: Der Staat hat soeben offizielle Quoten festgesetzt, Zugangsbeschränkungen zu Bildungseinrichtungen und zum öffentlichen Dienst, die für Tutsi und, wenn auch in geringerem Maße, für Hutu aus dem Süden, die vermeintlichen Regierungsgegner, gelten. Dieser diskriminierende Beschluss darf allerdings nicht als solcher wahrgenommen werden: Also verkauft die Politik ihn unter dem Motto »ethnisches und regionales Gleichgewicht«. Jeder weiß aber, dass sich dahinter einmal mehr dieselben Vorurteile verbergen wie früher schon: Die Tutsi sind in Ruanda in der Minderheit, warum also belegen sie so viele Positionen in unserer Gesellschaft? Warum sollten sie überhaupt politisch vertreten sein?

Fünf Jahre später, im Sommer 1977, habe ich mein Abitur. Als Klassenbeste soll ich vor allen eine Rede halten, vor Lehrern und Angehörigen. Meine Eltern sind sehr stolz auf mich, ich bin es auch. Mich treibt nur ein Gedanke: weiter studieren … Doch zum Studium werde ich nicht zugelassen. Wieder steht mein Name nicht auf den Listen der Auserwählten. Also bleibt mir nichts anderes übrig, als mir eine Arbeit zu suchen, und eh ich mich's versehe, bin ich mit neunzehn Jahren Leiterin des Internats in Remera, in dem ich selbst vor nicht allzu langer Zeit meine Sekundarschulzeit verbracht habe. Meine Freundin Consolata ist auch dort, sie unterrichtet Französisch. Vielleicht schaffen wir es ja nächstes Jahr doch noch auf die Uni …

»Das Dokument kann Ihnen nicht ausgestellt werden.« So steht es da, schwarz auf weiß, in dem Brief eines gewissen Major Lizinde, des damaligen Geheimdienstchefs. Inzwischen ist es August 1978, ich hatte unglaubliches Glück, war an der katholischen Universität von Löwen in Belgien angenommen worden und hatte obendrein ein Stipendium des ökumenischen Kirchenrats in der Tasche, könnte also drei Jahre im Ausland studieren, doch der Pass, den ich beantragt habe, »kann Ihnen nicht ausgestellt werden«. Hier war die Chance meines Lebens, ich könnte nach Europa gehen, bekäme mein Studium finanziert und jetzt ... Ich bin am Boden zerstört. Der Major hat es noch nicht einmal für nötig befunden, seine Ablehnung zu begründen. Er weiß, dass ich weiß, er weiß, und ich weiß, dass alle wissen, mein Antrag wird abgelehnt, weil ich Tutsi bin. Er wird es mir übrigens selbst unverblümt ins Gesicht sagen, als ich ihn einige Zeit später persönlich aufsuche, auf Anraten von Madeleine, der Schwester meiner Jugendfreundin Colette, die Beziehungen hat zu »hohen Tieren«. Madeleine begleitet mich. In meiner Anwesenheit fragt sie den Major direkt, warum er mir den Pass verweigert hat. »Sie ist schließlich Tutsi, oder?«, hat er geantwortet, als sei das der selbstverständlichste Grund der Welt. Madeleine entgegnet ihm, ja, es stimme, dass ich Tutsi sei, dass aber meine Eltern wahre Patrioten seien, mein Vater ein alter Lehrer, der eine Vielzahl hoch geachteter Persönlichkeiten unterrichtet hat. Und weiter: »Wir dachten, jetzt gäbe es endlich Gerechtigkeit hierzulande, und doch geht die Diskriminierung weiter!« Der Major scheint beeindruckt, Madeleine soll schwören, dass sie nicht lügt, sie soll versprechen, dass ich eines Tages aus dem Ausland zurückkomme, um für mein Land zu arbeiten, und dass ich mit den zahllosen Landesfeinden im Ausland nicht kollaboriere ... Madeleine schwört, ich schwöre, er ist einverstanden ... Zu spät! Schon ist es November, das Semester hat begonnen, ich habe das Jahr verpasst. Der Major macht ein weiteres Versprechen: Er wird mir meinen kostbaren Pass zum nächsten Semester ausstellen, und die Universität garantiert mir einen Studienplatz. So bleibe ich, als gute Patriotin, zunächst in Ruanda, arbeite unterdessen weiter für unser Land und meine Kirche und warte. Und ein Jahr später fliege ich endlich nach Belgien.

13

Die Rückkehr in die Heimat
ist teuer erkauft

Der Typ hat eine feuchte Aussprache und sitzt mir direkt gegenüber, ich darf mir auf keinen Fall anmerken lassen, wie sehr ich mich ekle. Er trägt Zivil, sitzt in seinem schlichten Büro, dessen einziger Schmuck in einem Porträt des Präsidenten Habyarimana besteht, aber sein autoritärer, aggressiver, rechthaberischer Ton verrät den Soldaten. Ach, ich muss meine sechs Jahre Studium in Belgien teuer bezahlen ... Kaum bin ich wieder in Ruanda, bestellt man mich ins Präsidialamt, mitten in Kigali, zu einem Verhör bei diesem Typen, der mich offensichtlich hasst, der »uns« hasst, weil ich da bin, zu leben weiß, als Tutsi. Draußen wartet vorsichtshalber ein Cousin von mir unauffällig in einer Nebenstraße, um sicherzugehen, dass ich nach diesem Verhör wieder auftauche. Oder eben nicht ... In diesem Fall würde er – bestimmt vergebens – mein Verschwinden melden.

In Kigali kursieren die schlimmsten Gerüchte über das Präsidialamt, jeder weiß, dass dort geschlagen, gefoltert und getötet wird. Das Gebäude ist rundum von Soldaten bewacht, die man nicht anzusehen wagt: Wenn du an ihnen vorbeigehst, wendest du dich ab, denn selbst das kleinste Blinzeln in ihre Richtung ließe sie schon vermuten, dass du einen Staatsstreich planst! Noch heute, obwohl das Präsidialamt längst umgezogen ist, wenden sich die Leute automatisch ab, wenn sie an dem Gebäude vorbeigehen. Meine Befürchtung, man könne mich nicht wieder rauslassen, ist also durchaus berechtigt. Und ich habe große, große Angst … Warum ich einbestellt wurde, weiß ich nicht. Als ich am Flughafen ankam, wurden mir Fingerabdrücke abgenommen, ich wurde gegen eine Wand gedrückt, bekam eine Plakette mit meinem Namen und meiner Registriernummer auf die Brust gepresst, und jemand schoss Fotos von mir. In meinem Kopf laufen Filmszenen aus dem belgischen Fernsehen ab, Gangster, vom FBI verhaftet, und nun hält man mich, Esther, für eine Verbrecherin … Was hab ich nur getan, um unsere Regierung gegen mich aufzubringen?

Der Typ, der sich nicht als Militär zu erkennen geben will, dabei aber gar nicht anders kann, verrät es mir nicht sofort. Er fängt mit harmlosen Fragen an: Was habe ich gemacht in Neu-Löwen, wo ich gewohnt habe … Ah, alles hab ich gemacht in Belgien! Ich habe mitten im Winter Biokarotten geerntet − und lange danach keine Karotten mehr gegessen, weder Öko- noch andere. Ich habe beim Großbürgertum Kupfer geputzt − und hasse Kupfer seitdem. Ich habe in einem Heim alte Menschen betreut und bin ohne Lohn gegangen, weil mich eine alte Dame gebeten hatte, sie mit nach Ruanda zu nehmen, damit sie dort alt werden könnte, nachdem ich ihr erzählt hatte, dass meine Schwestern und meine Nichte meine alte, kranke Mutter betreuen. Da war mir wirklich zum Heulen zumute, weil ich mich fragte: Was ist das für ein Volk, das mir ein Universitätsstudium ermöglicht und sich nicht um seine alten Menschen zu kümmern weiß? Als Serviererin in einer Kantine habe ich gearbeitet und mir Rügen eingehandelt, weil ich immer »bitte« hinzufügte, wenn ich Essen aus der Küche bestellte, und zu meiner größten Verwunderung lernen musste: für Höflichkeit ist keine Zeit. Ich habe in aller Herrgottsfrühe Tanzböden geschrubbt (auf denen ich am Abend zuvor immerhin getanzt hatte, wie alle anderen) und habe die wenigen Ruander, meist Hutu, beneidet, denen ich dort begegnete, weil die schlafen gehen konnten, während ich rackern musste. Ich habe Touristen nach Paris und London begleitet, dazu war Englisch Voraussetzung. Um den Job zu kriegen, sagte ich beim Vorstellungsgespräch nur »Yes, yes!« und verbrachte die folgende Nacht mit einem Schnellkurs, um quickly Englisch zu lernen …

Ich habe allerdings nicht den Eindruck, dass dieser Militär sich für meine Jobs in Belgien begeistert. Und vor allem weiß ich, wenn ich sie aufzählen würde, dann würde er, wie so viele andere sagen, ja, die Tutsi, die kommen überall zurecht, die sind schlau, ja, ja, halten sich immer für intelligenter als andere, was? Nein, ich bin nicht »besser« … In Belgien musste ich einfach arbeiten, Punkt, um weiter zu studieren, nach meinem Fachabschluss als Sozialarbeiterin. Als die drei von der Kirche finanzierten Jahre um waren, hätte ich eigentlich nach Ruanda zurückkehren müssen. Aber in Belgien rechnete ich mir bald Folgendes aus: Als Tutsi zähle ich nur die Hälfte, also muss ich meine Chancen verdoppeln. Dieses eine Zeugnis reicht niemals. Warum deshalb nicht ein Vordiplom oder sogar einen Magisterabschluss in Soziologie? Also hab ich geschuftet, um mir drei weitere Jahre lang mein Studium zu finanzieren. Und leider hatte ich mich nicht getäuscht: Kaum zurück in Ruanda, mit all meinen Zeugnissen in der Tasche, arbeite ich für die presbyterianische Kirche, im Ausgleich für das Stipendiengeld, das ich ihnen schuldete. Ihre Entwicklungsabteilung hat interessante Pläne für Jugendliche und Frauen in den Gemeinden; ich bin voller Energie und Tatendrang, will gleich ein paar Projekte in Angriff nehmen, die Stelle passt haargenau zu meinem Studienabschluss. Doch ich vergaß, wie konnte ich das nur vergessen? … Ich bin Tutsi. Also schicken sie mich ins Hinterland, in eine Schule für Krankenschwestern in Kilinda, dort soll ich unterrichten … Französisch. Als ich zu protestieren wage, hat der Pastor, ein Hutu, nur Spott für mich übrig: Ich spreche doch sehr gut, findet er. Nicht nur die Regierung grenzt uns aus, die Kirche tut es auch; und wenn die Stipendien nicht von einer Stelle außerhalb des Landes in der Schweiz vergeben würden, dann bekäme so gut wie kein einziger Tutsi in Ruanda jemals eines.

Es gibt im Grunde nichts einzuwenden gegen Kilinda, der Ort ist schön, das Klima angenehm, grüne Hügel, üppige Guavenbäume, sehr nette Kollegen, aber ich ertrage diese Ungerechtigkeit nicht länger. Sie erscheint mir wie eine Strafe. Nur dass ich nicht weiß, wofür ich bestraft

werde. Vielleicht dafür, dass ich geboren wurde? ...
Manchmal kann ich die Sache sogar ironisch sehen: Wenn
ich mich als Tutsi nach sechs Jahren Studium im eigenen
Land als Französischlehrerin im Exil wieder finde, was
wäre dann wohl mit einem einfachen Diplom als Sozialarbeiterin aus mir geworden, ohne meinen Magister in
Soziologie? Deswegen musste ich in Löwen um jeden Preis
bestehen. Ich musste kühn sein, wagemutig und von Anfang an aufs Ganze gehen. »Yes, yes!«, sagen, um die Leute
glauben zu machen, ich spräche Englisch, da war nichts
schlau dran: Der Job war für mich schlicht und einfach lebenswichtig. Den anderen aber, meinen Landsleuten, den
Hutu, konnte das egal sein. Sie wussten ja nicht, was es
hieß, um sein Leben zu kämpfen, sie sahen Gerissenheit
da, wo – für mich, für die Tutsi – Kampf ums Überleben war.

Im Büro des Präsidialamts geht das Verhör weiter: »Welchem ruandischen Kulturverein gehörten Sie an? ...« Aha,
jetzt weiß ich, worauf er hinauswill: Unter den tausenden
von Jobs, die ich hatte, war einer, bei dem ich im Sozialdienst der Uni ausländische Studenten betreute, unter anderem viele Hutu, aber auch Tutsi, die aus Ruanda ins Exil
geflohen waren. Ich soll ihm sagen, dass ich mit den Tutsi
enger in Verbindung stand, und verschanze mich sofort
hinter meiner Funktion: Es gab einhundertsechzehn Na-
tionalitäten in dieser Abteilung – ich kenne die Zahl auswendig –, und ich durfte die Staatsangehörigkeit der jungen Studenten, die ich betreute, nicht überprüfen; ich
hätte ja keinen Antrag ablehnen dürfen, oder?

Während des Verhörs, das sich über eine Stunde hinzieht, geschieht etwas Bemerkenswertes, das in Ruanda zugleich völlig banal ist: Keiner von uns beiden spricht je die Worte Tutsi, Hutu oder Flüchtling aus. Und doch kann jeder von uns zu jeder Minute genau entziffern, von wem die Rede ist, was man sagen will, und vor allem, was man nicht sagen will. Beispielsweise: Wenn er mich fragt, bei welchem Kulturverein ich Mitglied war, antworte ich »Ruander aus Ruanda«. Und er weiß sofort, dass ich Hutu meine, weil sie die Einzigen sind, die vom Staat Auslandsstipendien bekommen. Tutsi erhalten so gut wie nie Stipendien, höchstens von der Kirche, so wie ich, oder über ausländische Sozialeinrichtungen. Das Wort Hutu aber wird zwischen uns nicht fallen …

Als er nachhakt, um herauszufinden, ob ich auch in der Vereinigung »Acor« aktiv war, einem Zusammenschluss von Leuten »ruandischer Herkunft«, antworte ich, dass in diesem Verein, wie der Name schon sagt, Ruander organisiert sind, die nicht in Ruanda leben. Und in gespielter Verblüffung, aber mit fester Stimme füge ich hinzu: »Was ja auf mich nicht zutrifft.« Keinem von uns kam das Wort Tutsi über die Lippen.

Es ist schon seltsam, denn im Grunde habe ich Angst vor ihm, große Angst, und weiß gar nicht, woher mein energischer Ton kommt, in dem ich ihm zackig antworte, Schlag auf Schlag. Bis er mir eine Falle stellt: »Sie wollen also sagen, dass zum Beispiel ein Kind unseres Botschafters bei Acor wäre, wenn es an der Universität von Löwen studieren würde?« Natürlich waren alle ruandischen Botschafter im Ausland Hutu. Er will mich protestieren hören, will, das ich sage, nein, der Sohn des Botschafters wird dort nicht Mitglied, weil bei Acor nur Tutsi Mitglieder sind. Doch ich antworte wie aus der Pistole geschossen: »Ich nehme an, der Botschaftersohn ist volljährig und damit alt genug zu wissen, welchem Verein er angehören will. Das zu beurteilen steht mir nicht zu.« Wieder hat keiner von uns Hutu oder Tutsi gesagt.

Doch ihm ist der Kragen geplatzt. Er ist außer sich, schimpft, spuckt mir ins Gesicht, und ich muss meinen Ekel verbergen: »Hört sie euch an, hört sie euch an! … Wie arrogant sie sind! …« Er gebraucht den Plural, sagt »sie«, wird aber nie sagen, »die Tutsi sind …« Und in seiner wachsenden Wut wechselt er vom »sie« zum »Sie«: »Sie lügen ja! Sie lügen, im Ausland sagen Sie, dass Sie in Ruanda nicht studieren dürfen!« Ja, ich lüge, denn ich antworte ihm: »Niemals! Das sagen wir niemals!«

Er erstickt fast an seiner Wut: »Ach, tatsächlich? Und wenn du Briefe schreibst, was dann?« Nun wedelt er mit einem Brief, den ich an Innocent geschrieben hatte, und liest laut daraus vor. Jetzt verstehe ich, plötzlich fällt es mir wie Schuppen von den Augen. In Löwen hatte ich versucht, beim Sozialdienst der belgischen Uni ein Stipendium für Innocent zu bekommen, und er musste einen Fragebogen ausfüllen. In einem Brief hatte ich ihm geschrieben, welche Antworten die belgische Verwaltung normalerweise akzeptierte. Diesen Brief hatte ich Faustin mitgegeben, einem Landsmann, der mit seinem Studium fertig war und nach Ruanda zurückkehrte, um dort als Uniprofessor

167

zu arbeiten, und Faustin, das wurde mir in diesem Moment schlagartig klar, ist in Wirklichkeit ein V-Mann. Eine der Fragen, die Innocent in dem Fragebogen beantworten musste, war: »Warum können Sie nicht in ihrem Heimatland studieren?« Ich hatte ihm geraten: »Gib die Gründe an, die du kennst.« Um einmal mehr nicht schwarz auf weiß zu schreiben, was doch alle wussten, was Ruanda seit 1959 vergiftete und was uns Tutsi auf kleiner Flamme um unser Leben brachte, nämlich die Rassentrennung, Tag für Tag gegen uns gerichtet, ganz offiziell, im eigenen so normal wie im Ausland – Belgien hat sich bei unseren Behörden nie erkundigt, warum allein Hutu staatliche Stipendien für Belgien bekamen –, was wir aber nie aussprechen durften, als sei alles in bester Ordnung, und woran wir, dieser Offizier und ich, uns im Übrigen genau halten.

»Welche Gründe kennen Sie denn?«, brüllt er mit neuer Wut. Fast zehn Jahre später, während des Völkermords, sollte ich diesem Rätsel erneut gegenüberstehen, noch immer ungeklärt, wie ich finde, ein beinahe gefährlicher Überlebensreflex etwa? – diesem Rätsel, das dich urplötzlich unglaublich kühn macht, dir eine seltsame Selbstsicherheit verleiht, die von deinem Kopf ausgeht, von deinem Körper, wo doch dein Gegenüber dich in die Knie zwingen will. Woher kommt mir die Antwort, arrogant, wie er ganz richtig bemerkt hat, die ich ihm jetzt vorsetze? »Monsieur, es sind dieselben Gründe, die auch Sie genau kennen.« Und im gleichen Atemzug fahre ich fort: »Ja, das sind die Gründe, die uns Ruander zwingen, im Ausland zu studieren, weil unser eigenes Land arm ist. Von

hundert Kindern kommen nur zehn auf die Sekundarschule, und von hundert, die die Sekundarschule abschlie-
ßen, schafft es nur eines auf die Universität. Weil Ruanda wirklich viel zu wenig entwickelt ist.« Ich kenne die
Statistiken auswendig – sie waren Thema meiner Diplom-
arbeit in Soziologie: *Das Schulwesen in Ruanda.* Meine Stimme ist ruhig, meine Behauptung von unerbittlicher Logik.

Nun verliert er vollends die Fassung. Jetzt beleidigt er
mich sogar: »Ihr dreckigen Lügner! Ihr dreckigen Lügner!
Aber sag's nur, gib nur zu, dass ihr überall rumerzählt, ihr
könnt im eigenen Land nicht studieren, weil ihr diskriminiert werdet.« Auch jetzt kommt ihm das Wort Tutsi nicht
über die Lippen. Mir übrigens auch nicht, als ich ihm gefasst antworte: »Aber nein, Monsieur, nicht weil wir diskriminiert werden! Sondern weil wir arm sind! Und für
mich persönlich kann ja von Diskriminierung keine Rede
sein, ich durfte ja nach Neu-Löwen.« O ja, das schon, aber
ich werde nicht dazusagen, dass ich es gegen ihren Willen
bis dorthin geschafft habe und ohne einen Cent staatlicher
Unterstützung! Und plötzlich komme ich mir vor wie
eine dreckige Lügnerin, Verräterin, eine, die ihre Seele verkauft hat. Genau das Gegenteil dessen zu sagen, was ich
meine, was ich lebe ... Genau diese Reaktion aber hat ihm
ja den Wind aus den Segeln genommen. Selbst wenn er
jetzt außer sich ist, blutunterlaufene Augen hat, auf den
Tisch hämmert. Bis heute ist mir schleierhaft, wieso er
mich damals nicht geschlagen hat. Er tobt noch immer.
Also, für wen halte ich ihn denn? Man kennt »uns« ja, nur

zu gut, und überhaupt wissen sie sowieso alles, was »wir« über »sie« gesagt haben …

Ich ahne, wie viel Glück ich habe, als er mir am frühen Abend meine Zeugenaussage zur Unterschrift vorlegt; ich werde dieses Büro wieder verlassen können, in dem ich seit dem frühen Nachmittag sitze. Ein Protokollant hat alles notiert. Hat willkürlich notiert, was er wollte. Ich weigere mich, diese Falschaussage zu unterschreiben. Aber der Soldat ist derart in Rage, dass ich's nun doch mit der Angst bekomme: Ich setze also meinen Namen darunter und füge hinzu, dass ich mit dem Inhalt der Erklärung nicht einverstanden bin. Auf dem Weg nach draußen begegnet mir Faustin im Flur, der Mann, der mich denunziert hat – weswegen eigentlich? … Ich schreibe Innocent verschlüsselte Ratschläge und bin so naiv, den Brief dem Erstbesten in die Hand zu drücken, der mir über den Weg läuft – ich kannte Faustin nur flüchtig. Später erfuhr ich übrigens, dass sie den geringsten Verdacht sofort zum Anlass nehmen, dich die ganze Zeit über zu beobachten. Sie sehen in dir, wie in meinem Fall, eine Verschwörerin, setzen jemanden auf dich an, der dich irgendwann aufstöbert in Kilinda, einem Kaff im hintersten Winkel Ruandas, und was sie entdecken, ist, dass du dich langweilst, als Soziologin, die Französisch unterrichtet, und dass du dein Kaff nur verlässt, um deine Eltern zu besuchen … Na sag mal! Es gibt bestimmt Spioninnen, die bessere Arbeit leisten.

Eines Tages, vier Jahre nach dem Genozid, war ich mit dem Auto unterwegs und sah einen Anhalter am Straßenrand. Ich fuhr rechts ran und erkannte Faustin, sofort. Er erkannte mich erst, als er schon im Auto saß, direkt neben mir. Weil er sich unbehaglich fühlte und nicht recht wusste, was sagen, meinte er nur: »Gott sei Dank, du lebst noch.« Ich habe ihm nichts geantwortet, keine Fragen gestellt. Hab ihn nur gefragt, wohin er will.

14

Hochzeit, Geburten und Genozid

Wir Witwen, die den Genozid überlebt haben, amüsieren uns manchmal über unsere Männer, die nicht mehr da sind. Weil wir immer in Sehnsucht, Schmerz, Liebe an sie denken, weil sie uns fehlen, wir unendlich um sie trauern, wagen es manche von uns, Witze zu machen: »Ja, ja, jetzt wo sie tot sind, sind sie plötzlich alle perfekt!« Eine unserer Ältesten hat diesen Scherz zuerst gemacht und uns alle damit zum Lachen gebracht. Es stimmt, wir neigen dazu, unsere Toten zu idealisieren. Es stimmt, dass ihr tragisches Ende uns ihre Fehler vergessen macht. Aber trotzdem, wirklich, Innocent war wirklich ein toller Mann! ... Was für ein schönes Jahr haben wir in Belgien verbracht, er hatte es zu guter Letzt auch nach Löwen geschafft, um Anthropologie und Linguistik zu studieren! Fahrradtouren durch das Studentenviertel, stundenlanges Lernen in der Bibliothek für Philosophie und Philologie, Besuche bei Beata oder Cathy, unseren Cousinen, bei unseren Freunden Suzanna und Jean, Françoise und Jean-Marc ... Wir wollen immer zusammenbleiben, haben wir uns erneut geschworen. Nach unserer Hochzeit in Ruanda, am 20. Juni 1987, zwei Jahre nach meiner Rückkehr aus Belgien, beginnt unsere Ochsentour. Ich hatte mich mit Absicht an der Nationaluniversität von Ruanda beworben, in Butare, um eine Stelle, für die ich qualifiziert war, obwohl ich wusste, sobald ich meinen Vertrag unterzeichne und sich herausstellt, dass ich Tutsi bin, tja dann … Und so war's dann auch: Die Stelle war nicht mehr zu haben. Ähnlich wie in Belgien, als ich ein Zimmer suchte, das am Telefon noch frei, plötzlich aber bereits vergeben war, als man sah, dass ich Schwarze war. Später, als ich meine Stipendienschulden bei der Kirche endlich abgearbeitet hatte, bewerbe ich mich bei Oxfam, bestehe einen Test und bekomme eine Stelle. Zum ersten Mal in meinem Leben scheint meine Ethnie kein Hindernis. Man stört sich höchstens an meiner Kompetenz. Ich schöpfe neuen Mut. Ich arbeite wie wahnsinnig. Auch Innocent hat die Stelle an der Universität in Butare nicht bekommen. Trotz seiner zwei Abschlüsse, in Linguistik und in Anthropologie, bekommt er nur eine Stelle als Gymnasiallehrer … an meiner ehemaligen Schule, Notre-Dame de Cîteaux. Dort wohnen wir in einem der Häuser für das Lehrpersonal. Die Schule, ein weitläufiger Komplex, hat außer den Unterrichtsräumen auch ein Theater und einen komplett schalldichten Studiensaal. Schlafräume, Küche und Refektorium sind in schönen zweistöckigen Gebäuden untergebracht – so wird in Ruanda selten gebaut – und nur einen Katzensprung entfernt von den Sportplätzen, mitten in einem Park mit riesigen Eukalyptusbäumen, die wunderbar duften, und Vögeln, die unermüdlich zwitschern und singen. Ein seltsames Gefühl, jetzt mit meinen ehemaligen Lehrern Tür an Tür zu wohnen ...

Im Oktober 1990 bricht der Krieg aus: die Armee der RPF, der Ruandischen Patriotischen Front, dringt von Uganda aus nach Nordruanda ein. Seit Jahren war versucht worden, eine politische Lösung für die Tutsi zu finden, die anlässlich der Massaker von 1959 und 1973 nach Zaire, Burundi und Uganda geflohen waren. Sie wollten in die Heimat zurück, forderten aber, da die Regierung sie als Staatsfeinde ansah, Garantien für ihre Rückkehr. Verhandlungen zwischen dem Hohen Flüchtlingskommissar (UNHCR) und der ruandischen Regierung über eine friedliche Rückkehr tausender Ruander waren bisher immer ergebnislos verlaufen. Also beschloss die RPF, die Sache mit Gewalt zu versuchen; und obwohl ihr Vormarsch am übernächsten Tag von der ruandischen Armee und ihren Verbündeten gestoppt wurde, hatte er schreckliche Folgen, zum einen für die Tutsi im Lande selbst, zum andern für oppositionelle Hutu aus dem Süden Ruandas: Tausende Menschen werden verdächtigt, mit der RPF gemeinsame Sache zu machen, und werden monatelang inhaftiert, viele umgebracht. Nachbarn misstrauen einander, das Radio sendet Hetztiraden; mein Onkel Sakumi wurde der Komplizenschaft mit der RPF verdächtigt, kam ins Gefängnis, wurde wieder freigelassen. Im Radio nannte eine Journalistin, Stéphanie – eine ehemalige Mitschülerin –, ausdrücklich seinen Namen, kritisierte die mangelnde Wachsamkeit der Hutu, die ihn auf freien Fuß gesetzt hatten, und warf ihm vor, er habe nichts Eiligeres zu tun gehabt, als aus Ruanda zu flüchten. Was überhaupt nicht stimmte. Vier Jahre später erinnerten sich Militärs an die Beleidigungen, die damals aus dem Radio verbreitet wurden: Am ersten Tag des Genozids wurde mein Onkel mit einem Maschinengewehr niedergemäht.

Seit jenem Herbst spüren wir, dass die Stimmung sich zunehmend aufheizt. Im Radio ist immer öfter von *Kakerlaken* die Rede. So bezeichnen sie die Tutsi: als Kakerlaken, Schaben. Es dauert übrigens geraume Zeit, bis ich begreife, welche zersetzende Kraft hinter dieser Beleidigung steckt. Wenn du eine Kakerlake wirklich loswerden willst, reicht es nicht, sie zu zertreten, sondern du musst alles von Grund auf desinfizieren. Ich weiß, wovon ich rede, weil ich einmal Kakerlaken im Haus hatte. Irgendwann hat's dann klick gemacht, und ich hatte die Parallele begriffen. Das, das ist wirklich bitter. Mit einem so ekelhaften Insekt verglichen zu werden … und dir bewusst zu machen, dass andere dich, als Tutsi, so sehen, ach …

Wir stellen auch fest, dass die Menschen sich anders verhalten; gewöhnlich teilen sich unsere Hutunachbarn im Gymnasium manche Aufgaben mit ihren Tutsikollegen: Die einen begleiten die Kinder morgens in die Schule, die andern holen sie abends ab. Wenn aber die ganze Familie eines Kindes im Gefängnis saß, weil man sie als Kollaborateure des Gegners verdächtigte, lehnten es unsere Hutunachbarn von einem auf den andern Tag ab, deren Kinder mitzunehmen. Und wenn die Kleinen dann mit dem Bus fuhren, wurden sie von den anderen als *ibyitso* beschimpft, Komplizenkinder. Und die Hutu verstärkten die

Überwachung: Sie stellten einen Wächter ein, der tagsüber am Schultor postiert war und alle Besucher registrierte – wer kam, wer ging, und wohin er ging …

Was uns betrifft, fangen die Ordensschwestern an, Innocent vorzuwerfen, er bevorzuge die Tutsi unter den Schülern: So wächst das Klima der Unsicherheit. Aber das Leben geht weiter. Wir feiern die Geburt unserer zweiten Tochter, bauen ein Haus, und als ich die dritte Tochter erwarte, wird das Friedensabkommen von Arusha unterzeichnet. Die ideale Familie, westlich beeinflusst zwar, aber im afrikanischen Sinne erweitert. Obwohl wir manche Angewohnheiten aus Europa übernommen haben, legen wir großen Wert auf unsere ruandische Kultur und ihren Gemeinschaftssinn. Weil wir allen unseren Geschwistern, Cousins und Cousinen die Chance geben wollen, zur Schule zu gehen, nehmen wir sie zu uns. In diesem Schuljahr sind wir also mindestens zu zehnt. Innocent und ich, wir versöhnen uns mit unseren verfehlten Karrieren, weil wir zusammen sind und so glücklich miteinander. Mein Leben lang haben mir meine Eltern ja eine glückliche Ehe vorgelebt. Und mit Innocent ging es mir genauso, wir waren ein sehr glückliches Paar. Das hilft mir heute weiterzuleben, denn ich sage mir: Ich habe so viel Glück gespeichert in meinem Leben … Dabei waren wir gar nicht so anders als andere, jedenfalls keine Ausnahme. Mein Vater hätte mir sein Unglück, seine ewigen Neuanfänge ja auch traurig und verbittert schildern können. Aber das hat er nie getan. Er war nie zornig und nie resigniert, sondern immer irgendwo zwischen beidem. Ich bin jedenfalls sicher, dass meine positive Lebensauffassung darin ihren Ursprung hat. Die Milch, die du als Kind getrunken hast, nährt dich dein Leben lang.

Als der Genozid am 7. April 1994 beginnt, sind Osterferien. Ich hasse Osterferien. Ich hasse den April. Unsere jüngeren Brüder, die aufs Gymnasium gehen, sind während der Ferien zu unseren Eltern gefahren. Wir glauben, dass wir uns in zwei Wochen wieder sehen, und werden uns nie wieder sehen. Sie überleben den Völkermord nicht. An dem Abend, als Habyarimanas Flugzeug, unterwegs von Arusha zurück nach Ruanda, abgeschossen wird, hören Innocent und ich kein Radio. Wir gehen schlafen, ohne von dem Ereignis zu erfahren, das den Genozid an den Tutsi auslöst und achthunderttausend bis eine Million Tote bringen wird, in knapp hundert Tagen. Um fünf Uhr morgens ruft mich ein Kollege an. Er sagt mir: »Esther, hast du gehört, diesmal ist es das Ende! Esther, weißt du denn nicht, was passiert ist? Schalt das Radio ein, der Präsident ist tot! Esther, jetzt ist alles aus.« Innocent schaltet das Radio ein: Es wird verkündet, dass die Staatsfeinde unseren Präsidenten umgebracht haben, dass aber Ruhe zu bewahren sei und alle zu Hause bleiben sollen. Uns wird sofort klar, dass diese Anweisung ergeht, damit sie uns leichter auslöschen können, und dass es uns diesmal treffen wird. Die Tutsi hatten schon so viel Gewalt erlitten, die durch nichts gerechtfertigt war: Jetzt aber war »ihr« Präsident umgekommen, stell dir vor ... Wir wussten, wie sehr das im August 1993 in Arusha unterzeichnete Abkommen, das für die gerechte Machtverteilung zwischen Hutu und

Tutsi sorgen sollte, unser Land, und zudem die Hutu untereinander, spaltete. Selbst Habyarimana, Ruandas Staatspräsident, sprach mit gespaltener Zunge zu seinem Volk. Innocent hatte mich abends, als er Nachrichten hörte, einmal darauf aufmerksam gemacht. Im Rundfunk erklärt unser Staatschef, in französischer Sprache, dass er die Verträge unterzeichnet hat, und in der kinyaruandischen Nachrichtensendung sagt er, kein Grund zur Beunruhigung, »das sind bloß wertlose Fetzen Papier«. Außerdem war zuvor im März eine Reihe von Parteiaktivisten ermordet worden, als extremistische und moderate Parteien sich bekämpften, wobei eine Partei, die CDR, noch gewalttätiger war als die Interahamwe der MRND, der Partei Habyarimanas. Der Zorn entlud sich damals in heftigsten Gewaltausbrüchen: Ganze Tutsifamilien waren abgeschlachtet worden. Also sagst du dir, wenn nach dem Tod eines Parteichefs die Reaktionen so brutal sind, was passiert dann erst nach dem Tod des Präsidenten ... Habyarimanas Ermordung bildete sozusagen den gewaltigen Schlussakkord in der hasserfüllten Atmosphäre, die sich seit Kriegsbeginn vor vier Jahren stetig aufgeheizt hatte. Radio Mille Collines, das Sprachrohr der Hutu-Extremisten, brachte immer häufiger Meldungen über »den Feind mitten unter uns«. Und nach dem Attentat auf den Präsidenten fing auch der Landessender Radio Ruanda damit an. Das war wirklich ein Alarmsignal, denn bisher hatte man sich dort zurückgehalten und abwechselnd in beiden Sprachen, Französisch und Kinyaruanda, gesendet. Diesmal wendet sich der Sender direkt an die Mörder: »Vergesst nicht, dass sie sehr erfinderisch sind, wenn es darum geht, sich zu verstecken!« Damit war der legale Aufruf zum Morden ergangen. Noch im Morgengrauen rufe ich meinen Onkel Sakumi an. Er berichtet mir, dass sein gesamtes Viertel verbarrikadiert ist. Nur wenige Stunden später werden er und seine Frau erschossen. Seine Kinder überleben wie durch ein Wunder; Sylvie, die älteste Tochter, findet ihre kleine Schwester Consolatrice, die man für tot gehalten hatte, neben der Leiche ihrer Mutter. Innocent und ich überlegen uns, was wir tun, wohin wir fliehen sollen. Die Gegend um unser Gymnasium ist relativ sicher, im Gegensatz zum Rest des Viertels Gitega: also lieber nicht von hier weggehen. Wir haben unsere Töchter geweckt, nehmen, als einstige Mitarbeiter von Hilfsorganisationen fast automatisch, jeder eine Decke, warme Kleidung mit und verstecken uns in einem leer stehenden Schlafsaal von Notre-Dame de Cîteaux. Dort bleiben wir drei Wochen lang. Drei Wochen, in denen wir von der Welt getrennt leben, ohne jedoch vor ihr sicher zu sein. Da auf dem Schulgelände auch Wohnhäuser stehen, ist es umzäunt und hat einen Eingang mit Gittertor. Verlassen kann man das Gelände allerdings nicht, Flucht ist unmöglich: Rechts entlang der Schule erstreckt sich eine Kaserne; an jedem Ausgang ist eine Straßensperre, an der die Interahamwe die Identität jedes Passanten kontrollieren; hügelauf haben die Rundfunksender ihre Studios, der staatliche und auch der Privatsender Radio Mille Collines, die beide ihren Hass gegen die Tutsi in den Äther schreien. Sie fordern weiter dazu auf, »die Schlangen zu zertreten«, nennen Namen von Tutsi, die exekutiert

179

werden müssen. Und sie senden immer häufiger Lieder, die wir auch früher schon gehört hatten: »Vernichten wir sie, *Tubatsembatsembe!*«, und das Schlimmste ist, dass die Melodien einen mitreißen. Manchmal herrschen die Moderatoren die Mörder an: »Also, in Nyamirambo wart ihr wohl faul und habt nachlässig ›gearbeitet‹.« Arbeiten, so heißt ja das Töten seit 1973. Sogar wir Tutsi benutzten das Wort, um Neues voneinander zu erfahren; wenn wieder einmal ein ungünstiger Wind geweht hatte, fragten wir: »Und bei dir, haben sie bei dir gearbeitet?«

Im Gymnasium erreicht uns die Außenwelt in erster Linie über Schallwellen: Schreie, Schüsse, Gebrüll, Gewehrkugeln, die durch die Luft pfeifen. Bei jedem Schuss sagen wir uns: »Jetzt haben sie wieder einen umgebracht.« Die Zeit vergeht langsam … Etwa hundert Tutsi sind inzwischen zu uns gestoßen. Jede Familie versucht, sich in einem Eckchen einzurichten. Und Innocent, als Studienleiter, organisiert wie selbstverständlich den Alltag: Essenszubereitung, Gebete, Saubermachen … Ich bewege mich nur zwischen dem Schlafsaal-Refugium und unserem Haus hin und her, das fünf Meter hügelab liegt. In gewisser Weise kann ich sagen, dass mir während des Genozids einiges erspart blieb, weil ich keine barbarischen Szenen mit ansehen musste, keine Leichen in den Straßen liegen sah; der Tod war für mich nicht so augenfällig wie für andere. Valentine zum Beispiel, eine Freundin von mir, hatte sich bei ihren Eltern in Kigali versteckt und fiel in die Hände der Mörder. Zusammen mit anderen hat man sie zur Straßensperre gezerrt, um sie alle umzubringen, und

die Soldaten haben die Opfer unter sich aufgeteilt: zwei
Gruppen zu je neun Personen. Der auf der rechten Seite
hatte seinen Anteil schnell erschossen, der auf der linken
Seite auch, aber genau in dem Moment, in dem Valentine
an der Reihe ist, als Letzte, hat sein Gewehr Ladehem-
mung. Also bittet er seinen Kameraden, für ihn zu schießen, und der antwortet ihm: »Ich hab meine erschossen,
wieso sollte ich deine Arbeit für dich erledigen, Alter? Entweder machst du's selbst, oder du verziehst dich.« Der
Soldat ist verschwunden, und Valentine blieb unversehrt,
neun Leichen zu ihrer Linken, acht zur Rechten; stocksteif
blieb sie stehen. Irgendwann hat sie's dann doch geschafft,
sich zu verstecken, und hat überlebt. Aber mental ist sie
in einem unmöglichen Zustand … Heute hat sie ein Ge-
schäft in Kigali, wenn du sie siehst, denkst du: so eine
schöne Frau! Aber den Film, der in ihrem Kopf abläuft,
den siehst du nicht. Wie so oft entscheidet hier der Zufall:
Ich hätte an Valentines Stelle sein können, auf dem Weg zu
meinen Eltern zum Beispiel. Genozid bedeutet ja nicht nur
diese Art von Gewalt. Dabei geht es ja nicht nur um tod-
bringende Gewalt oder physische Folter. Der Genozid vernichtet dich innerlich, er reduziert dich zu dem, was der
andere aus dir machen will: zu nichts, sogar zu weniger
als nichts. Und selbst wenn du noch lebst, hörst du auf zu
existieren. Ich erinnere mich an so viele solcher Szenen …
Stéphanie, meine Schwester, war bei sich zu Hause in Nyamirambo geblieben, knapp fünf Kilometer von unserer
Schule entfernt, und brauchte eines Tages Medikamente;
ein Milizionär, der früher als Koch bei uns angestellt war,

181

erklärte sich bereit, sie ihr vor zehn Uhr am nächsten Morgen zu bringen. Ich musste nur die Ordensschwestern darum bitten, die ich ja sehr gut kannte. Ich gehe also früh am Morgen zu ihnen, und die Schwester, die mir öffnet, scheint fast bestürzt, als sie mich sieht: »Ja, Esther?« Als ich ihr die Situation schildere, antwortet sie im selbstverständlichsten Ton: »Aber Esther, wir ›empfangen‹ erst in zwei Stunden. Komm später wieder.« Ich schaue sie an, denke, sie hat mich nicht richtig verstanden. Oder fürchte ich, nur zu gut verstanden zu haben? ... »Empfangen« hieß, die Armen empfangen, um Kleider, Lebensmittel und Medikamente an sie zu verteilen. Nein, ich hatte mich gewiss getäuscht. Ich erkläre es ihr noch einmal, der Milizsoldat muss sich sofort auf den Weg machen, Stéphanie ist in Gefahr, und die Nonnen kennen mich doch seit Jahren oder etwa nicht und ... Sie wiederholt ihre Antwort und macht mir die Tür vor der Nase zu. Und dann sagt die Schwester noch, dass die Ambulanz den ganzen Morgen über geöffnet ist, für alle Bedürftigen.

Ich werde nie vergessen, wie brutal mir damals bewusst wurde: Bis zu jener Minute war ich Esther gewesen, die einen bestimmten Weg hinter sich hatte, eine Geschichte, ein Leben, ich war Soziologin, Frau des Studienleiters, geachtete Lehrerin, und schlagartig bin ich niemand mehr, völlig rechtlos, bin nur Tutsi, eine Kakerlake, wie es im Radio immer heißt. Und das Schlimmste ist, dass ich genau das empfinde, was diese Frau mir entgegenhält: Ich kam mir selbst ganz erbärmlich vor, als Bettlerin. Ich kann ihr nicht einmal böse sein, kann nicht protestieren, ich bin wie benommen und frage mich: »Esther, was glaubst du denn? Was hast du dir denn vorgestellt? Für wen hast du dich gehalten?« Was fiel mir denn ein zu glauben, ich wäre noch ein normaler Mensch! ... Wie mechanisch hab ich mich draußen auf die Treppe gesetzt, blieb dort sitzen, verstört, und hab auf die Stunde der Armen gewartet, zwei, drei Stunden später. Ich saß einfach nur da, reglos, apathisch, mit Babiche auf dem Rücken, hab nur gewartet, dass die Stunden vergehen.

Dieses Gefühl, nichts zu sein, das Gefühl, dass Überleben ein Recht ist, das du verwirkt hast, es begleitet dich, so lange der Genozid dauert. Als der Völkermord fast vorbei war und ich unterwegs nach Uganda, mit meinen Töchtern und einer alten Tante in einem Flüchtlingszentrum der RPF angekommen, hab ich einen Soldaten gefragt, ob er irgendwo einen Raum hat, der leer steht, in dem wir ein, zwei Nächte schlafen könnten. Er hieß Emmanuel – seinen Namen werde ich nie vergessen, weil der Leutnant uns so freundlich ansah –, er hat unsere kleine Gruppe, Großmutter, Töchterchen, Baby betrachtet, hat verblüfft den Kopf geschüttelt und gesagt – eher zu sich selbst, als zu uns: »Ist Ruanda wirklich so tief gesunken? Steht es jetzt wirklich schon so schlimm mit uns?« Er schien fassungslos, hat unentwegt den Kopf geschüttelt: »Gibt es denn keine Menschlichkeit mehr in diesem Land? Wo ist die Menschlichkeit geblieben? ... Sie fragen mich nach einem leeren Raum: Sie sind doch keine Tiere! Glauben Sie wirklich, ich würde Ihnen einen leeren Raum geben, für Kinder, für eine Großmutter? Sie sind doch Menschen ...« Es klingt komisch, aber ich bin erschüttert. Ich war natürlich erleichtert, aber eben auch erschüttert, weil ich völlig vergessen hatte, was das hieß: akzeptiert, respektiert zu werden, nachdem ich so viel Hass gewöhnt war. Das war einer jener seltenen Momente während des Genozids, in dem mir die Tränen kamen.

Die Tage in unserem Versteck vergingen langsam. Die Ordensschwestern hatten uns gestattet, die für das kommende Halbjahr vorgesehenen Lebensmittelvorräte anzubrechen; wir verbringen viel Zeit in der Küche. Unsere Kinder spielen sich ducken, sobald ein Schuss fällt, oder sie machen das Pfeifen der Katjuschas nach. Manche verbringen die Tage auf ihren Betten. Besonders die Männer, die oft erschöpfter sind als die Frauen, weil sie spüren, dass ihr Ende naht. Innocent und ich hatten schon daran gedacht, eines Tages die Flucht zu versuchen: Die Kämpfe zwischen beiden Armeen in Kigali wurden heftiger, und die Zivilbevölkerung, Hutu in erster Linie, floh in den Süden, den sie für sicherer hielt. Einem Gerücht zufolge ließen die Kontrollen an den Straßensperren nach: Innocent schlug vor, das ausnutzen. Aber einer der Nachtwächter flüsterte ihm eines Tages zu: »Mach keinen Fehler. Es stimmt nicht! Die Sperren sind noch nicht weg, sie haben noch alles unter Kontrolle.« Der Mann, Hutu und Kriegsvertriebener, mochte Innocent, weil der ihm geholfen hatte, seine Kinder einzuschulen, und ihnen auch die Schulsachen besorgt hat. Das hat er ihm nie vergessen. Dieser Nachtwächter hat uns zu den Leichen geführt, nachdem Innocent und seine Freunde ermordet worden waren; er hat uns informiert, einfach, damit wir es wissen und den Tod mit einem Bild und einem Namen des Tatorts verbinden können. Auf der Avenue de la Justice haben sie sie erschossen. Einer der Söhne des Nachtwächters, zehn Jahre alt, war erstaunt, als er Innocents Leiche sah: »Nicht möglich! Dass er Tutsi war, wusste ich gar nicht. Er war so nett zu uns ...«

Es fällt mir schwer, mir vorzustellen, dass dieser Tag, dieser Samstag, der 30. April 1994, der Tag, an dem Innocent umgebracht wurde, für Menschen in anderen Ländern ein ganz normaler Tag war. Innocent hatte die Gruppe davon überzeugt, dass der Gemüsegarten der Schule ein wenig ausgejätet werden müsste, um unsere Versorgung mit Obst und Gemüse aufzubessern. Uns wird langsam klar, dass wir nicht wissen, wie lange das alles noch dauern wird. Täglich hören wir heimlich Radio Muhabura, den Sender der RPF im Kampf gegen die Völkermörder, hören, wie Listen mit Namen getöteter Tutsi verlesen werden, und bekommen panische Angst. Wir fühlen uns wie Tiere, die in der Falle sitzen und darauf warten, dass ... dass was?

Eines Abends ertragen vier von uns den schleichenden Todeskampf nicht länger. Wenn sie schon sterben sollen, so sagen sie, dann wenigstens nicht mit trockener Kehle, und sie beschließen, zu einer Lehrerin zu gehen, Hutu, Kollegin und Freundin, die Bier verkauft, um ihr Einkommen aufzubessern. Innocent versucht, die vier davon abzubringen: Im ganzen Viertel wimmelt es von Interahamwe. Nichts zu machen: Sie sind wild entschlossen, für eine letzte Flasche ihr ohnehin dem Tode geweihtes Leben zu riskieren – »Lieber durch eine Kugel sterben als an Bierdurst zugrunde gehen!« –, und gehen in die Nacht hinaus. Die, die zurückbleiben, schweigen. Ein paar Männer versuchen zu scherzen, machen zum Teil makabere Witze. Ahnungsvolle auch. Médard, einer von ihnen, ist Hobbyclown. Er imitiert die Stimme des Radiosprechers und zählt unsere Namen auf, auch seinen eigenen, höhnisch. Er bringt uns zum Lachen, und wir lachen. »Wir erfahren soeben, dass auch die folgenden Personen getötet wurden: Médard Mwumvaneza, Angestellter der amerikanischen Botschaft. Innocent Seminaga, Studienleiter am Gymnasium Notre-Dame de Cîteaux. Rugamba, Lehrer am Gymnasium Notre-Dame de Cîteaux …« Wenige Stunden später werden die drei tatsächlich verschleppt, umgebracht. Der Radiosprecher hat nie davon erfahren, konnte es also auch nicht im Radio sagen.

Ich hasse Ostern, ich hasse den April. Der April ist der Monat des Todes. In diesem Monat wurde auch Christus verraten. Vor seiner Auslieferung brach er Brot. Innocent tat das gleiche mit einer Papaya. An jenem Morgen des 30. April, die Kinder schlafen noch, nutzen wir beide die Zeit und gehen in den Gemüsegarten, um Wasser zu schöpfen, das sicher bald abgestellt wird, und vor allem, um ein Weilchen allein zu sein, ganz unter uns. Er entdeckt plötzlich eine Papaya, reif und schön, und pflückt sie. In normalen Zeiten wären wir nie auf die Idee gekommen, Sachen zu stibitzen, erst recht nicht bei den Ordensschwestern; doch an jenem Morgen verschwenden wir daran nicht einen Gedanken, wir haben einfach Hunger. Welch unverhofftes Glück, wir haben Obst für die Kinder gefunden. Wir bringen unseren kostbaren Fund in den Schlafsaal, und Innocent schält die Frucht, mit unendlicher Hingabe und Zärtlichkeit. In jenem Augenblick hätte ich ahnen müssen, dass seine Geste ein Zeichen des Abschieds war. Er hat nicht mich gebeten, die Papaya zu schälen, und auch Marie-Bonne nicht, das Mädchen, das sich sonst um unsere Kinder kümmerte und wie wir auf der Flucht war. Er hat sie selbst geschält. Er schneidet die Papaya in feine Scheiben, legt sie auf einen Teller und wartet, bis die Kinder aufwachen. Heute wird er den Kindern mit seinen Papayascheiben ein Festmahl bereiten – allen, den eigenen und den anderen. An jenem Morgen aber ahnten wir nicht, dass es ein Abschied war. Innocent pflückt die Papaya, zerteilt sie und gibt sie den Kindern, allen Kindern … Wenn ich heute in eine katholische Messe gehe, ist das Offertorium immer der schwierigste Moment für mich: Jedes Mal sehe ich Innocent vor mir, wie er die Papaya pflückt, sie zerteilt und sie den Kindern gibt, allen Kindern … Noch am selben Abend, um neunzehn Uhr, kam ein Trupp Soldaten, genau in dem Moment, als wir zu Abend essen wollten. Kein Zweifel, jemand hatte uns verraten. Wir mussten uns in einem Raum versammeln, uns auf den Boden setzen, Mütter und Kinder auf eine Seite, Männer und Jungen auf die andere. Sogar Mao, der erst zwölf war, musste sich zu ihnen setzen. Zwölf, in dem Alter ist ein Tutsi bereits ein Feind, und die Völkermörder hatten die Aufgabe, jeden Feind zu vernichten. Mao ging mit ihnen, genau wie Alexander, sein fünfzehnjähriger Bruder. Wir wussten, absolut, ohne jeden Zweifel, ohne jede Hoffnung, dass man sie umbringen würde. Das war das Ende – sie erhoben sich, wir konnten nicht einmal Abschied nehmen voneinander. Innocent hat sich nur in allerletzter Sekunde zu mir umgedreht, hat mich eindringlich angeschaut und zu mir gesagt: »Bring meine Töchter weit weg.« Ich weiß nicht, ob er meinte, weg aus dem Schlafsaal oder weg aus Ruanda. Heute, in Deutschland, sage ich mir manchmal, dass ich ihm seinen letzten Wunsch erfüllt habe, ich habe unsere Töchter weggebracht. Aber wollte Innocent damit wirklich sagen, ich soll ins Ausland gehen? Kurz darauf wurden sie alle abgeschlachtet, auf der Avenue de la Justice. Ironie des Schicksals bis zum bitteren Ende. Nur die Nachzügler, die ihr Bier trinken gegangen waren, die blieben verschont, eben weil sie nicht da waren. Frag einen Flüchtling, wie er überlebt hat, dann wird er dir sagen, es war Glück oder, falls er daran glaubt, ein Wunder. Ich finde, jede Geschichte eines Überlebenden ist ein Wunder. Auf dem Rückweg in den Schlafsaal, im nächtlichen Dunkel, begegneten unsere vier Trinker unseren Männern und Jungen, flankiert von den Soldaten, denen sie gleich zum Opfer fallen würden. Die Soldaten hielten die vier für Hutu, erstens, weil sie im Dunkeln schlecht zu erkennen waren, und weil es zweitens völlig undenkbar war, dass sich Tutsi so unbefangen auf die Straße gewagt hätten. Sie drängten sie rüde beiseite wie lästige Passanten und herrschten sie an, am Straßenrand zu warten, um die anderen vorbeizulassen.

Stell dir das vor … Diese vier Männer waren ein Bier trinken gegangen, in der Gewissheit, noch am selben Abend sterben zu müssen, und dann werden die vier von ihren eigenen Mördern missachtet … Und mit ihren eigenen Augen sehen sie, im Gänsemarsch zur Schlachtbank geführt, ihre Kollegen und Freunde, manche sogar ihre eigenen Kinder …

Dreien der Gefangenen gelang die Flucht. Der Erste war Médard, der sich in einem unbeobachteten Moment an einen Baumstamm gedrückt hatte und dann im Dunkeln verschwunden war. Er kam zurück zur Schule, sprach Karengera an, den Nachtwächter, den wir gut kannten. Karengera hat ihn versteckt, gleich darauf aber denunziert, und die Milizionäre haben ihn sofort umgebracht. Der Nachtwächter hatte von Anfang an mit den Mördern gemeinsame Sache gemacht, wir wussten es nur nicht; gegen Ende des Genozids wurde er selbst getötet, als rauskam, dass er nicht nur uns alle verraten, sondern auch junge Männer aus einem Nachbarviertel hatte umbringen lassen, die sich bei uns versteckt hatten. Ihre Mutter, Maman Ami, hat ihn verflucht.

Charles, der zweite, der entkam, war in Nyamirambo groß geworden; er hat uns später erzählt, was ihm in jener Nacht durch den Kopf ging, bevor er sich seinen Fluchtplan zurechtlegte. Nyamirambo ist ein beliebtes Stadtviertel von Kigali, wo es immer sehr lebhaft zuging und die Kinos nicht sehr teuer waren. Die Kinder in seiner Straße gaben jedes bisschen Geld für Actionfilme aus. Dem Tod so nah, sagt sich Charles, so, jetzt ist alles aus. »Die haben uns bestimmt nicht hier versammelt, um uns einen Vortrag zu halten, die wollen uns wirklich umbringen«, und dann beschließt er, den Coup zu wagen. Er rennt los, Kugeln pfeifen ihm um die Ohren, und um ihnen auszuweichen, rennt er, so wie er es in den Filmen gesehen hat, im Zickzack. Die Kugeln streifen ihn, treffen ihn aber nicht. Er springt über eine Reihe von Mauern und Zäunen, versteckt sich die ganze Nacht über im Gebüsch und wagt sich schließlich am nächsten Tag zu uns zurück.

Der dritte und letzte, der fliehen konnte, war Damien, ein Junge aus unserem Viertel, schon damals ein kleiner Gauner. Wie dem auch sei … Er heißt Damien, denn er ist heute noch am Leben. Er hatte sich schon aus so manch kniffliger Lage befreit, indem er die Beine in die Hand genommen hatte. In jener Nacht hat ihm seine einschlägige Erfahrung das Leben gerettet. Während sie in den Tod marschierten, rannte er plötzlich davon, rannte und rannte bis zurück zu unserem Schlafsaal. Leute aus dem Ausland haben uns oft gefragt, warum jemand, der eben dem Tod entronnen ist, sich wieder in sein altes Versteck flüchtet. Zumal das keine wirklichen Verstecke waren, weil unsere Mörder ja davon wussten; der Tag, an dem wir unser Ende finden würden, hing allein von ihrem Willen ab. Frag mich nicht, wie sie ihre Entscheidungen trafen, keinesfalls aber folgten sie dabei einer »logischen« Logik. Ich weiß ja selbst, dass es einem Ausländer schwer verständlich ist, aber die Antwort ist traurig einfach: Wo hätten sie denn sonst hinflüchten sollen? Welche Möglichkeiten hattest du in der Stadt? Ihre Angehörigen waren ja vielleicht schon tot oder selbst auf der Flucht. Und im Übrigen machten die Sperren im ganzen Land jede Bewegung unmöglich. Sich außerhalb unserer Verstecke aufhalten, und seien sie noch so unsicher, hieß, unserem Tod auf die Sprünge helfen, und wir wollten ihn natürlich so lange wie möglich hinauszögern. Als Damien, völlig außer Atem, wieder zu uns stieß, fand er uns wie benommen, beim Beten. Er warf sich in die Brust und schrie uns an: »Seid ihr noch zu retten? Die kommen bald wieder, um euch zu holen, und ihr wollt einfach hier hocken bleiben wie die Schafe! Lauft und versteckt euch!« Wir hatten tatsächlich nur so dagesessen, reglos, apathisch. Noch unter Schock: Sie waren aufgetaucht, hatten unsere Männer mitgenommen, auch einige Kinder, und wir hatten dagesessen, kraftlos, benommen, sprachlos. Dann hatte eine von uns zu beten begonnen, und wir sprachen ihr den ganzen Rosenkranz nach. Dabei war ich als Protestantin die Rosenkränze gar nicht gewöhnt. Du sitzt da, ohne wahrzunehmen, was dir widerfährt, ich wiederhole: Du bist benommen. Aber Damien hat uns aus unserer Lethargie gerissen. Und wir liefen los, versteckten uns in den umliegenden Gärten der Ordensschwestern. Damien kletterte über den Zaun, der zwischen ihm und ihrem Kloster stand, und bat sie um Hilfe. Die Schwestern öffneten ihm, gaben ihm ihren Segen, machten das Kreuzzeichen auf seiner Stirn und schickten ihn wieder fort. »Wir können dich nicht verstecken. Sei gesegnet, mein Sohn.« Damien hat überlebt und die Nonnen nach dem Genozid lange Zeit erpresst: Er hat ihnen angedroht, sie als Kollaborateurinnen zu denunzieren, hat Geld gefordert, und sie haben gezahlt. Einmal hat er sich sogar ziemlich theatralisch gerächt: Er hatte einen Händler aus Burundi betrogen, dem er fünfzehn (fiktive!) Tonnen Zucker verkauft hatte. Er schlug ihm vor, die Ware gemeinsam mit ihm abzuholen. Der Händler zahlte bar auf die Hand, und die beiden fuhren los. Damien zeigte ihm den Weg zum Kloster; dort angekommen, steigt er aus, um dem Fahrer beim Einparken zu helfen, direkt vor dem Eingang zum vermeintlichen Lagerschuppen. Damien sagt zu seinem Kunden, er geht die Arbeiter holen, die die Ware verladen sollen. Er kannte die Gegend ja wie seine Westentasche und tauchte ab. Der Händler wartet geduldig. Nach einer halben Stunde beschließt er zu klingeln und sagt zu der Nonne, die ihm aufmacht: »Guten Tag, Schwester, ich komme den Zucker abholen.« »Wir haben schon gespendet«, entgegnet sie an der halb geöffneten Tür. »Es ist kein Zucker mehr da, mein Sohn.« Der Händler wiederholt: »Schwester, ich will keinen Zucker, ich will *meinen* Zucker. Den aus dem Lager.« Sie versucht, die Tür wieder zu schließen, und säuselt honigsüß: »Das Lager ist leer, mein Sohn.« »Ich will aber meine fünfzehn Tonnen!« »Kommen Sie ein andermal wieder, mein Sohn …« So redeten sie eine ganze Weile aneinander vorbei, bis ihnen klar wurde, dass man sie übers Ohr gehauen hatte.

Wenn Damien diese Geschichte nach dem Genozid erzählte, malte er furchtbar gern aus, welches Gesicht die Schwestern wohl gemacht hatten, als man sie für Zuckerhehlerinnen hielt. An jenem Abend aber, als sie ihn abwimmeln, weiß er noch nicht, dass er überleben wird. Er versteckt sich in den Büschen im Garten, wie die anderen auch. Die Stille draußen wiegt schwer, wird hier und da von nahen Schüssen zerrissen. Überall um das Gymnasium herum, an jeder Sperre, schlagen die Milizionäre Tutsi tot wie die Fliegen. Wir sind weit über die Umgebung verstreut und bleiben still, beinahe die ganze Nacht hindurch.

Ich habe mich in eine alte, leer stehende Garage verkrochen, in der Brennholz lagerte, als der Lichtkegel einer Taschenlampe uns erfasst, meine Töchter und mich. Während unserer Flucht hatte es kurz geregnet, wir sind noch klatschnass. Nicht mal einen Pulli oder eine Decke hatte ich für die Kinder mitgenommen. Ein junges Mädchen, das Hausmädchen unserer Nachbarn, hier mit uns versteckt, nimmt das schmale Tuch ab, das sie über ihren Rock geschlungen hat, und reicht es mir, damit ich mir Babiche auf den Rücken binden kann. Solche Gesten vergisst man nie mehr im Leben. In dem Moment, vom Lichtstrahl der Taschenlampe geblendet, schießt mir durch den Kopf: Die Mörder haben uns entdeckt. Ich reagiere nicht einmal. Innocent ist tot, und ich habe nicht die geringste Motivation, ohne ihn weiterzumachen, obwohl ich es für sie ja tun müsste. Meine Töchter. Übrigens sind wir in jener Nacht alle auf unseren Tod gefasst. Wir sind ja schon fast tot. Eben erst, nachdem Innocent mich zum letzten Mal angesehen hatte, bevor er ging, hatten wir Schüsse in der Ferne gehört, und Anna, mit ihren fünf Jahren meine Älteste, hatte mich gefragt: »Wird Papa nun erschossen?«, und ich hab ihr gesagt, ja. Mehr hat sie nicht gesagt, ich auch nicht. Sie konnte noch nicht mal weinen, sie wusste, dass wir uns versteckt hatten, weil Leute uns ermorden wollten. Warum, das versteht sie noch nicht. Die Taschenlampe sinkt, eine Nonne spricht mich an. Wieso sollten die Nonnen ihre Meinung plötzlich geändert haben und uns holen kommen, mitten in der Nacht? Ich weiß es nicht und traue ihnen ohnehin nicht mehr über den Weg. Und als sie uns für den Rest der Nacht in einem Besuchszimmer unterbringen, wird mir schnell klar, dass sie es nicht aus freien Stücken tun, sondern vom Polizeiwachtmeister dazu gezwungen werden. Am nächsten Morgen weisen sie den Gärtner an, alle Hecken zu schneiden. Niemand wird sich dort mehr verstecken können. Der Garten war ohnehin überfällig, fanden die Nonnen.

Wie andere Leute habe auch ich meinen Kindern immer erzählt, »Innocent ist im Himmel«. Das sage ich nicht mehr, seit dem Abend, an dem ich Anna in unserem Gärtchen in Ruanda überraschte, nach dem Völkermord. Sie schaute weinend in den Himmel. Ich nahm sie fest in die Arme und fragte sie: »Anna, Kind, was ist, was hast du?«, und Anna antwortet mir: »Eben hab ich Papa im Himmel gerufen, ich hab ihn gebeten, er soll wieder zu uns runterkommen. Er hat mir keine Antwort gegeben.« Ich war wie erschlagen. Ich hatte eine Wut auf Innocent, ja, auf Innocent, weil er so unverschämt gewesen war, zu sterben und uns allein zu lassen. Ich war wütend auf Gott, der so unverschämt gewesen war, dieses Chaos zuzulassen, so unverschämt, Innocent sterben zu lassen. Und ich war wü-

tend auf die Kirche, die vom Himmel faselt, wenn sie den
Tod meint, dem sie vor allem ausweicht, und die mich
allein ließ, hier, jetzt, mit meiner Tochter, um Worte ver-
legen ... Und der ich diesmal endlich den Mut hatte zu
sagen, nein, es gibt keinen Himmel, jedenfalls keinen mit
ihrem Vater da oben, ihr Vater ist allein in ihrem Herzen
und in meinem und im Herzen all derer, die ihn geliebt
haben. Und das stimmt, daran glaube ich, ich glaube nur
das. Was soll ich meinen Töchtern denn sonst sagen?

15

Nach dem Tod der Meinen

Nicht nachdenken, auf keinen Fall nachdenken. Sich um die Kinder kümmern, sie morgens waschen, sie anziehen, Essen machen, sie zu Bett bringen, mit ihnen reden … In den Tagen nach Innocents Tod lebe ich in einer Unwirklichkeit. Ich warte auf das Ende, meinem Schicksal diesmal allerdings noch ergebener, glaube ich. Nachrichten erreichen mich in Bruchstücken: Stéphanie ist noch am Leben. Sie hat gehört, dass unsere Eltern umgebracht wurden, beide, ihr Mann auch und der Mann unserer Schwester Marie-Josée und auch deren ältester Sohn. Gleichzeitig sage ich mir aber, dass es noch keine Gewissheit gibt, dass noch nichts feststeht, es sei denn, sie belügt mich, weil sie erfahren hat, dass Innocent tot ist. Das hilft mir durchhalten: die Tatsache, dass Stéphanie noch lebt, hält mich plötzlich aufrecht. Ich habe mit Théophile gesprochen, dem Polizeiwachtmeister, der bereit war, sie hierher zu bringen. In Nyamirambo, wo sie wohnt, werden die Gefechte immer heftiger, und sogar Claver, einst unser Koch, jetzt Milizionär und manchmal Verbindungsmann zwischen meiner Schwester und mir, wagt sich nicht mehr dort hin.

Théophile, der Polizeiwachtmeister, ist jung und gut. Während des Krieges werden Polizisten und Soldaten mobilisiert, und er ist rund um die Uhr zum Gymnasium abkommandiert, von wo aus, so befürchtet man auf höherer Ebene, der Feind einsickern könnte, um das benachbarte Militärcamp anzugreifen. Genau unter dem Vorwand haben sie ja Innocent und die anderen getötet, sie wurden beschuldigt, von der RPF eingeschleust worden zu sein.

Der Wachtmeister hat Moral: Zu unserer großen Überraschung beschützt er uns. Anfangs sind wir misstrauisch, als er uns erklärt, es sei seine Pflicht, sein Land gegen Angriffe von außen zu verteidigen, es sei aber nicht seine Aufgabe, unschuldige Zivilisten zu töten. Mehrfach sagt er: »Ich bin Polizist; meine Aufgabe besteht darin, Bürger zu schützen, und nicht darin, Menschen abzuschlachten.« Der Beweis für seine Ehrlichkeit ließ nicht lange auf sich warten. Kurz zuvor hatte eine Bombe im Gymnasium eingeschlagen, unweit vom Schlafsaal, der uns als Versteck diente. In panischer Angst rannten wir los, uns in Sicherheit zu bringen. Er hat unsere ungeschickten Bemühungen nur belächelt und dann erklärt, dass uns nichts vor Bomben schützt außer Kellerräumen oder mehrstöckigen Häusern. Er zeigte auf die neuen Schlafräume, solide Betongebäude, fragte: »Warum sucht ihr nicht dort Schutz?« und ging sofort zu den Nonnen, um die Schlüssel zu holen. »Hier sind Ihre Flüchtlinge besser vor Bomben geschützt.« Die Schwestern haben ihm die Schlüssel verweigert, haben deutlich gemacht, dass sie fürchteten, wir könnten die Räume verschmutzen. Die neuen Häuser waren schön, und wir waren Untermenschen geworden. Die Zeit, in der wir Kollegen oder Ehepartner von Kollegen waren, war binnen weniger Tage verflogen. Der Wachtmeister zog seine Pistole und richtete sie auf die Nonnen. »Entschuldigen Sie: Hier herrscht Kriegszustand, Sie stehen unter meinem Kommando. Geben Sie mir bitte die Schlüssel!« So konnten wir uns vor den Bomben in Sicherheit bringen. Der Wachtmeister hat noch viel mehr Menschen in Sicherheit gebracht: Eines Tages brachte er eine Witwe in unser Versteck, die sich mit ihren vier Kindern ins Lehrerhaus der Nachbarschule geflüchtet hatte. Tags darauf brachte er eine Gruppe behinderter Kinder aus einer Zweigstelle des Gatagara-Behindertenzentrums, auch unweit der Schule. An den Straßensperren hatte er jedes Mal höllische Mühe, die Milizen zu überzeugen, und selbst die kurzen Wege, die er zurücklegte, waren mehr als gefährlich; trotzdem hat er geholfen. Und an jenem Morgen versichert mir der Wachtmeister, ja, er wird Stéphanie holen und auch die Verwandten, Tutsi, einer Ordensschwester hier. Ich bin ihm so dankbar … Als sie von seinem Vorhaben hören, lehnen die Ordensschwestern es strikt ab. Sie sind gegen jeden Neuankömmling, »es könnte ja ein Feind sein.« »Verehrte Nonnen, hier geht es um Stéphanie … Stéphanie, meine ältere Schwester, Sie kennen sie doch. Sie ist keine Feindin, kein Mitglied der RPF, das wissen Sie doch, Sie kennen sie, sie ist nur in Gefahr, in Nyamirambo, wo es von Interahamwe wimmelt; liebe Schwestern, für Sie besteht nicht die geringste Gefahr, kein Risiko bei Stéphanie, aber sie selbst ist in Gefahr, in gro-

ßer Gefahr, und sie hat Kinder, liebe Schwestern ...«
Nichts hat geholfen, sie lehnen kategorisch ab. Sie denunzieren sogar den Wachtmeister bei seinen Vorgesetzten;
da er als zu tutsifreundlich gilt, wird er an die Front geschickt und von einem anderen, sehr strengen Unteroffizier abgelöst.

Ab jetzt befürchte ich das Schlimmste für meine
Schwester Stéphanie – vor allem, weil ich jeden Kontakt zu
ihr verliere. Trotzdem hoffe ich weiter auf ein Wunder; es
wird nie geschehen, mein Wunder. Schon verrückt, wie
man sich während des Völkermords an die Hoffnung auf
Wunder geklammert hat, obwohl man im Grunde wusste,
dass sie unmöglich waren ... Ende Mai, Anfang Juni haben
sie meine Schwester umgebracht. Auch den Bruder der
Ordensschwester, die Tutsi war. Später erfuhr ich Einzelheiten: Heftige Kämpfe waren ausgebrochen, die Milizen
hatten begonnen, das Viertel gründlich zu durchsuchen,
»rundum säubern«, hieß die Parole. Ein paar Frauen und
Kinder hielten sich dort noch versteckt. Unter ihnen Tika,
meine Nichte, Stéphanies Älteste: Sie ist fünf Jahre alt, und
weil sie gehört hat, dass die Mörder auch Geld nehmen,
hat sie sie angefleht, sie am Leben zu lassen, und hat ihnen
eine Münze entgegengestreckt. Die Mörder fanden das
lachhaft: Zwanzig ruandische Francs, zehn Cent etwa. Sie
brachten die Frauen nach draußen, haben sie vielleicht
vergewaltigt, bevor sie sie und ihre Kinder ermordet
haben, und warfen ihre Leichname dann in Löcher. Über
Stéphanies Schicksal kann ich nur Vermutungen anstellen,
was genau geschehen ist, wie ihr Ende war, habe ich nie

erfahren. Auch zehn Jahre danach versuche ich noch, es herauszufinden.

Raus aus diesem verdammten Land, um jeden Preis: Kaum erfahre ich, dass sie tot ist, steht mein Entschluss fest: Ich gehe hier weg, wie, weiß ich zwar noch nicht, aber ich schwöre es, ich will nicht länger das Brot der Nonnen essen, die Stéphanie die Zuflucht verweigert haben. Außerdem werde ich die Bilder nicht los: Die Männer, aufgereiht und in den Tod geführt; Innocent, der mich ansieht, der mir zulächeln will, es aber nicht fertig bringt … Und was er mir für die Kinder aufgetragen hat … Und er weg, tot, nicht mehr da … Auch Papa und Mama nicht mehr. Auf meinem Hügel Mwirute und in Gacurabgenge, bei allen Badungu, den Verwandten meines Vaters, alles aus. Auf dem Hügel von Gishyeshye, bei den Batsobe, den Verwandten meiner Mutter, alles aus. Die gesamte Familie meines Mannes, bei den Baha und den Bahindiro in Shyorongi, alles aus. Stéphanie, ihr Mann, ihre Kinder, tot. Ich habe noch keine Nachricht von meinen Schwestern Joséphine und Marie-Josée, auch nicht von deren Familien in Kibuye und Gitarama, und ich befürchte das Schlimmste. Nichts wie raus aus diesem verdammten Land. Ich will nichts mehr davon hören. Aber wie soll ich das schaffen? Mit uns in unserem Versteck sind auch Muhoza, Innocents Cousine, Eric, ihr Patenkind, und Marie-Bonne, die unsere Töchter großgezogen hat …

Ich erfahre, Leutnant Jean Damascène, unter dessen Kontrolle das Hotel Mille Collines steht und der oft am Gymnasium bei seinen dort postierten Kameraden vorbeischaut, mag Dollars; achtzig habe ich noch. Innocent und ich hatten uns das Geld geteilt, falls der eine vor dem anderen durchkäme. Der Leutnant erklärt sich bereit, mich einmal zum Hotel zu fahren. Ich nehme nur Babiche mit, weil sie die Einzige ist, die ich noch ausschließlich stille, feste Nahrung isst sie noch nicht. Wenn wir getrennt würden, würde sie sterben.

Es ist Anfang Juni, der Genozid wird in einem Monat vorbei sein, aber das weiß noch niemand. In diesem Stadtviertel sind fast keine Straßensperren mehr: Alle Tutsi, die hier gelebt haben, sind bereits getötet worden. Wir fahren ungehindert. Am Ziel angelangt, wird mir klar, warum der Leutnant mit mir nicht weiter über den Preis verhandelt hat: Das Hotel liegt kaum fünf Meter entfernt. Ich war nie zuvor drin gewesen. Bewacht von den Vereinten Nationen, ist es der einzige Ort in Ruanda, an dem man noch ein gewisses Maß an Sicherheit erhoffen kann. Ich gehe ins Büro der UNAMIR, der UN-Hilfsmission für Ruanda, im Erdgeschoss des Hotels. Die UNAMIR-Mitarbeiter trinken Kaffee. Und auch mich packt plötzlich ein irrer Kaffeedurst, aber sofort wird mir bewusst, dass er, als menschliches Bedürfnis, ein Luxusbedürfnis ist, und ich empfinde dasselbe wie damals, als ich gehofft hatte, die Klostertür würde sich öffnen, für Stéphanies Medikamente, habe dasselbe fürchterliche Gefühl, niemand zu sein. Dass sie und ich in verschiedenen Welten leben, vor allem aber, dass ich ganz einfach nicht mehr zur Welt gehöre. Schon seltsam, welche Gedanken der Kaffeeduft im mir wachrief ... Ich weiß noch, dass ich in Gedanken plötzlich meine Kommilitonen an der Universität von Löwen vor mir sah und ihnen böse war, dort, im UNAMIR-Büro, weil ich durch sie auf den Kaffeegeeschmack gekommen war. Vor meinem Studium in Belgien bestand meine einzige Beziehung zu Kaffee darin, die Pflanzungen zu pflegen, ihn zu pflücken, wenn er reif war, und ihn zu schälen und zu trocknen, um ihn im schönen Sommer zu verkaufen. Und jetzt rief der Duft die Erinnerung an die vielen Geschichten über die Entbehrungen im Zweiten Weltkrieg in mir wach, Geschichten über die kleinen Gelüste des Alltags, nach Zigaretten, Kaffee … nach all den Dingen, die uns in anormalen Zeiten plötzlich als die kostbarsten Schätze erscheinen.

Die UNAMIR-Mitarbeiter teilen mir mit, dass sie, sofern die Interahamwe es zulassen, Leute eventuell evakuieren, vorausgesetzt, sie wohnen im Mille Collines. Eine Woche später erhandele ich mir eine zweite Autofahrt mit dem Leutnant, er soll mich zum Hotel fahren; ich bitte den Direktor um ein Zimmer. Ich agiere mechanisch, um eine Hälfte amputiert, ich fühle mich klein, ertrage, dass ich hässlich bin, urplötzlich gealtert, aber mir ist alles egal, nur meine Kinder nicht. Dem Leutnant hatte ich meine letzten Dollars gegeben, dem Unteroffizier im Gymnasium meine Hausschlüssel, und habe ihm dabei das Versprechen abgenommen, mir Innocents Cousine Muhoza später nachzubringen, sie bleibt in unserem Versteck und kümmert sich um Jeanne, eine Frau, die durch eine Bombe verletzt worden war. Er hat sein Versprechen nicht gehalten. Und wenn es in meinem ganzen Leben einen einzigen schweren Moment gegeben hat, dann war es der Augenblick, in dem ich Kigali ohne Muhoza verlassen habe. Ein so erbärmliches Gefühl, Innocents einzige noch lebende Verwandte auf der Welt zurückzulassen. Der Unteroffizier hat mein Haus und all meine Habe an sich genommen, mir Muhoza aber nie gebracht. Ich fühlte mich feige, nicht stark genug, um im Land zu bleiben, ich bin fortgegangen und hab sie allein gelassen. Sie hat zum Glück überlebt. Ich wüsste sonst nicht, wie ich hätte weiterleben sollen.

Als ich im Hotel Mille Collines ankam, traf ich eine Schulkameradin wieder. Sie hatte kurz zuvor ihren Mann verloren, war auch geflüchtet und hat auf meine Kinder aufgepasst, damit ich den Hoteldirektor um ein Zimmer bitten konnte. Solche Gesten der Solidarität habe ich während dieser drei Monate oft erlebt. Aber sie gingen einher mit so vielen anderen Gesten totaler Feigheit, dass du dich gefragt hast, ob du noch in derselben Welt lebst, und am Ende, um nicht den Verstand zu verlieren, hast du dir gesagt, dass genau dieses wohl unsere Welt ausmacht: extreme Schönheit neben extremer Grausamkeit, extreme Feigheit neben extremer Selbstaufopferung ... Und wenn du gespürt hast, du gehst zu weit in solchen Gedanken, die dich einfach überkamen, ohne dein Zutun, ohne dass du Einfluss auf sie hattest, dann sagtest du dir: auf keinen Fall nachdenken, weitermachen, nur weitermachen ...

Im Mille Collines zu wohnen war auch seltsam. Wir hatten ein Doppelzimmer bekommen, vom Direktor persönlich, für vierzehn Personen, und die Interahamwe kamen und gingen nach Belieben, um auszukundschaften, wer sich dort versteckte. Am Tag unserer Ankunft im Hotel besucht uns Leutnant Jean Damascène, gemeinsam mit dem Pfarrer der Gemeinde Sainte-Famille, Pater Wencislas Munyeshyaka, um ihm seine jüngsten Rekruten zu zeigen. Beide tragen Pistolen und kugelsichere Westen. Ihr Besuch beunruhigt mich: Ich habe auch zwei junge hübsche Mädchen bei mir, es könnte sein, dass man sie ... Anschließend heißt es dann immer, das Mädchen hat doch eingewilligt, weder geschrien noch die Flucht ergriffen. An jenem Abend aber, seltsamerweise, wird der Priester einen Segen sprechen. Zunächst beleidigt er die *inkotanyi* (die RPF-Soldaten) – und wir, wir pflichten ihm bei, o ja, dieser Abschaum von *inkotanyi*! Ihre Niederlage stehe kurz bevor – und wir pflichten ihm bei, o ja, diesen Feinden unseres Landes werde bald der Garaus gemacht. Und so wettert er weiter – und wir mit ihm. Schon verrückt, welche Spielchen du mitspielst, nur um dein Leben zu retten. Dann legt der Priester seine Pistole auf den Tisch und bittet seine Schäflein, sich hinzuknien. Ein völlig absurder Moment. Ich weiß noch, dass ich mir dachte, nein, also wirklich, ich konnte nicht niederknien vor ihm. Nicht auf die Knie. »Verzeihen Sie, Pater, aber ich bin Protestantin«, und bleibe stehen. Und ich sehe ihn die segnen, die er umbringen würde, ohne mit der Wimper zu zucken. So, jetzt ist er fertig, er zieht sich mit dem Leutnant zurück und bittet eines der jungen Mädchen, sie beide zu begleiten. Sie wird leichenblass, weiß nur zu gut, was das »Begleiten Sie uns!« zu bedeuten hat. Ich habe den rettenden Einfall, ich reiche ihr Babiche und erkläre den beiden Männern: »Nur sie kann mein Baby zum Einschlafen bringen, das Kind braucht unbedingt Ruhe. Aber keine Sorge, ich begleite Sie gern.« Warum zeigen die beiden keine Reaktion? Ich hatte ja nichts zu befürchten, wusste, ich war zu alt, um ihr Interesse zu wecken, und konnte sie den ganzen Weg über in ein Gespräch verstricken: welche Hoffnung, den Krieg zu gewinnen, wann wären die Staatsfeinde endlich ausgelöscht, und, und, und ... An der Hotelrezeption angekommen, lasse ich sie stehen, sie haben mir nicht ein Haar gekrümmt.

Im Hotel, an einem Abend, als es noch Strom gibt, schaue ich CNN. Ich bin schockiert: weil ich nichts Besonderes sehe. Leute kommen und gehen, kaufen ein, niemand kontrolliert ihre Papiere, niemand bringt sie um. Diese Bilder tun mir weh, ich schwöre mir, möglichst nicht mehr fernzusehen. Wenig später fällt ohnehin der Strom aus. Es ist der 17. Juni: In der Nähe unseres Hotels, wenige Meter entfernt, befinden sich eine Kirche und ein Priesterseminar, Saint-Paul und Sainte-Famille. Dorthin haben sich Tutsi geflüchtet, und jeden Abend kommen Milizionäre vorbei und suchen sich welche aus, mit stillschweigendem Einverständnis von Pater Wencislas, der für Sainte-Famille zuständig ist. Die RPF startet einen eindrucksvollen Überfall auf Saint-Paul und Sainte-Famille, um alle Tutsi zu befreien. Das Grausame dabei war: Diejenigen, die sich nach Sainte-Famille geflüchtet hatten, begriffen nicht, dass man sie retten wollte, im Gegensatz zu denen in Saint-Paul, die evakuiert werden konnten. Tags darauf haben die Interahamwe alle, die noch in Sainte-Famille geblieben waren, abgeschlachtet. In ihrer Wut greifen sie sogar das Hotel Mille Collines an, das bis dahin völlig unbehelligt geblieben war. Sie stürmen rein, zertrümmern die Türen, terrorisieren die Flüchtlinge, die sich dort verstecken. In ihrem Zorn bedrohen sie sogar die anwesenden UNAMIR-Soldaten. Zum Glück für uns: Denn daraufhin beschließt die UNAMIR, alle dorthin zu evakuieren, wo sie hin möchten: entweder in das Gebiet, in dem die ruandische Armee die Kontrolle hat, oder in das Gebiet der RPF. Meine Entscheidung fällt sehr schnell.

—

Wir packen sofort unsere Sachen. Die UNAMIR-Lkws sind schon da, die Führungsebene hatte mit den Chefs der Milizen verhandelt: Zum einen werden die Lkws ungehindert alle ihre Mördersperren passieren können, zum anderen übernimmt es die UNAMIR, die Flüchtlinge zu evakuieren, die aus der Regierungszone in RPF-Gebiet wollen und umgekehrt. Es ist der 18. Juni 1994, ich halte meine Töchter an den Händen, Babiche wie immer auf dem Rücken. Als wir durch die Hotellobby gehen, beleidigen uns die Hotelangestellten: »Verräter! Verräter!« und fordern, man solle unser Gepäck durchsuchen, weil Landesverräter ja unweigerlich auch Diebe sind. Ich schaue wortlos zu, wie sie all meine Habe über den Boden verstreuen, aber ... ach du Schande! eine Kopfkissenhülle oben auf dem Stapel baumwollener Babywindeln. Weil sie auch weiß ist, hab ich sie wohl versehentlich mitgefaltet. Die Leute frohlocken, beschimpfen mich nach Strich und Faden und stellen mein Gepäck auf den Kopf. Ich kriege den Koffer kaum wieder zu; die Kinder sind verängstigt, fangen an zu weinen; die Flut der Beschimpfungen nimmt kein Ende ... Ein ghanaischer UNAMIR-Soldat, der das Geschehen beobachtet, kommt teilnahmsvoll näher. Hilft mir den Koffer zu schließen, hebt Anna und Amélia hoch und setzt sie in den Lkw. Auch Marie-Bonne, Éric und Françoise steigen auf. Mich verfolgt der Gedanke an Muhoza, die ich zurückgelassen habe ... Auch Leutnant Jean Damascène ist da, in der Hotelhalle; barsch sagt er zu mir: »Wenn ich gewusst hätte, dass du zum Feind überläufst, hätte ich dir nie im Leben geholfen!« Der Lkw fährt los. Wir sitzen nicht zu dicht gedrängt, die UNO hält die Sicherheitsvorschriften ein: nicht mehr als sieben Personen auf der Sitzbank. Wie viel lieber wäre es mir gewesen, sie hätten uns zusammengepfercht, damit alle, die weg wollen, auch hätten mitfahren können; ich drehe mich um zu denen, die wir zurücklassen und die sich fragen, ob auch sie ihre Chance bekommen. Was, wenn die Milizen sich einfach nicht an die Vereinbarungen mit der UNAMIR halten? ... Aber wir geraten in keinen Hinterhalt. Wie dem auch sei ... An jeder Sperre überschütten uns die Milizen mit Beleidigungen: »*Inyenzi, inyenzi!*« Kakerlaken, noch immer. Es sind so viele, in Uniform oder Zivil, mit Patronengürteln behängt, und deutlich, überdeutlich steht ihnen der Hass ins Gesicht geschrieben, in ihren aufgerissenen Augen. Das ist keine Einbildung, so haben sie uns wirklich angestarrt: mit fiebrigen Augen, hasserfüllt oder glasig vom Alkohol oder beides, was weiß ich ... Aber du konntest es spüren, uns sehen und uns nicht töten können, das war ihre Niederlage, das machte sie rasend.

Sie brüllen »Tod den Verrätern!«, und der Befehl ihrer Vorgesetzten muss schon von sehr weit oben kommen, um sie daran zu hindern, unseren Konvoi anzugreifen. Wir fahren den Hügel von Kiyovu hinab, den von Kimihurura hinauf. Ich schaue zurück, will mein Land ein letztes Mal in mir aufnehmen, werde mir die Hügel von tragischer Schönheit ins Gedächtnis prägen. Mir fällt wieder ein, dass dreißig Jahre zuvor ganze Familien, auch mit UN-Lkws, aus ihrer Heimat in die karge, lebensfeindliche Bugesera, im Osten des Landes, gebracht worden waren. Ein Gebiet, in das man Tutsi aus dem Norden, Überlebende der Massaker von 1959, deportierte, weil man sicher war, dass sie dort nicht überleben würden. In den Sümpfen wimmelt es von Moskitos, von wilden Tieren und vor allem von Tse-Tse-Fliegen: Viele Menschen sterben dort an Malaria. Wir sind verflucht, wir Tutsi, verflucht. Ich schließe die Augen. Bloß nicht weinen. Keine Tränen für Ruanda, erst recht nicht vor den Kindern.

Plötzlich hören wir Freudengeheul, Gesänge. Wir haben soeben die Frontlinie passiert, haben von der RPF besetztes Gebiet erreicht. Dabei sind wir noch in Kimihurura, noch immer in Kigali, noch immer mitten in Ruanda … Das verrückte Gefühl dieses Augenblicks, das werde ich mein Leben lang nicht vergessen: Die Soldaten, die uns anlächeln, sind auch Ruander, aber dermaßen froh, uns zu sehen … Wo doch gerade erst, vor … wie viel? kaum fünf Minuten zuvor und nur fünfhundert Meter entfernt, ande-

re Ruander uns angebrüllt haben … Auch sie Ruander. Die
uns ohne den Befehl ihres Vorgesetzten im Handumdrehen
niedergemacht hätten, so wie sie kurz zuvor so viele meiner Angehörigen niedergemacht haben. Dabei kenne ich
weder die einen noch die anderen persönlich … Ich weiß
heute, wie kontrovers die RPF beurteilt wird, und habe beschlossen, in diesem Buch nicht näher darauf einzugehen.
Sollte ich das Für und Wider eines Tages abwägen müssen,
dann allerdings nur unter der Bedingung, dass die Debatte
nicht dazu verwendet wird, den Völkermord zu »relativieren«. Ich erkläre mich: Die Versuchung war groß – weil
die internationale Meinung ihr mehrheitlich erlegen ist
und ihr noch heute erliegt –, die Opfer des Genozids mit
den Opfern der Übergriffe der RPF in einen Topf zu wer-
fen. Kaum sah man, direkt nach dem Ende des Völkermords, die vielen Flüchtlinge, in der Mehrzahl Hutu, auf
der Flucht in die Nachbarländer, nannte man uns, Tutsi,
schon die »Flüchtlinge von gestern«, als seien wir die »Täter von Morgen« geworden. Doch in Ruanda herrschte seit
1990 Krieg, und in Ruanda fand 1994 ein Genozid statt.
Dem einzig und unleugbar wir zum Opfer fielen – wir
Tutsi und alle Hutu, die sich gegen unsere Diskriminierung gewandt haben. Ich werde also nie vergessen, dass
im Völkermord von 1994 viele Soldaten der RPF für uns
gekämpft haben. Sie sind oft jung, kaum zwanzig Jahre alt,
gestorben, damit Menschen den Völkermord in Ruanda
überleben. Ohne ihren Einsatz wäre ich tot, und es gäbe
nicht einen Überlebenden in unserem Land.

Die einen wollen, dass ich lebe, die anderen wollen

mich tot … Und alle sind sie Ruander, auf demselben Boden geboren, im selben Land. Diese Gedanken gehen mir durch den Kopf. Nein, auf keinen Fall denken. Ich weigere mich zu denken. Ich betrachte wieder die Straße vor mir, ich betrachte meine Töchter neben mir; Babiche hat Hunger, ich stille sie. Ich nehme Amélias Hand, sie schmiegt ihr Gesicht an meines, ich lächle Anna zu, sie nimmt ihre Puppe Bruno fest in den Arm, ein Geschenk meiner Freundin Françoise aus Belgien, die Puppe, die wir bisher überallhin mitschleppen konnten. Bruno kann Pipi machen. Aber vor dieser Reise, so hat Anna mir erklärt, hat sie ihm nichts zu trinken gegeben, damit er nicht in die Hose macht, hier auf dem Lkw. Ach ja, Anna, mein Schatz, natürlich, wie klug von dir, ich tue so, als sei alles normal, als ob auch nur das geringste bisschen Normalität möglich wäre, in dieser Unwirklichkeit …

An diese so selbstverständlichen mütterlichen Gesten klammere ich mich und gebe mir die größte Mühe, nicht nachzudenken. Meine Gedanken führen ohnehin zu nichts. Auf der Straße nach Kabuga begegnen uns RPF-Soldaten, die uns noch immer freundlich grüßen. »Weiter, haltet durch, ihr seid in Sicherheit!«, scheinen sie uns sagen zu wollen. Und genau das bestätigt uns der Chef von Kabuga, als er unseren Flüchtlingskonvoi auf seinem Hügel begrüßt: »Eure Angst hat ein Ende. Ihr seid in Sicherheit. Der Krieg ist zwar noch nicht vorbei, aber hier greift euch niemand mehr an.«

—

Dort auf dem Hügel von Kabugo passiert mir etwas, das ich nicht vorhergesehen hatte: Ich habe das Gefühl, ich halte nicht durch, weder physisch noch psychisch. Ich fürchte langsam, ich könnte den Verstand verlieren.

An Sicherheit kannst du dich nicht so schnell gewöhnen. Wahnsinn aber, wie schnell dir das Ungewöhnliche vertraut wird. Die pfeifenden Katjuschabomben, die Gefahr, der Hunger, die Tatsache, dass du andere zurücklassen musst. Hier ist es leer. Seit April gibt es keine Tutsi mehr, alle umgebracht, die Hutu geflohen, bis auf wenige Familien. Auch wenn man nicht mehr jeden Abend Schüsse fallen hört, ist das Lagerleben doch sehr hart. Wir haben zwar ein Haus gefunden, aber es riecht so schrecklich, dass ich vermute, es sind Leichen drin. Das überprüfe ich allerdings nicht. Mir bleibt nichts anderes übrig, als mich mit meiner Sippschaft in zwei Zimmern einzurichten und allen zu verbieten, die anderen Zimmertüren zu öffnen. Wir verbringen unsere Tage mit »stöbern«, wie wir's nennen: Wir streifen durch die Felder, auf der Suche nach ein paar Kochbananen, die wir ernten, Süßkartoffeln, die wir ausgraben, Hirse, die wir pflücken. In verlassenen Läden suchen wir nach Lebensmitteln, und natürlich holen wir Wasser und sammeln Feuerholz. Das einzig Gute daran ist, dass ich abends so fix und fertig bin, dass ich ins Bett falle wie ein Sack Mehl. Keine Zeit zum Nachdenken … Manchmal kam ich mir vor wie eine Diebin, die erntete, was sie nicht gesät hat. Aber Ruanda hat zu der Zeit einen Zustand erreicht, den ich nicht beschreiben kann: Entweder ist man tot, oder man ist unterwegs. Und solange man unterwegs ist, sich bewegt, sich versteckt, stiehlt, um zu überleben, ist man am Leben … Häuser wechseln ihre Besitzer, Möbel wandern von einem Haus zum nächsten, ganze Dörfer sind wie ausgenommen, ausgestorben … Alles ist seltsam in Kabuga, alles ist schrecklich und immer weniger sicher. Zum Glück ist die Solidarität unter Flüchtlingen groß.

Eines Tages gibt mir ein Kind einen bunten Regenschirm, ein kostbares Geschenk bei der sengenden Sonne. Und ich habe das Glück, eine Cousine meiner Mutter und einen Cousin meines Vaters wieder zu finden. Nun bin ich also doch zuversichtlich, dass ich ein Stück Familie neu gründen kann: Ich habe einen Onkel und eine Tante und eine kleine Nichte, Delphine, zusammen mit ihrer Großmutter, doch die Kleine spricht nicht mehr, seit sie mit angesehen hat, wie ihre Eltern umgebracht wurden.

Meinen Plan, aus Ruanda wegzugehen, habe ich indes nicht aufgegeben. Um das Lager zu verlassen, brauche ich eine Genehmigung. Dank meiner Nachricht, die ein Journalist an Oxfam weitergeleitet hat, will uns ein Kollege, Hutu, abholen, was ihm allerdings einige Schwierigkeiten macht. Erst hat er eine Autopanne, und sein Wagen muss nach Uganda abgeschleppt werden. Dann verweigert man ihm den Zutritt ins Lager. Er gibt aber ein Paket mit Brot und Keksen, Spaghetti, Kerzen und Seife für uns ab. Ich kann kaum fassen, dass außerhalb dieser Hölle Leute wissen, dass wir noch leben, und bemühe mich umso intensiver um die Genehmigung, das Lager zu verlassen. Ich schaue täglich am Lagereingang vorbei. Hat niemand nach mir gefragt? Kein Jeep mit dem Namen einer NGO drauf, sind Sie ganz sicher? … Ich hinterlasse, dass ich am nächsten Tag wiederkomme, und gehe wieder weg, Babiche auf dem Rücken. Es ist hoffnungslos, zum ersten Mal fürchte ich, ich stehe das alles nicht durch.

—

Ich spürte es, aber ich sah es nicht. Ich wusste nicht mehr, wie ich aussah, und erfuhr es an dem Tag, an dem Cyuma, ein junger Cousin, der sich als Flüchtling gleich der RPF angeschlossen hat, mich im Lager ausfindig macht. Er sieht mich, erkennt mich sofort und begrüßt mich, er hat Tränen in den Augen: »Ist das aus dir geworden, Mama Anna? …« (*Die Mutter wird mit dem Namen ihrer ältesten Tochter angeredet, S. B.*) Er hatte erfahren, dass ich mit meinen Töchtern überlebt hatte, und da war er, brachte lauter Schätze mit: Bonbons, Zahnpasta, Zahnbürsten, Toilettenpapier, Nescafé und Dosenmilch, Zucker, Salz, Kanister mit Wasser … So viele Geschenke, gibt's denn das noch? … Du versuchst ja, dich zu freuen, dass du am Leben bist, aber es ist schwer. Und da, in diesem Augenblick, überkommt mich zum ersten Mal ein wahnsinniges Bedürfnis zu weinen, mich gehen zu lassen. Weinen über die, die ich verloren habe, über das, was aus mir geworden ist, alt bin ich geworden, abgemagert, Witwe, Waise, arm. In Cyumas Blick spüre ich Mitgefühl, Mitleid, aber von ihm nehme ich es an, es erniedrigt mich nicht; ich weiß, er ist aufrichtig, aufmerksam. Aber jetzt wird mir noch klarer, so klar wie nie zuvor, dass ich weg muss. Mit meiner ganzen Truppe, wir sind zu neunt – Töchter, Tanten, Cousine, Freundin. Endlich habe ich auch die Genehmigung dazu, ich will loslaufen, um es allen zu sagen, und entscheide mich in letzter Minute für den Umweg über den Lagereingang, wer weiß, vielleicht war ja jemand da für mich … Genau, haargenau in der Sekunde, in der ich dort ankomme – meine Güte, ein Film! das kann nur ein Film sein! –, macht ein Jeep von Oxfam kehrt und will wegfahren. Am Steuer erkenne ich einen ehemaligen Kollegen. Ich höre mich gar nicht rufen, ich schwenke die Arme, ich renne wild hin und her wie ein aufgescheuchtes Huhn, weil mir eine Schranke den Weg versperrt, und rufe wieder, ich rufe, ich rufe … rufen, immer wieder rufen … Der Kollege, er heißt auch Innocent, wie mein Mann, tritt auf die Bremse und fährt rückwärts. Ich flehe die Soldaten an, verhaspele mich beim Erklären, weg, weg von hier, ich darf weg von hier … Endlich begreifen sie, dass ich eben erst meine Genehmigung bekommen habe; sie geben mir nur zehn Minuten, um die Meinen zu versammeln und zu verschwinden.

—

Unterwegs, von Gefühlen überwältigt. Wir fahren weg, wir verlassen Ruanda, gehen ins Exil: Innocent fährt uns nach Uganda. In die Freude mischt sich entsetzliche Trauer. Das war's, jetzt ist Schluss mit Ruanda. Es ist der 28. Juni. Mir kommt es vor, als sei seit der Zeit, in der wir ein normales

Leben führten, eine Ewigkeit vergangen. Erst knapp drei Monate ist das her. Drei Monate, in denen ich alle meine Verwandten und jetzt auch noch mein Land verloren habe. Ich möchte schreien. Ich halte an mich.

—

Wir sind schnell gefahren, weil wir noch vor Einbruch der Dunkelheit in Gahini, auf RPF-Gebiet, sein wollen und dort ein-, zweimal übernachten. Mein Kollege wird von da aus in die Bugesera fahren und Christine abholen, eine Kollegin, Tutsi, aus unserem Oxfamteam, die sie vor kurzem ausfindig gemacht haben. Gahini, früher ein Zentrum der anglikanischen Kirche, mit angegliedertem Krankenhaus und einer Schule, ist jetzt ein Auffanglager. Das Krankenhaus, in dem verletzte Überlebende behandelt werden, platzt aus allen Nähten. Leutnant Emmanuel, unvergesslich, weil er so freundlich war, ist so ergriffen, als er sieht, wie ausgemergelt wir sind, dass er seine Soldaten anweist, uns in seinem eigenen Haus Betten zu richten, mit frischen Laken. Die Kinder bekommen Milch, und das Abendessen ist für uns wie ein Festmahl. Diese Normalität, die mir so außergewöhnlich scheint, ist zu viel für mich, wieder überkommt mich das wahnsinnige Bedürfnis zu weinen. Der junge Soldat, der so gut zu uns ist, obwohl er uns gar nicht kennt, mein Kollege Innocent, der jedes Risiko auf sich genommen hat, um uns aus der Hölle zu holen, Cyumas traurige Augen beim Anblick meines Verfalls, daraus schöpfe ich Kraft, ja, ich treffe wieder auf Menschen, normale Reaktionen, ich fühle mich selbst wieder als Mensch und als normal angesehen, trotz allem aber, wie eigenartig, habe ich ein schreckliches Verlangen zu weinen. In jener Nacht weine ich endlich, leise, im Bett. Wie gern würde ich laut schreien ... aber ich nehme mich zusammen, ich putze mir die Nase, höre auf zu weinen, rede mit mir selbst: »Esther, halt durch, mach weiter!« Vorwärts, weitermachen. Für die Kinder. Weitermachen für die Witwen, die alten und die jungen ... Weitermachen, um nicht zu sterben. Weitermachen, um nicht nachzudenken, nur nicht nachdenken. Sich ablenken, um nicht verrückt zu werden. Ja, der Wahnsinn ist hinter mir her. Aber solange du vorangehst, solange du arbeitest, beschäftigt bist, läufst und läufst, gehst du nicht unter.

—

Mein Kollege Innocent hat Christine im Lager Rilima gefunden. Sie ist nicht wieder zu erkennen. Eric, ihr Sohn, weint, als er sie sieht, und schreit, nein, das ist nicht wahr, die Frau ist nicht meine Mama. Christine ist ein Wunder: Sie hat seit April mindestens vierhundert Kilometer zu Fuß zurückgelegt, von einem RPF-Lager zum nächsten. Ihre Füße sind geschwollen, ihr Kopf ist rasiert wegen der Läuse, sie hat keine Nachricht von Pacifique, ihrem zweiten Sohn, der mit seinem Patenonkel geflohen ist. Vor meiner Abreise nach Kabale, Uganda, am 1. Juli, erfahre ich von Christine, dass meine Schwester Marie-Josée und meine Cousine Christine am Leben sind. Sie waren gemeinsam in einem Lager. Sie hat sie gesehen, mit eigenen Augen gesehen.

—

Es zu sagen, fällt mir schwer, weil es so schwer ist, es zuzugeben, und du wirst es bestimmt nicht glauben: Im Highland Hotel, in Uganda zu sein, war für mich einer der schwersten Momente jener letzten Wochen. Weil wirklich nicht viel gefehlt hätte und ich wahnsinnig geworden wäre. Na hör mal … Gestern noch bist du auf der Flucht, du wäschst dich kaum, stiehlst anderer Leute Essen, und plötzlich bist du in einem Zimmer mit allem Komfort, man macht dir sogar dein Bett, du duschst heiß, im Restaurant bekommst du eine Speisekarte und hast mehrere Gerichte zur Auswahl … Das ist doch Wahnsinn, ich werde wahnsinnig. Bin ich im Abstand von zwei Tagen wirklich noch dieselbe Person? Gestern noch war ich dem Tod geweiht und glaubte, die Welt sei stehen geblieben. Aber nein, alles ging weiter seinen gewohnten Gang. Nur – ich bin nicht dieselbe, ich kann nicht mehr Schritt halten. Ich betrachte die Dinge aus der Ferne. Von dort aus, wo meine Lieben hingegangen sind. Von dort aus, wo ich nicht hingegangen bin. Das nennt sich Schuldgefühl. Ich weiß. Aber zumindest, so sage ich mir, zumindest scheinen die Kinder unbekümmert, sie haben wieder angefangen zu spielen. Ich telefoniere mit all meinen Freunden im Ausland, die seit drei Monaten auf Nachricht von uns warten. Ich erfahre auch, was anderen passiert ist, und erfasse das Ausmaß der Zerstörung. Sie ging bis zum Äußersten, ja, wirklich bis zum Äußersten. Es war die Auslöschung.

Im Fernsehen verfolgen wir, wie die RPF vorrückt. Drei Tage nach unserer Ankunft in Kabale, am 4. Juli, nehmen ihre Truppen Kigali ein. Kigali ist befreit! Mein Entschluss steht fest: Ich gehe zurück. Ich muss Marie-Josée und Christine finden. Vielleicht, es wäre ein Wunder, haben ja noch mehr Menschen überlebt. Ich muss dorthin. So schnell wie möglich. Endlich, am 8. Juli, fahren wir wieder los, mit Innocent und Christine. Oxfam hält uns für verrückt, weil unser Vorhaben gefährlich ist. Aber für mich wäre es viel gefährlicher, weil sehr viel verrückter, im Hotel zu bleiben.

16

Unmögliche Begräbnisse

Innocents Leichnam hab ich nie gesehen, sie haben ihn, zusammen mit denen der anderen Männer der Gruppe, in ein Massengrab geworfen. Ich habe nicht gleich erfahren, wie er umgebracht wurde. Anfangs wollte ich wohl auch nicht genau wissen, wie er gestorben ist. Aber im Grunde schon. Ich wollte es wissen.

Er wurde nicht auf der Stelle getötet. Erst haben sie ihm die Sehnen am Fuß durchgeschnitten. Weil einer entkommen war, haben die Mörder allen die Sehnen durchtrennt, damit die ihnen nicht auch noch entwischen konnten. Und so ließ man sie sitzen, die ganze Nacht hindurch haben sie gelitten. Und selbst wenn der Leichnam irgendwo aufgebahrt gewesen wäre, ich weiß nicht, ob ich ihn mir angesehen hätte. Ja vielleicht, denke ich mir, und dann wieder: wozu bloß? Was hätte es genützt, Schlimmes noch schlimmer zu machen? Es war schon bitter genug zu wissen, dass sie Innocent umgebracht hatten, das wahrzuhaben fiel mir schon schwer genug. Wieso hätte ich mich noch aufmachen sollen, ihn entstellt, verstümmelt zu sehen? Nein danke, das reicht mir auch so schon.

… Im Grunde aber belüge ich mich selbst: Es reicht mir eben nicht, ich will mehr, ich brauche seinen letzten Augenblick. Es klingt zwar lächerlich, aber ich sage mir, wenn sie Innocents Füße zerschnitten haben, dann will ich seinen letzten Weg mit ihm gemeinsam gehen, im Geist. Es wäre mir lieber gewesen, die Meinen wären so gestorben, dass ich sie hätte begleiten können, ihre Hände wirklich halten, nicht nur in meiner Fantasie. Deshalb will ich in Gedanken bis zum Schluss mit Innocent sein, als könnte ich wirklich bei ihm sein und seine Hand halten. Ich will seinen letzten Augenblick.

Gemeinsam mit anderen Überlebenden des Gymnasiums haben wir uns auf die Suche gemacht und mindestens zwanzig verschiedene Geschichten gehört. Die Leute nennen dir Stellen – jedes Mal andere –, du gingst hin, um nachzuschauen, und merktest, du warst auf dem falschen Weg. Das war das Schlimmste: Wenn die Leute dir eine Wahrheit sagten, die gar keine war. Auf der Suche nach Innocents Mutter, ich weiß gar nicht mehr, wie viele Löcher wir aufgebuddelt haben … Immer vergebens. Die Leute lügen dir ins Gesicht, um die Spuren zu verwischen. Wenn irgendeiner die Wahrheit sagt, könnte man den ja genauer befragen, später vielleicht … Deshalb führen sie dich in die Irre. Innocents Schwestern und ich taten schließlich so, als seien wir an dem Thema nicht mehr interessiert, und stellten niemandem mehr direkte Fragen, setzten aber im Stillen alle Bröckchen an Informationen zusammen. Hier und da traf man doch auf guten Willen, auf jemanden, der Mitleid hatte. Und Innocents Mutter fanden wir schließlich in der Toilette, weil eine Nachbarin es wusste. Man hatte uns zugetragen, dass sie die Leichen von Innocents Eltern in die Latrinen gestopft hatten, im Garten der Nachbarn, die auch viele Angehörige verloren hatten. Ich ging mit meinen Schwägerinnen und ein paar Freundinnen von Avega hin, um zu graben, und wir graben und graben. Nichts. Wieder einmal war klar, wir suchten vergeblich, wir waren am Ende, wollten schon aufgeben. Da sagte uns eine Nachbarin, die unsere Not bemerkte: »Nein, nicht aufhören, weitergraben! Da ist es, ich bin mir sicher!« Sie sprach ganz leise, damit niemand sonst sie hören konnte, sie hatte Angst vor der Reaktion der anderen. In den Augen ihrer Familie und in ihrer Umgebung hätte sie als Verräterin gelten können, wenn man mitbekommen hätte, dass sie mit Überlebenden redet. Also haben wir weitergeschaufelt und fanden schließlich die Leichen von Innocents Mutter und deren Schwester, die sogar ihr Enkelkind noch auf den Rücken gebunden trug. Das tat weh. Du sagst dir, sie sind ja tot, aber sie in den Exkrementen zu wissen … Diesem Umstand hatten wir es allerdings auch zu verdanken, dass die Leichen noch nicht verwest waren und wir sie unversehrt bergen konnten.

Als wir einige Leichname ermordeter Angehöriger beisammen hatten, gingen wir zu Abbé Pierre. Der Priester, selbst ein Überlebender, tat fast nur noch das: sterbliche Überreste beerdigen. Er kam am nächsten Morgen, um in unserem Haus in Kacyiru die Messe zu lesen, da feierten unsere Nachbarn, zurück aus Uganda, gerade die Zeremonie um die Mitgift für eine Hochzeit … Wir, in unsere Beerdigung versunken, sie beim Freudenfest, und das Leben geht weiter ... Ich sah ein, dass die Leute von nebenan unseretwegen gewiss nicht auf ihr Fest verzichten würden, denn die Kuh als Brautpreis musste gefeiert werden! Der Priester aber, der hat gesagt: »Nein, hier können wir keine Totenmesse lesen!«, und so gingen wir alle in den Busch, dorthin, wo Innocents Familie früher gelebt hatte und wo die Toten begraben werden sollten. Normalerweise begraben wir unsere Toten natürlich auf dem Friedhof, aber in unserer Situation wollten wir sie möglichst dort begraben, wo sie gelebt hatten. Die Szene war absolut surrealistisch: 1998, sämtliche Häuser völlig zerstört, und die Natur, seit fünf Jahren sich selbst überlassen, hatte alles überwuchert, es gab nicht ein Fleckchen, wo man sich hätte hinsetzen können. Und vor dieser Kulisse, mitten im dichten Gestrüpp, spricht Abbé Pierre, die Arme gen Himmel gereckt, zu uns: »Hier sind wir allein mit der Natur! Singt laut! Erhebt eure Stimmen! Der Wind, das Gestrüpp wird eure Gebete dem Herrn zutragen!« Mehr ist heute von der Vergangenheit nicht übrig: eine kleine Parzelle, mit Gräbern übersät, und ringsherum nichts als dichtes Gestrüpp.

Es kam selten vor, dass jemand einzeln begraben wurde, wir haben meist Sammelgräber angelegt. Während des Völkermords ließ man die Leichen erst einfach so liegen und begrub sie später, aus hygienischen Gründen, provisorisch. Ein ganzes Jahr lang lagen Innocent und die dreizehn anderen Männer, die mit ihm ermordet worden waren, an der Avenue de la Justice verscharrt, dort wo man sie umgebracht hatte. Jedes Mal, wenn ich mit dem Auto an der Grube vorbeikam, machte ich eine Vollbremsung. Ich musste einfach anhalten. Dann, ein Jahr später, im Rahmen der Feiern zum ersten Gedenktag an den Genozid, wurden ihre Leichen, zusammen mit hunderten anderer, auf den Hügel von Rebero am Stadtausgang von Kigali überführt. Ein Kollege hatte mir Bescheid gesagt, dass die Behörden die Grube öffnen würden, in die die Mörder meinen Mann geworfen hatten; wir, die Überlebenden aus dem Gymnasium und ich, waren bei der Exhumierung dabei. Die Leichen waren allerdings schon stark verwest, und damals waren wir an diesen Anblick noch gar nicht gewöhnt: Das waren die ersten offenen Gräber. Um sie statistisch zu erfassen, wurden die Schädel der Toten gezählt. Es waren vierzehn. Aber wenn ich sagen würde, ich habe Innocent wieder erkannt, würde ich lügen. Ich sah ein Skelett mit sehr langen Beinen, die in Jeans steckten. Innocent war ja sehr groß, vielleicht … An dem Tag war ich ohne die Kinder gekommen.

Einen Monat später fand die »offizielle« Beisetzung statt: Leichname, aus verschiedenen Gruben zusammengetragen, lagen in Särgen aufgereiht. In der ersten Reihe die von Personen des öffentlichen Lebens, die gleich zu Beginn des Genozids getötet worden waren. Und genau gegenüber, auf einer Tribüne, unter einer Plane gut gegen die Sonne geschützt, saßen die bedeutenden Persönlichkeiten aufgereiht – die am Leben waren. Für sie war es eine politische, für uns eine Herzensangelegenheit. Aber wenn du dort ankommst, als einfacher Überlebender, schieben

sie dich sofort beiseite, du bist nichts, bedeutest nichts –
auch wenn du gekommen bist, um deinen Mann zu beerdigen, was ja wohl ein überzeugender Grund ist, oder?
Die Polizei schützte die offiziellen Vertreter und drängte
uns ungeniert ab. Wir störten schon wieder. Ich machte
plötzlich ein paar Schritte zur Seite, wie um die Szenerie
zu beobachten. Ich weiß noch, dass ich irgendwann sogar
lächeln musste, weil mir einfiel, wie oft ich mit Innocent
gelacht habe, der mir eben zuzuflüstern schien: »Na, da
wollt ihr uns zu Grabe tragen und werdet mit Knüppelhieben vertrieben, weil ihr den Honoratioren im Weg seid …
Also, was wollt ihr denn bloß hier?« Diesmal waren meine Töchter dabei. Ich habe ihnen gesagt, wie es ist: Wo ihr
Vater umgebracht wurde, aber nicht genau, wo er ruhte.
Wir haben gemeinsam irgendein Grab ausgesucht und haben Blumen draufgelegt: das dritte von oben links. Sie
wollten die Seite mit dem meisten Schatten, nahe den Eukalyptusbäumen. Auf dem Rückweg waren sie gefasst,
weinten aber sehr. Und ich ließ sie weinen. Ich habe sie
umarmt, ganz fest gehalten und hab mit ihnen geweint.
Noch heute gehen wir oft ans Grab. Es ist uns ein Bedürfnis geworden, und die Mädchen weinen dort auch heute
noch sehr.

Meine Mutter und meinen Vater zu identifizieren war
weniger schwierig, weil sie beide in einem Massengrab in
der Nähe unseres zerstörten Hauses lagen, wo man sie mit
den anderen fünfundvierzig umgebracht hatte. Auch in ihrem Fall weiß ich nicht genau, wie sie starben. Ich weiß
nur, kein Einziger wurde erschossen, also haben sie sie mit

224

Hacken und Knüppeln … Ich wüsste es so gern genau. O, aber ich denke eine Sache und auch ihr genaues Gegenteil! Ich sage, ich wüsste gern, frage aber nicht nach Details, wenn man mir nichts erzählt. Allerdings wollen Augenzeugen ja fast nie etwas erzählen. Auch setze ich mir andere Prioritäten: Ich will zuerst Brot für die, die überlebt haben. Ganz und gar nicht, weil ich zynisch bin und sage, Toten soll man nicht nachtrauern, sondern einfach, weil ich will, dass die, die es geschafft haben, weiterleben und nicht Hungers sterben, nicht, weil sie krank sind oder zu schwach und zu müde.

Denn Trauer macht sehr müde.

17

Mein Zwiespalt in Sachen Dankbarkeit

Ich möchte eine Seite für die, die mir geholfen haben und die zu lieben mir dennoch schwer fällt.

Von den barmherzigen Samaritern hab ich ja schon gesprochen, von den Gerechten, wie ihr sie nennt. Von denen, die ein Risiko eingingen, als sie uns die Hand reichten. Von denen, die uns auch weiterhin betrachteten, als wären wir ihnen gleichwertig. Von denen, die dies zumindest versuchten:

Den Wachtmeister habe ich schon erwähnt, der uns, wenngleich als Polizist auf Seiten der Staatsmacht, erklärte, es sei seine Aufgabe »die Zivilbevölkerung zu schützen, ohne jeden Unterschied«, an die er sich gehalten hat. Dieser Wachtmeister hatte Moral, er war ein Mensch.

Auch das Mädchen, das mir, obwohl es selbst vor Kälte bibberte, sein Tuch gab, als ich nichts hatte, um mein Kind gegen den Regen zu schützen.

Auch den RPF-Offizier, der meinen Töchtern und mir sein eigenes sauberes Zimmer gegeben und seine Soldaten zuvor angewiesen hatte, die Laken zu wechseln, für mich, die ich nach drei Monaten Genozid nicht mehr wusste, dass auch ich jemand war.

Munyarukundo, den Jungen von unserem Hügel, mit dem schönen Namen »Der, der die Liebe trägt«, dessen Brüder Völkermörder waren und der versucht hat, meiner sterbenden Mutter zu trinken zu geben, als man sie, vier Tage und vier Nächte lang, nackt Sonne und Regen ausgesetzt hat. Und dem meine Schwestern und ich meines Vaters Fahrrad vererbt haben.

Meine alte Nyiragasage und den alten Mwalimu Segatarama, Hutu beide und unsere Nachbarn seit jeher, bei denen wir immer Zuflucht fanden und die vor Kummer sterben, weil sie unter den Tutsi so viele ihrer Freunde verloren haben.

Für sie alle, Männer und Frauen, empfinde ich ewige Dankbarkeit, ohne jeden Zwiespalt.

Doch auf dieser Seite möchte ich von den anderen sprechen: von allen, die mich eher an das erinnern, was sie nicht getan haben. Obwohl sie hätten agieren müssen. Selbst wenn ich eine unerwartete, manchmal auch rettende Geste durchaus anerkenne, kann ich nicht umhin, auch die Geste als schlimm zu bewerten, die unterblieben ist, was ja viel häufiger vorkam. Eine Nonne, ein Nachbar, ein Freund …

Für sie alle möchte ich diese Seite. Sie soll meine Widersprüche ausdrücken: meine Wut und zugleich meine Befürchtung, ich könnte undankbar sein. Gegenüber den Zisterzienserinnen zum Beispiel, bei denen wir versteckt waren, Innocent, unsere Töchter, ich selbst, zusammen mit knapp hundert anderen Tutsi. Meinen Zorn zuerst. Oder ist es angemessener, zuallererst meine Anerkennung auszudrücken?

Womit beginnen? Mit ihrer Hilfe oder ihrer Grausamkeit, ihrer Grausamkeit oder ihrer Hilfe? Kann man fairerweise im Leben die vergessen, die uns zu essen gaben, als wir Hunger hatten? Dieselben Nonnen aber haben sich geweigert, Stéphanie in unser Versteck aufzunehmen, obwohl sie bei sich zu Hause in Todesgefahr war. Ihnen verdanke ich einerseits die Nahrungsmittel, die mein Überleben ermöglicht haben, und zugleich verdanke ich ihnen den Tod meiner geliebten Schwester Stéphanie. Ich könnte den Satz auch umkehren … und sagen, ich verdanke ihnen den Tod meiner geliebten Schwester Stéphanie und die Nahrungsmittel, die mein Überleben ermöglicht haben.

Da siehst du, wie manche Leute dich für undankbar halten können, während andere deinen Zorn als berechtigt ansehen.

Den Überlebenden sind während des Völkermords zahllose solcher Menschen begegnet, die dich aus irgendeinem unerfindlichen Grund retten, während sie andere opfern, verraten oder töten.

Wie soll man also wütend sein dürfen und sich zugleich mäßigen? Sich davor hüten, all die Bitterkeit, die sich während der Monate des Genozids aufgestaut hat, zu karikieren? Wenn ich beispielsweise die Nonnen schildere, mit ihrem honigsüßen Ton – »Wir haben schon gespendet …« –, die Jeeps und die Psychologen der Hilfsorganisationen, deren Ausmaß an Unbeholfenheit dem ihrer guten Absichten in nichts nachstand?

Wie soll ich gerecht bleiben, großmütig, wenn ich zwar das Elend der geflüchteten Hutu in den Lagern verurteile, aber nicht das Herz habe, an sie noch vor meinen Lieben zu denken, deren Leichname man nicht einmal gefunden hat?

Wie sollen wir nicht, manche haben das behauptet, als deren Gegenstück dastehen, auch als »Völkermörder« nämlich, angesichts der Übergriffe, der Massaker im Anschluss an unsere Auslöschung? Ja, die gab es. Und wie könnte ich, trotz allem, was geschehen ist, und obwohl die Meinen dabei umgebracht wurden, die Morde an Hutu gutheißen? Ich heiße sie nicht gut, ich entschuldige sie nicht. Ich habe aber auch nicht darauf reagiert. Wer überlebt hat, der ist so von Grund auf erschöpft, dass man von ihm nicht verlangen kann, seine Tragödie mit anderen Tragödien in Ruanda gleichzusetzen, die nicht als Völkermord bezeichnet werden. Es wurden Hutu getötet, es fanden Racheakte statt. Aber einen Genozid an den Hutu, den gab es nicht.

Manchmal bin ich in all diesen Widersprüchen gefangen. Ich wollte eine Seite in diesem Buch, um das zu sagen, wollte wagen aufzuschreiben, dass ich manchmal eine Sache denke und zugleich auch ihr genaues Gegenteil.

Da siehst du, wie manche Leute dich für undankbar halten können, während andere deinen Zorn als berechtigt ansehen.

TEIL DREI

18

Und jetzt, welches Bild?

Etwas in Worte fassen. Das ist, unter normalen Umständen, das Prinzip einer Therapie: Worte finden, mit denen man seinen Schmerz ausdrückt, seinen Wahnsinn, das Grauen, das einen nicht mehr loslässt. Dazu gehört zum einen natürlich eine gewisse geistige Fähigkeit, aber man braucht auch das entsprechende Vokabular. Im Kinyaruanda aber gibt es weder das Wort Genozid noch das Wort Vergewaltigung, und auch für Trauma haben wir keinen Begriff. Wir mussten also im Nachhinein Worte erfinden. Nach dem Genozid von 1994.

Davor gab es zwar schon das Verb »auslöschen, vernichten«, das dem Wort »entfernen« verwandt war: *gutsembatsemba*. Aber das Wort Genozid gab es nicht. Auf der Suche nach der passenden Vokabel gebrauchten wir zunächst den Begriff *itsembatsemba*, was so viel heißt wie »Massaker«. Aber ein Genozid ist kein Massaker. Das Wort passte also nicht. Und so haben wir das Wort *itsembabwoko* konstruiert, eine Ethnie auslöschen (*bwoko* war die ursprüngliche Bezeichnung für Klan, wurde aber in der Kolonialzeit zu Ethnie). Heute schlägt die Überlebenden-Vereinigung *Ibu-*

ka (»Erinnere dich«) das Wort *Itsembabatutsi* vor – also wörtlich Auslöschung oder Genozid an den Tutsi. Das ist wesentlich präziser und schließt jede bedachte oder unbedachte Verquickung aus, die der manchmal gebrauchten Bezeichnung »ruandischer Genozid« innewohnt. Einen ruandischen Genozid gab es nicht: In Ruanda hat ein Genozid an den Tutsi stattgefunden.

Ähnlich verhält es sich mit dem Wort »Vergewaltigung«. Ein Mädchen in Ruanda, das missbraucht wurde, sagt, diskret und schamerfüllt: »Sie haben mich befreit« (*Barambohoje*). Wenn 1991, nach der Einführung des Mehrparteiensystems, ein Parteiführer während einer Versammlung sagte, dieser und jener Anhänger der Opposition sei zu »befreien«, dann hieß das, er muss zur gegnerischen Partei überlaufen und dieser »Befreiung« muss mit Gewalt nachgeholfen werden. Während des Völkermords haben die Täter sich das Wort »befreien« zu eigen gemacht: *kubohoza*. Das war ihr Lieblingswitz, den gaben sie gern zum Besten, an den Straßensperren, wo sie standen und plauderten, und während der Misshandlungen: »Wir haben die Tutsifrauen befreit, die arroganten, befreit haben wir sie …«, und jeder wusste, was das hieß. Kein Mensch in Ruanda verwendet das Wort noch in seinem ursprünglichen Sinn: Wir haben alle verinnerlicht, dass dieses Wort, in Bezug auf oder von einem Mädchen verwendet, einzig und allein mit Vergewaltigungen in Verbindung steht.

Doch selbst wenn man von diesem Wort einmal absieht, hat es nach dem Genozid lange gedauert, bis die Vergewaltigung zu Tage trat. Noch heute, zehn Jahre danach, bleibt das Thema tabu. Als wir bei Avega, unserer Vereinigung für Witwen, die den Genozid überlebt haben, eine Studie über die Vergewaltigungen in Angriff nehmen wollten, waren schon vier Jahre vergangen. Uns fiel bald auf, dass uns immer mehr Vergewaltigungen bekannt wurden, durch die Einzelgespräche, in denen uns die Mädchen und Frauen anvertrauten, dass sie HIV-infiziert waren. Sie sagten das Unsagbare auf ihre Weise. Das Ergebnis unserer Studie war mehr als niederschmetternd: Achtzig Prozent der Frauen, die überlebt haben, wurden vergewaltigt, und über die Hälfte von ihnen ist HIV-infiziert. Schlau sind die Völkermörder vorgegangen, haben ihnen den schleichenden Tod eingeimpft. Ein großer Teil der Opfer ist bereits gestorben. Den anderen fehlen so gut wie alle Mittel, sich behandeln zu lassen.

Diese Opfer leben in einem unerträglichen Widerspruch: Sie verdanken ihr Überleben einer Vergewaltigung. In den meisten Fällen brachten die Täter zuerst die Familie um, vor den Augen des Opfers, das anschließend missbraucht, aber nicht ermordet wurde. Paradoxon und perfides Horrorszenario in einem: Die Mörder haben diese Opfer, wie gesagt, tatsächlich am Leben gelassen, weil sie eine Hölle durchleben sollten, die schlimmer sein würde als der Tod. Soll heißen, die Täter ersparten ihnen den Tod, weil die Opfer bis ans Ende ihrer Tage bereuen sollten, dass man sie am Leben gelassen hat. Weil – und das ist das Schlimmste, glaube ich –, weil sie nichts davon haben, dass sie zu den Überlebenden gehören. Während des Genozids hielten sie durch, weil du eben durchhältst in einem Genozid, ohne dass du es weißt, ohne dass du es dir vornimmst, eher automatisch, instinktiv. Sie haben durchgehalten, den Horror überwunden, und jetzt, zehn Jahre später, haben sie's geschafft und leben in endlosem Sterben. Im Todeskampf. Genau da zeigt sich, welche Macht ein Genozid hat: Er ist nicht nur Horror, solange er stattfindet, sondern auch darüber hinaus. Wenn ein Völkermord zu Ende ist, hört er noch lange nicht auf, denn innerlich nimmt er kein Ende. Es finden nur keine Tötungen mehr statt, keine Massaker, keine Verfolgungen – was natürlich extrem wichtig ist –, aber die Zerstörung, die geht weiter.

Ich bin nicht pathetisch, ich beschreibe hier, was ich wirklich miterlebe, aus nächster Nähe: Als Therapeutin bei Avega sehe ich seit Jahren viele dieser Frauen sterben, und das Schwierigste dabei ist, dass meine Arbeit mir vor Augen führt, wie unfähig ich bin, meine Patientinnen am Leben zu halten. Die Erste, die ich verloren habe, hieß Dafroza: Sie war neunzehn, als sie starb, und vierzehn, als sie vergewaltigt wurde. Sie war Kellnerin in einem Restaurant und war Rose, einer unserer Assistentinnen, aufgefallen, weil sie so unendlich traurig wirkte. Rose lud sie zu uns ein. Ein so zierliches Mädchen, so hübsch, aber eben mit diesen traurigen Augen, todtraurig. Daran ist sie schließlich auch gestorben, an ihrer Traurigkeit, ihrer Krankheit, ihrer Verzweiflung. Sie war von einer ganzen Mörderbande missbraucht worden, die kurz vorher fast ihre gesamte Familie niedergemetzelt hatte. Bei unseren Sitzungen hat sie sich immer bemüht, sich zusammenzunehmen, sich zu beherrschen, aber du spürtest deutlich, dass alles kurz davor war, aus ihr herauszubrechen. Ein einziges Mal nur ist sie explodiert und wollte sich dafür auch gleich entschuldigen. Aber dieses eine Mal wenigstens hat sie geschrien, hat gebrüllt wie ein Tier. Ich hatte sie gerade zum ersten Mal an der Hand gefasst, ihr gesagt, dass auch ich den Genozid überlebt habe, hatte erklärt, dass wir versuchen wollen, uns durchzukämpfen, drüber hinwegzukommen, und dass sie ihr schreckliches Geheimnis von nun an nicht mehr allein tragen müsste. In meiner Praxis sage ich normalerweise, dass ich eine Überlebende bin. Nicht, weil eine Therapeutin, die diese Erfahrung nicht gemacht hat, schlechter wäre, nein, dieser Meinung bin ich nicht; aber dass ich das gemeinsam Erlebte bei der Arbeit erwähne, ohne Einzelheiten aus meiner persönlichen Geschichte zu nennen, hat sich für den Aufbau einer Beziehung zum Patienten als sehr zuträglich erwiesen. Dafroza fing an zu schreien wie ein verwundetes Tier. Sie brüllt, schluchzt und erzählt gleichzeitig, wie ihre Eltern, die beide Lehrer waren, ermordet wurden, erzählt von ihrem niedergebrannten Haus, von ihrem Bruder, den sie zurücklassen musste, von ihren Schuldgefühlen ..., und sie erzählt, wie sie »befreit« wurde, *barambohoje*, wie sie es wörtlich nennt ... und zum Schluss sagte sie, wenn sie jetzt lebendig wäre – lebendig heißt bei uns gesund – könnte sie nie Kinder bekommen, und dass sie nur überlebt hat, um zu sterben ...

Der Moment, an dem ich ihr versichert habe, dass sie ihr Geheimnis »nicht mehr allein« zu tragen braucht, hat ihren Ausbruch ausgelöst. Das schien ihr unerhofft, sie war vom »Unmöglichen« überwältigt und empfand zugleich, wie nie zuvor, ihre extreme Einsamkeit, die jemand soeben ausgesprochen hatte. Sie war zwar, in meiner Gegenwart, nicht mehr allein, bis dahin aber eindeutig allein gewesen … Hinzu kommt – ein entscheidender Aspekt –, dass meine Gegenwart ihr vor Augen führte, wie real ihre Erfahrungen waren; in meinem Blick fand sie den Beweis dafür, dass sie tatsächlich Unglaubliches durchgemacht hatte. Doch diesmal gingen wir diesen Weg zu zweit – sie und ich – und ertrugen ihre Entsetzensschreie zu zweit, aber als es geschah, war sie mit ihren Henkern mutterseelenallein. Wie sie geschrien hat! All ihren Schmerz hat sie sich von der Seele geschrien. Sie hat ihn ausgesprochen, aber der Schmerz war stärker als sie. Sie ist daran gestorben. Wir von Avega mussten tatenlos zusehen, wie sie uns wegstarb: Wir hatten die fünfhundert Dollar nicht – die eine Dreifachtherapie damals pro Monat gekostet hätte –, um sie am Leben zu halten.

Gleichzeitig aber stellt der Internationale Strafgerichtshof, der über die Verbrechen des Völkermords urteilt, den Inhaftierten diese Therapie kostenlos zur Verfügung. Ein paar von den Mördern, die Dafroza infiziert haben, wurden im Ausland verhaftet; sie warten dort auf ihren Prozess und werden, im Gegensatz zu ihr, medizinisch behandelt, damit sie im Prozess aussagen können. Dass Dafroza hätte am Leben bleiben müssen, um auszusagen, daran hat niemand gedacht. Sie ist tot, sie wird nie mehr aussagen. Nach ihr starb Immaculée. Nach ihr Murekatete. Nach ihr Dativa. Nach ihr Bernadette … Und noch heute folgen ihr viele andere. Zur selben Zeit, ich sag's noch einmal, laut und deutlich, wiederhole es bis zum Umfallen, kriegen die, die uns infiziert haben, ihre Dreifachtherapie in Arusha. Die Aidspatientinnen hatten schreckliche Infektionen, oft schwelende, schmerzhafte Wunden. Die dringlichste Aufgabe war, sie mit starken Antibiotika zu behandeln. Dann haben wir Informationskampagnen im Radio geschaltet, haben die Hörerinnen direkt angesprochen: »Du hast überlebt und stirbst jetzt allein, weil du dich schämst. Aber nicht du solltest dich schämen.« Die meisten meiner Patientinnen in Ruanda haben Aids und nur eine Alternative: Entweder sie sterben an der Krankheit, oder sie gehen durch die Hölle, weil sie sie verbergen müssen. Divine zum Beispiel, ein junges Mädchen, sechzehn Jahre alt, völlig traumatisiert. Ihre Tante brachte sie zu mir in die Therapie; sie hatte sie nach dem Genozid zu sich genommen und dachte, sie tue gut daran, Divine gleich wieder zur Schule zu schicken. Sie wollte ihre Nichte in ein normales Leben zurückführen, meinte es gut mit ihr. Doch das Mädchen arbeitet im Unterricht nur sehr schlecht mit, man schimpft mit ihr, weil sie nie aufpasst. In unseren Sitzungen, nachdem sie Vertrauen gefasst hat, rede ich einfach mit ihr, spreche das Wort Genozid aus. Und endlich erzählt sie ...

Mit zwölf Jahren wurde sie brutal vergewaltigt, so heftig, dass ihre Eileiter dauerhaft Schaden genommen haben. Manche Lehrer, bei denen sie Unterricht hat, sehen Divines Vergewaltigern schrecklich ähnlich. Damit sie nicht dauernd an damals erinnert wird, wendet sich Divine während der Stunde regelmäßig ab und schaut nach rechts aus dem Fenster. Rechts am Fenster aber sieht sie die Büsche draußen im Garten: Unter diesen Büschen wurde sie missbraucht. Und schon kommt wieder eine traumatische Szene in ihr hoch. Kein Wunder, dass es ihr unerträglich ist, in dem Klassenzimmer zu sitzen: Schaut sie nach vorn, sieht sie einen Vergewaltiger; schaut sie zur Seite, sieht sie die mörderischen Büsche; um ihr Leid zu lindern, starrt sie nur noch den Fußboden an. Und handelt sich Rügen ein, wegen Aufsässigkeit und Unaufmerksamkeit; und weil sie den Mund nicht aufmacht, nicht ein Wort über ihre Gefühle sagt, glauben die Lehrer, sie mache sich über sie lustig – dabei wird sie doch von der Welt verhöhnt, die ihr vorgaukelt, sie könnte in ein normales Leben zurückfinden, weiterleben, als sei nichts geschehen. Divine mauerte sich in ihrem Schweigen ein, höher und höher wurde die Mauer. Während unserer Gespräche fand sie schließlich die Worte, um ihre Vergewaltigung, genauer: die Vergewaltigungen, zu benennen, denn sie wurde mehrfach missbraucht. Das Wort hat Divine gerettet. Ich muss dazu sagen, sie war dank ihrer Tante materiell versorgt. Auch das ist wichtig für ihre Entwicklung. Aber dass sie ihre Schmach offenbaren und sich vor allem das Recht zugestehen konnte zu hassen, das war am wichtigsten. Die Vergewaltigung verschweigen und in der Folge auch den Hass auf den Vergewaltiger unterdrücken, das verkraftest du auf die Dauer nicht. In Vorträgen, insbesondere vor Kirchenvertretern, sage ich oft, die Überlebenden müssen ihren Hass aussprechen, hinausschreien dürfen, wiederholt, sollen ihn regelrecht auskotzen. Das ist eine von mehreren Möglichkeiten, die Last loszuwerden. Wogegen, wenn nicht gegen das Opfer selbst, würde sich diese Gewalt sonst richten? Wenn dir jemand einen Arm oder ein Bein abgehackt hat, ist dein physisches Leid sofort sichtbar. Eine Vergewaltigung aber trägst du schweigend mit dir herum, schmachvoll, und niemand ahnt, wie es in dir aussieht. Du selbst aber hast ständig den Eindruck, du stinkst in dir drin, hast das Gefühl, du hast Hautausschlag, der fürchterlich juckt.

Das erste Zuhören, in der Therapie, das ist lebenswichtig für die Opfer. Geteiltes Leid ist halbes Leid. Ich habe ja schon gesagt, dass es in unserem Wortschatz auch den Begriff »Trauma« nicht gab. Anfangs benutzten wir zum Ausdruck der sichtbaren Beschwerden das Wort *guhahamuka*, was wörtlich so viel bedeutet wie »seine Lungen zur Schau tragen«, aber das ist sehr abwertend, denn jemand, der *igihamuke* ist, also seine Lungen zur Schau trägt, kann sich nicht kontrollieren, schrickt bei jeder Kleinigkeit zusammen, redet zu laut oder fährt andere ohne Grund barsch an. Da dieser Begriff voraussetzt, dass du für dein Verhalten verantwortlich gemacht werden kannst oder dir eines Fehlverhaltens bewusst bist, hätte sein Gebrauch dazu führen können, dass die Betreffende Schuldgefühle entwickelt, weil sie Sorgen hat. Der Begriff war also ungeeignet. Wir Therapeutinnen von Avega und anderen ruandischen Organisationen haben schließlich das Wort *guhungabana* gewählt, das »stark destabilisiert sein« bedeutet und gleichzeitig ausdrückt, dass der Grund für die Instabilität nicht bei der betreffenden Person selbst zu suchen ist.

Die Erweiterung unseres Wortschatzes um Begriffe, die

wir mit Bedacht erarbeitet hatten, brachte für unsere Patientinnen bei Avega eine enorme Erleichterung, weil die Überlebenden oft das Gefühl haben, sie selbst seien verrückt. Angst davor, nicht mehr ganz richtig im Kopf zu sein, dafür ist in unserer Sprache *ubwenge bwarayaze* gebräuchlich, wörtlich »der Verstand (den man hat) ist geschmolzen«, und dieser Ausdruck findet meist bei Traumapatienten Anwendung. Wenn eine von ihnen zum Beispiel aus dem Haus geht und unterwegs vergisst, wohin sie wollte, und glaubt, nun verliere sie den Verstand. Hier sei unbedingt auf Folgendes hingewiesen: Ein traumatisierter Mensch sagt selbst nie, dass er ein Trauma hat, weil er sich dessen ja nicht bewusst ist. Auf diese Entschlüsselung legen wir bei Avega sehr großen Wert: Das fiel uns leicht, wenn ich das so sagen darf, weil wir an den Frauen, die zu uns kamen, sehr schnell unsere eigenen Symptome erkannten. Ein Beispiel, das auf den ersten Blick banal erscheint: Keine Überlebende, ob sie Arbeit hatte, arbeitslos war, Witwe oder noch verheiratet, Mutter oder unverheiratet, wohlhabend oder nicht, machte morgens früh mehr ihr Bett, und jede dachte, sie sei die Einzige, der es so ging. Erst im Laufe der Zeit und vor allem durch die vielen Gespräche und den Erfahrungsaustausch mit Überlebenden entwickelten wir eine Art Traumaschema oder besser, wir stellten eine Liste der Symptome zusammen. An erster Stelle: Abgespanntheit, unendliche Müdigkeit. Und meist auch Rücken- und Kopfschmerzen. Eine Erfahrung war dabei besonders aufschlussreich: Eine der ersten Schlachten, unmittelbar nach dem Genozid, schlug Avega um

Wohnraum für die Witwen, die kein Dach mehr über dem Kopf hatten; so konnten wir übrigens ein Dorf bauen, über das ich später mehr sagen werde. Die Überlebenden, die sich dort niederließen, lebten als Kleinhändlerinnen, von ihren Marktverkäufen, und nahmen Kreditprogramme in Anspruch, die wir in unserer Vereinigung erarbeiteten: Eine Frau verkaufte zum Beispiel Tomaten und konnte mithilfe eines Kredits auf dem Markt einen Tisch mieten und zusätzliche Ware kaufen; eine andere züchtete Hühner, oder sie verkaufte Holzkohle, und alle verpflichteten sich, ihren Kredit aus ihren Verkaufsüberschüssen zu tilgen. Alle haben sie sehr viel gearbeitet, waren sehr fleißig, doch das Problem dabei war, dass viele krank wurden und ihre Raten nicht weiter zahlen konnten. Rückenschmerzen, wie gesagt, Kopfschmerzen und Bauchschmerzen. Und vor allem die Abgespanntheit, die unendliche Müdigkeit, die es den Frauen wahnsinnig schwer machte, morgens aus dem Bett zu kommen. Die körperlichen Schmerzen oder Krankheiten waren genauso real wie die harten Lebensbedingungen, die oft durch Unterernährung noch verschärft wurden. Wir führten regelmäßig Malaria als Grund an, wussten aber nur zu gut, dass es noch weitere Gründe geben musste, denn das Symptom Abgespanntheit trat viel zu häufig auf. Weil wir merkten, dass die Gesundheit noch wichtiger war als die Ordnung der Lebensumstände, kämpften wir für eine Ambulanz zur Behandlung physischer und mentaler Beschwerden.

Wir kümmerten uns zuerst um die sichtbaren Folgen und um die Rehabilitation von Versehrten, sorgten für

Prothesen oder sogar chirurgische Eingriffe. Noch heute macht man sich kaum eine Vorstellung davon, welche Verletzungen die Frauen durch Machetenhiebe erlitten haben. Laut Anweisung der Völkermörder, über Radio Mille Collines, das Hassradio, verbreitet, sollten die Hiebe in Ohrhöhe angesetzt werden. Einer Überlebenden hatten sie komplett links und rechts den Kiefer weggeschlagen; sie konnte weder kauen noch auch nur das kleinste bisschen ausspucken oder sich übergeben. Es gelang uns schließlich, sie operieren zu lassen. Mein Leben lang werde ich den Tag nicht vergessen, an dem ich sie im Krankenhaus besuchte, ihre Mahlzeiten bestellte und im Voraus bezahlte. Sie war so arm, dass sie am ersten Abend das Omelett, das ihr die Schwester brachte, nicht gegessen hat, weil sie dachte, sie müsste es bezahlen. Das hat mich krank gemacht ... Wieder dachte ich mir: »Wie konnten wir Überlebenden nur glauben, man würde uns nach dem Genozid verwöhnen, mit Zuwendung überschütten? Wie konnten wir nur glauben, die ganze Welt wäre angesichts unseres Elends, das sie ja live im Fernsehen miterlebt hat, voller Reue? Von wegen!« Die Operation war ein voller Erfolg. Ach, wirklich (*Lachen*), dass ich mich einmal so unbändig freuen könnte, einen funktionierenden Kauapparat zu sehen, mit dem jemand endlich auch wieder spucken konnte, das hätte ich nie gedacht! Als ich sie nach dem Eingriff zum ersten Mal wieder sah, machte sie unentwegt den Mund auf und zu, wie ein Krokodil (*sie führt das Schauspiel vor*). Und um mir zu zeigen, dass die Operation gut verlaufen war, sagte sie ständig: »Esther, Esther, schau doch nur!« Stell dir vor, ein Völkermord nimmt dir sogar das Recht, dich zu übergeben! Siehst du, so konnte ich wenigstens einmal im Leben die Freude über einen funktionierenden Kauapparat auskosten.

Nachdem wir uns entschieden hatten, auch im Bereich Gesundheitsfürsorge zu arbeiten, wollten wir zwei Pflegebereiche in ein- und demselben Zentrum unterbringen: einen zur Behandlung mentaler, den andern zur Behandlung physischer Beschwerden. Für den ersten Bereich waren die Vorgaben der Hilfsorganisationen relativ unkompliziert, und man war tatsächlich bereit, uns finanziell zu unterstützen. Doch Mittel für die parallele Behandlung der körperlichen Beschwerden zu finden, das war sehr kompliziert: Dieselben Hilfsorganisationen sagten uns, Avega solle nicht an die Stelle bereits bestehender Strukturen im Gesundheitswesen treten. Sie seien nur bereit, so argumentierten sie, die Behandlung von Verletzungen zu finanzieren, die der Genozid verursacht hatte. Aber welche Verletzungen verursacht ein Genozid? … Oder um die Frage umgekehrt zu stellen: Welche Verletzungen verursacht ein Genozid nicht? Wenn eine Witwe sich wegen Malaria behandeln lässt oder wegen enormer Abgespanntheit und am liebsten den ganzen Tag im Bett bleiben möchte, was sagst du ihr dann? Nein, tut mir Leid, das ist keine Genozidverletzung … Darüber haben wir mit den Geldgebern heiß diskutiert, als sie die »normalen«, die üblichen Krankheiten von den traumatischen Erkrankungen trennen wollten. Manche haben die Nuancen in ihre Überlegungen einbezogen und sich auf unsere Seite gestellt; bei den meisten aber stießen wir auf taube Ohren, sie wollten schnelle Rundumlösungen. Wenn die Frau Malaria hat, sagten sie, soll sie ins Krankenhaus gehen. Wir haben unsere Position beharrlich verteidigt und gesagt, es ist unmöglich, nein, wir weigern uns sogar, eine Unterscheidung zu treffen, die ja nur vermeintlich klar ist: Kommt das Fieber der Patientin heute von ihrer Malaria oder weil sie unglücklich ist, da sie alles verloren hat? Es stimmt schon, ihre Symptome sind bedingt durch ihre Armut. Aber arm geworden ist sie, weil sie ihr Haus verloren hat, ihr Feld, ihr Einkommen, weil sie mit ansehen musste, wie ihre Familie getötet wurde – und zwar nicht, weil eine Naturkatastrophe stattgefunden hat, sondern ein Genozid. Sind ihr Fieber, ihre Abgespanntheit, ihre Depression nun Kriegsfolgen oder nicht? … Hinzu kommt, dass die Witwe, die sich an uns wendet, nicht mehr an sich glaubt. Nehmen wir an, wir schicken sie ins Krankenhaus, gut. Wenn sie überhaupt dort hingehen will, setzt das voraus, dass sie sich um sich selbst Sorgen macht, für sich selbst etwas tun möchte. Aber wenn die Frauen aus eigenen Kräften ihren Alltag bewältigen könnten, wieso sollten sie sich dann an uns wenden? Sie würden direkt ins Krankenhaus gehen und nicht den Umweg über uns machen! Im Krankenhaus werden deine physischen Symptome behandelt, weiter nichts. Eine Überlebende, die uns um eine medizinische Konsultation bittet, kommt vorbei, kann sich in den Garten setzen oder sich hinlegen und warten, bis der Arzt sie drannimmt. Und es wird sich immer eine unserer Kolleginnen finden, die auf sie zugeht, sie begrüßt, sie fragt, wie es ihr geht, und die im Verlauf des Gesprächs erfassen kann, was ihr fehlt. Schon indem sie zu uns kommen, geben uns die Frauen ja zu verstehen, dass ihre Schmerzen mehr sagen, was ihnen selbst vielleicht gar nicht bewusst ist.

Und eben genau darum, weil man über die Bedeutung des Traumas so wenig weiß, haben wir bei Avega viel Energie darauf verwandt, unser Konzept bekannt zu machen. Zuerst musste Schluss sein mit der Heimlichtuerei. In sehr zurückhaltendem Ton, aber sichtbar mitteilungsbedürftig hatte uns eine Patientin erzählt, dass sie sich nicht wieder erkannte, weil sie die Geduld verlor, wenn ihre Kinder Lärm machten; eine andere hatte erzählt, sie glaube, noch immer ihre Familie zu sehen, obwohl sie genau wusste, dass die umgebracht worden war, auf einer Straße; eine dritte konnte ein Medikament nicht mehr in Form von Sirup zu sich nehmen, weil Sirup sie an das Sperma bei ihrer Vergewaltigung erinnerte; und wieder eine andere war losgegangen, ihre Tante zu besuchen, und hatte sich stattdessen irgendwo in ein Feld verirrt ... Allen den Frauen, die sich für verrückt hielten, weil sie ihr Gedächtnis verloren hatten, die ständig Angst hatten, Halluzinationen, schlaflose Nächte oder Albträume, aber nie den Mut, sich zuzugestehen, dass der Genozid selbst, den sie erlebt hatten, ein Verlust an Verstand war, allen den Frauen haben wir vor Augen geführt, dass ihre vermeintlich anormalen Symptome völlig normal sind und dass die eigentliche Anormalität in dem Unfassbaren liegt, das sie durchlitten haben. Und wir betonten dabei, dass sie ihr Gefühl, wahnsinnig zu sein, unbedingt aussprechen, es unbedingt äußern müssen, denn »wenn du es in dir behältst, ohne es in Worte zu fassen, sucht sich dieser Schmerz immer weiter seinen Weg in dir«, erklärten wir ihnen und verwandten dabei oft dieses Bild. In der ruandischen Kultur bekommst du immer zu hören, du sollst deinen Schmerz, dein Unglück für dich behalten: *Uhishe mu nda imbwa ntimbwa* (»Wer alles im Bauch behält, dem können die Hunde nichts stehlen«), sagt ein Sprichwort. Bei Avega haben wir erklärt, früher konntest du das Diktat dieses Sprichworts sicher befolgen, weil unsere Bäuche unser damaliges Leid und Unglück fassen konnten, aber was wir im Genozid durchlebt und überlebt haben, das kann heute kein Mensch in einem Bauch behalten – sonst würde alles in seinem Bauch explodieren. Irgendwie: in Form von Rückenschmerzen eben oder als Angst vor der Farbe rot; irgendwann: nachts, wenn du nicht mehr an die Arbeit denkst, oder mitten in einer Menschenmenge … So haben wir den Müttern und Mädchen sehr einfach und anschaulich erklärt, was Somatisierung bedeutet, und im nächsten Schritt, was ein Trauma ist. Und sie hörten uns zu, aufmerksam, erleichtert. Danach, regelmäßig, konntest du sehen, wie sich eine der Patientinnen in ihrem Stuhl aufrichtete, sich den Rücken hielt und dir seufzend sagte, ja, die Schmerzen im unteren Rücken, seit Monaten, die hat sie im Grunde seit dem Tod ihrer Kinder … Vor allem aber sagten sich die traumatisierten Frauen, es ist nicht ihre Schuld, dass es ihnen so schlecht geht, der Grund dafür liegt in dem, was sie durchgemacht haben. Der Genozid ist der Grund.

Darüber sollten mehr und mehr Überlebende informiert werden. Auch um ihrer Kinder willen oder für die, die sie bei sich aufgenommen hatten. Viele der Kinder machten ins Bett, und die Mütter reagierten nach alter Manier: Sie schimpften oder rüttelten sie durch. Wir mussten ihnen klar machen, dass die Kinder, wie die Erwachsenen auch, auf eine anormale Situation normal reagierten; die Katastrophe war nicht, dass sie ins Bett machten, sondern dass sie einen Genozid überlebt hatten. Aber vier Therapeutinnen sind nicht genug, um allen Frauen, die an Avegas Tür klopften, gleich viel Zeit zu widmen. Nun hatten wir dem Trauma also seinen Schrecken genommen und wollten unser Wissen weitergeben. Uns war aufgefallen, dass einige unserer Mitglieder eine besondere Begabung hatten, weil sie Menschen besonders gut zuhören, sprich, beruhigen konnten und sozusagen als Sieb wirkten, um die leichtesten Fälle vorzusortieren. Sie sollten im Rahmen des Programms *Helpful Active Listening* nach der Methode des englischen Psychiaters Sidney Brandon im Zuhören geschult werden; er war aus England zu uns nach Ruanda gekommen, um uns kostenlos auszubilden. Du sollst lernen, das, was eine Überlebende dir erzählt, aufzunehmen, ohne sie mit Kommentaren über deine eigenen Erfahrungen zu unterbrechen, und ihr dann in einfachen Worten erklären, dass ihr Leid legitim ist. Eine Art »Ersthilfe« im Grunde. Zu unseren Treffen kamen meist etwa dreißig Mütter. Wir sprachen immer zuerst über die verbreitete Angst vor dem Verrücktwerden, zählten die Symptome auf, die wir beobachtet hatten, und die Frauen sagten, inwieweit sie sich darin wieder erkannten. So bestätigten wir einmal mehr, dass die Überlebenden etwas zu sagen haben. Realistischer gesehen, ist die eigentliche Frage doch: Wem sollen sie es sagen? Wir kannten die Antwort und wagten uns, sie auszusprechen: niemandem. Niemandem außer uns selbst. Auch anderen Überlebenden müssen wir aufmerksam zuhören, damit auch ihnen der Bauch nicht platzt. Aber wie sollen wir dem anderen Bauch zuhören, ohne dem eigenen Aufmerksamkeit zu schenken? Also haben wir sie darauf hingewiesen, dass sie sich erst Zeit für uns Therapeuten nehmen und mit uns über sich sprechen müssen, damit sie später gelassen zuhören können, wenn ihnen jemand seine eigenen Sorgen erzählt. Sie bekamen mit, dass auch wir, die Profis, zu einem Supervisor gingen; allerdings sagten wir statt Supervisor lieber: »Ich gehe zu jemandem, dem auch ich von meinen ›Sachen‹ (*ibyange*) erzählen muss.« Meine Sachen, das hieß dann eben meine Geschichte, und das, was ich darüber empfinde. Dass wir manche Tätigkeiten delegiert haben, hat sich als wirklich effektiv erwiesen, in leichteren Fällen, wie gesagt; auf diese Weise kamen auch die Überlebenden zum Einsatz, die sich ehrenamtlich zur Verfügung gestellt hatten. Wir bekamen unsere verrückte Situation immer besser in den Griff, waren immer seltener nur Opfer. Uns war schon klar, dass wir mit unserem Ansatz, durch Zuhören »erste Hilfe« leisten, gegen die Grundprinzipien des Berufs verstießen, denn erste Hilfe leistet man ja normalerweise bei der Lebensrettung; aber Not macht nun mal erfinderisch. Die Psychologen schützen ihren Beruf im

Allgemeinen sehr, sie mussten in uns einfach Abweich-
ler sehen; uns aber ging es um den Schutz unserer Patientinnen, selbst auf die Gefahr hin, die Puristen zu schockieren. Pech für die Puristen: Ich ließe aber auch nicht gelten,
dass man unsere Arbeit als Billigversion abtut, wir wollten
einfach, dass es den Frauen besser geht, und in einem klar
definierten Rahmen ist uns das auch gelungen. Ich war ja
damals selbst gerade erst aus Großbritannien zurückgekommen, wo ich die Therapeutenausbildung gemacht hatte. Ohne dieses Diplom hätte ich nie praktizieren können
und war ja selbst auch noch viel zu desorientiert. Aber sobald ich den Überblick hatte, war ich bestens gerüstet, anderen zuzuhören.

19

Ein Jahr Atempause in England

Anhalten, anhalten … ich musste innehalten. Ich brauchte eine Pause. Um Bilanz zu ziehen, um kurz auszuruhen, um nachzudenken. Der Völkermord war zwei Jahre her, und ich hatte seitdem geschuftet wie wahnsinnig. Tagsüber bei Oxfam, dann nach siebzehn Uhr bei Avega, oft bis spät in die Nacht. Ich wollte nicht mehr nur funktionieren, automatisch, nicht immer nur todmüde ins Bett fallen, nicht immer nur hetzen. Also aufhören zu arbeiten, weg aus Ruanda; wenn man im Land bleibt, entspannt man ja doch nicht, selbst wenn man sich frei nimmt. Ich war erschöpft, abgespannt. Und hatte ja auch meine Familie zu versorgen. Zum Glück nahm meine Schwester Joséphine mir viel Arbeit ab. Sie hatte den Mut gefunden, nach Mwirute zurückzugehen, um wenigstens andeutungsweise zu erfahren, wie die Unsrigen ihre letzten Augenblicke verbracht haben. Weil sie zwanzig Jahre älter ist als ich, hatte ich ein bisschen das Gefühl, eine zweite Mutter zu haben. Sie war mir eine große Hilfe, weil ich durch sie die Möglichkeit hatte, mich meiner neuen Familie bei Avega zu widmen. Für die Vereinigung gab es immer etwas zu tun, immer irgendein Projekt ins Leben zu rufen. Ich weiß noch, wie ich mir jedes Mal, wenn ich einen neuen Geldgeber am Haken hatte, ständig einhämmerte: »Esther, du schaffst das, du schaffst das, du schaffst das …« Es ist möglich, man bekommt Kredite, mit denen die Überlebenden wieder ein Leben begründen, Häuser bauen, Schulgeld für die Kinder zahlen können, man kann sogar wieder lachen … Aber mein Motor lief nicht mehr oder besser, er lief zu automatisch. Meine Reflexe funktionierten gut, aber ich hatte Angst, ich würde bald nur noch mechanisch arbeiten: die Kinder versorgen, ihre Schulzeit begleiten, unsere Programme bei Oxfam entwickeln, die Witwentreffen jeden Abend, entscheiden, handeln, nicht zum Nachdenken kommen … Wenn ich im Landrover von Oxfam mit Vollgas durch die Gegend brauste, um ja keine Zeit zu verlieren, dachte ich oft, dass ich nur durch ein Wunder bisher keinen Unfall gebaut hatte: Ich war nie bei der Sache, wenn ich am Steuer saß, in Gedanken noch in der letzten oder schon in der nächsten Sitzung oder bei den Schulaufgaben der Kinder oder in der Gruppentherapie mit den überlebenden Witwen oder … Alles lief rund in meinem Leben, aber eben alles automatisch.

Auch meine Vorgesetzten bei Oxfam spürten, dass ich ausgebrannt war: zunehmend reizbar, trotzdem unermüdlich. Sie machten sich Sorgen um mich und gewährten mir schließlich den so ersehnten Luxus: ein Sabbatjahr. Ich wollte unbedingt eine Ausbildung zur Psychotherapeutin machen, aber wo? Und welche? Ich hatte meine Fühler schon nach Belgien und nach Südafrika ausgestreckt, mit wenig Erfolg, und erfuhr dann von Professor Brian Thorne, dessen Arbeit an der Universität von East Anglia in England und von der personenzentrierten Gesprächsführung: *Person Centered Therapy*. Ein Mensch ist nicht endgültig tot, selbst wenn er noch so gebrochen ist. Es gilt, das Lebendige in ihm aufzuspüren, herauszuarbeiten, schrieb er, scheinbar einfach, aber überzeugend. In diesem Ansatz erkannte ich mich spontan wieder, denn alles in allem war ich, bin ich im Grunde ein Glückskind: durch die Liebe meiner Eltern, die meiner Familie, meines direkten Umfelds habe ich an mich selbst geglaubt, denn diese Liebe hat alle kulturellen Vorurteile überwunden. Ich wurde als Mädchen geboren, und über das, was meine Kultur verurteilte – »Ach, ein Mädchen, bah!« – hat mein Vater sich gefreut: »Ein Mädchen, umso besser!« Genau das, was meine Kultur missbilligte, indem sie die Tutsi herabsetzte und mich dazu brachte, meine Identität zu verleugnen, das hat mein Vater aufgewertet: »Du bist, wer du bist, und das ist kein Verbrechen: Versteck dich nie!« Das hat mir wirklich mein Vater, der Lehrer, beigebracht: Jedes Kind kann Mathematik verstehen. Wenn du an jemanden glaubst, gibst du ihm wirklich seine Chancen, und das hat mein Vater für uns getan, genau wie für seine Schüler. Bei näherer Betrachtung erschien mir Brian Thornes Theorie also nicht so idealistisch, da ich sie ja sozusagen persönlich überprüft hatte: Meine Kindheit hatte mich geprägt. Mein Vater und meine Mutter hatten mich geschätzt, ich musste mich nie um ihre Anerkennung bemühen, musste mir ihren Blick, ihre Aufmerksamkeit nie erheischen. Und später hat meine Ehe mit Innocent mich nur noch bestärkt: Ich liebte, und ich wurde geliebt, das war so konstruktiv. Damit ich arbeiten konnte – das hieß, dass ich oft auf Reisen, also oft weg von zu Hause war –, hat sich Innocent intensiv um die Kinder gekümmert, ohne mir jemals den geringsten Vorwurf zu machen; er fand nichts dabei. Es war ihm wichtig, dass ich ein erfülltes Leben hatte. Vielleicht lag das auch daran, dass wir, weil wir beide so häufig Diskriminierung erfahren hatten, gar nicht anders konnten, als uns an dem zu freuen, was der andere erreichte; wir kannten den Preis, den uns dieser Erfolg gekostet hatte … Jedenfalls war Innocent ein fröhlicher Mensch, genau wie seine ganze Familie; dort wurde aus dem kleinsten Anlass getanzt: Jemand brachte einen Kasten Bier mit, und schon fingen alle an zu tanzen, einfach, weil man fröhlich beisammen war. In unserem persönlichen Leben hatten wir wirklich allen Grund, zufrieden zu sein: Wir bauten gerade ein Haus in Kigali, die Geschwister, die hier zur Schule gehen würden, waren versorgt, die Ehen verliefen harmonisch, unsere Familien entwickelten sich gut, und unsere Eltern wurden in Ruhe alt. Solange es sie gab, wenn unser Haus einmal mehr zerstört worden war, nach jedem Massaker, nach jedem Verlust, konnte ich wieder von vorn anfangen, weil ich innerlich ausgefüllt war. Ich hatte lange zuvor schon begriffen, dass man Geld und materielle Dinge ersetzen konnte und dass die Liebe, die ich in mir trug, das Wichtigste war im Leben, meine Familie, die mir immer wieder die Kraft gab, neu anzufangen. Aber die Welt draußen, die macht dich kaputt. Während ich in Ruanda lebte, stand die Außenwelt in heftigem Widerspruch zu meiner inneren Stärke. Aber ich wiederhole, solange meine Familie lebte, sah ich durch sie das Bild der Entwürdigung, der Verachtung, das der größte Teil meiner Gesellschaft mir entgegenhielt, mit anderen Augen. Als meine Familie dann aber ausgelöscht wurde …

Ich las also dieses Buch, weil mich die Theorie ansprach, der ich im Grunde zustimmte, doch ich las es genau zu der Zeit, als ich innerlich völlig kaputt war, der Glaube an meine Mitmenschen dahin. Mit dem Völkermord war mir gerade das Schlimmste widerfahren, zu dem menschliche Wesen fähig waren. Was heißt es, das Schlimmste zu erfahren: Ich hatte nicht nur die menschliche Fähigkeit erlebt, den Tod zu bringen – was »normalerweise« als das Schlimmste im Leben gilt –, sondern ich sah den Menschen vor allem als ein Wesen, das seine gesamte Intelligenz und seinen teuflischen Erfindungsgeist aufbietet, um seinen Mitmenschen das Schlimmste anzutun. Etwas, das tatsächlich noch schlimmer ist als der Tod selbst. Ein Onkel von mir hatte den Bürgermeister gebeten, man möge ihn erschießen: abgelehnt. Wenn du das Glück hattest, dir deinen »weniger« grausamen Tod erkaufen zu können, dann hast du ihn dir erkauft. Wenn nicht, haben sie dich mit der Machete zerhackt, aber – und hier zeigt sich das ganze Grauen – nicht mit einem Schlag. Du bekamst einen Hieb ab, und dann ließen sie dich im Sterben liegen, entweder weil der Mörder müde war vom vielen »Arbeiten« oder, was noch häufiger vorkam, ganz ohne Grund, sprich, weil du auf diese Art noch mehr zu leiden hattest, als wenn sie dich gleich umgebracht hätten. Man wollte einfach die Liebe in dir zerstören, die du vielleicht in dir hattest, für dich, für andere. Und so kriegen sie dich, wenn du siehst, wie grausam sie sind, mit welcher Akribie sie diese Grausamkeit in die Tat umsetzen, kriegen sie dich so weit, dass du dir schließlich einredest, du bist wohl nicht ganz unschuldig an alledem, denn ihr Verhalten ist so kolossal unfassbar, dass du dir am Ende sagst, vielleicht nur für den Bruchteil einer Sekunde: »Hör mal, das gibt's doch gar nicht, sie haben bestimmt ihre Gründe …« Weil du so sehr dabei bist, ihn zu verlieren, deinen Verstand, sagst du dir, sie haben bestimmt ihre Gründe … Der Völkermord erschüttert dein Selbstvertrauen, dein Vertrauen in dich, in den anderen. Der grundlose Hass unserer Völkermörder, der totale Hass auf mich als Tutsi, während ich doch selbst so viel Liebe bekommen hatte … Was hatten sie denn zu gewinnen? Was haben sie gewonnen? (Schweigen) Warum, warum nur wollten sie uns auslöschen, vernichten? … Du hörst nicht auf, dir die Frage nach dem Warum zu stellen, obwohl du doch weißt – du weißt absolut –, dass es keine Antwort darauf gibt. Auf diese Frage gibt es keine Antwort, weil es keine geben kann, keine geben darf und auch nicht geben wird; andernfalls liefe alles darauf hinaus, dass man die Taten in gewisser Weise rechtfertigt. Oder aber, gut, einverstanden, versuchen wir zu verstehen, aber um zu warnen. Schauen wir uns an, welche Mechanismen solche Tragödien rechtzeitig aufhalten könnten … Nur, wie wir wissen, ist es jetzt zu spät: Vor dem Völkermord hatten Menschenrechtsligen offizielle Berichte veröffentlicht, man hatte Nachforschungen angestellt – und nichts wurde verhindert. Immer häufiger denke ich seitdem an all die Mittel, die die Völkermörder eingesetzt haben, um ihr Endziel – unser Ende – zu erreichen. Mir war damals nicht klar, dass sie planmäßig vorgingen: Ich hörte zwar Radio, hörte die Reden, spürte die steigende Spannung und ahnte, dass alles zu weit ging, weil, anders als in früheren Krisen, wo zwar alle Bescheid wussten, aber gleichgültig taten, 1994 alles unverblümt gesagt wurde, lautstark verkündet, offen zur Schau getragen. Ich spürte, physisch, nicht rational, dass sie diesmal nicht einen von uns am Leben lassen wollten … Damals begriffen wir aber nicht, dass dafür eine ganze Organisation im Einsatz war, von langer Hand minutiös geplant, Etappe für Etappe. Und vor allem haben wir die Blauhelme und die Diplomaten vor Ort überschätzt. Wir hätten nie geglaubt, dass sie tatenlos zusehen würden, erstens, weil sie ja den Auftrag hatten, in Ruanda für Ordnung und Frieden zu sorgen, und zweitens, weil ihre Untätigkeit unterlassene Hilfeleistung war. Sicher, bei früheren Massakern hatten sie auch nur selten eingegriffen. Aber diesmal lagen alarmierende Untersuchungen der Menschenrechtsorganisationen vor, das Abkommen von Arusha war unterzeichnet, daran schloss sich der Auftrag der Vereinten Nationen an, für Frieden zu sorgen, die UN-AMIR wurde im Land stationiert, um Ausschreitungen zu verhindern. Was die Intervention der UNO während des Genozids angeht, so erliegen die Leute oft einem Irrtum: Sie glauben, die Frage war, sollte man nun ein Kontingent hinschicken oder nicht? Aber die Soldaten waren ja schon vor Ort! Es ging also nur darum, sie dort zu belassen und ihr Mandat zu erweitern. Nie, niemals hätte ich mir träumen lassen, dass sie tatenlos zusehen würden, live, vor ihren Augen … es geschah ja alles direkt vor ihrer Nase. Aus Protest haben Soldaten ihre Helme verbrannt, nachdem sie aus Ruanda zurück waren: Sie hatten nicht schießen dürfen, durften nicht einmal reagieren, als es zu ersten Übergriffen kam, in ihrer Anwesenheit. New York hatte kein grünes Licht gegeben. Nie mehr werde ich an ein »Niemals wieder« glauben können, nie mehr; das ist ein Witz. Niemals wieder ist ein Witz. Ein Völkermord kann jederzeit wieder passieren, bei uns, bei anderen, bei dir.

Und wenn du an nichts mehr glaubst, wenn du die Liebe deiner Familie nicht mehr in dir hast, wenn du nur noch leer bist und wütend und nochmals leer … dann willst du an diese schöne Theorie nicht mehr glauben, dass man »noch daran glauben kann«, wie es das Buch tat, das ich damals, 1996, entdeckte. Mein Glaube an die Menschheit und an das Menschliche war gründlich zerstört und mein Glaube an Gott auch. Wie also sollte ich an die Theorie von Brian Thorne glauben, die die Erfahrung des Genozids widerlegte, auch wenn ich das Häuflein Aufrechter nicht vergaß, dem ich begegnet war? Sind denn die wenigen Menschen, die auf die eine oder andere Weise dazu beigetragen haben, dass ich noch am Leben bin, allein in der Lage, das bisschen Vertrauen in den Menschen wach zu halten, das mir noch geblieben war? Die Frage ist entscheidend, denn damals dachte ich manchmal, dass es ein schrecklicher Irrtum gewesen war, wenn ich an die Menschlichkeit geglaubt hatte, früher, vor dem Genozid. Zur Erklärung: Jemand, der vor 1994 Rassist war oder den Hutu gegenüber furchtbar misstrauisch, traute keinem Menschen über den Weg, reagierte deshalb schneller mit Flucht und wurde so vielleicht eher gerettet. Ich aber war mein Leben lang zwar Zeugin und Opfer des Rassismus gegen die Tutsi, glaubte aber trotzdem lieber weiter an den Menschen, an die Menschlichkeit. Jedes Mal aber wurde ich mit schlagenden Beweisen dafür konfrontiert, dass manche unserer Nachbarn oder sogar nahe Verwandte uns verrieten, bestahlen. Ich übersah das immer, als sei nichts geschehen … (*Langes Schweigen*) Was blieb mir denn anderes übrig? In unserer Jugend, als meine Schwester Stéphanie und ich uns vornahmen, unsere Wut zu zeigen und kein Wort mehr mit unseren Nachbarn zu reden, hielten wir das nicht sehr lange durch. Das Problem ist nämlich, dass Hutu und Tutsi im Alltag zum Beispiel gemeinsam Wasser holen und du immer jemanden brauchst, der dir hilft, den Kanister auf den Kopf zu heben; *kugukorera* heißt, jemandem helfen, eine Last auf den Kopf zu heben, und das ist das Mindeste, was die Höflichkeit gebietet. Wenn du Wasser holst, sprichst du den an, der gerade vorbeikommt, ob du ihn kennst oder nicht, und bittest ihn um Hilfe, ohne darauf zu achten, ob er Hutu ist oder Tutsi … Niemand würde dir diese Bitte je abschlagen. Folglich wäre mir, selbst wenn ich beschlossen hätte, zu rebellieren und mit keinem Hutu mehr zu reden, nie in den Sinn gekommen, ihm nicht mehr zu helfen, seinen Kanister auf den Kopf zu heben; das hätte meiner Natur, meiner Kultur widersprochen. Dasselbe gilt, um den Kanister vom Kopf zu nehmen. Wenn niemand zu Hause ist, musst du einen Nachbarn um Hilfe bitten: *kugutura*. Mit einem Kanister auf dem Kopf allein zu bleiben, das ist ... einfach undenkbar. Es sei denn, du kippst alles Wasser wieder aus. Hutu und Tutsi sind also beinahe gezwungen, zusammenzuleben. Sie brauchen uns, wir brauchen sie. In der Stadt, ja, da kommst du ohne deinen Nachbarn aus, da hast du fließend Wasser, du kannst deine Tür hinter dir zumachen. In der Stadt lebst du zwar auch mit Hutu, aber du kannst Mördern und Dieben aus dem Weg gehen, brauchst kein Wort mit ihnen zu wechseln. Auf den Hügeln aber, ausgeschlossen. Die große Mehrheit der Ruander lebt nun mal auf den Hügeln.

Schließlich hab ich doch Kontakt mit Professor Brian Thorne aufgenommen, hab lange mit ihm telefoniert. Er war sehr aufmerksam, und ich empfand gar keine Scheu (*Lachen*); so ein Völkermord, wenn du ihn überlebst, hat auch was für sich: Du hast vor nichts mehr Angst, und niemand erscheint dir mehr größer als du selbst. Während des Gesprächs, das im Büro von Oxfam stattfand, schaute ich durchs Fenster, sah die Blumen und hätte ihm gern von meiner Wut auf sie erzählt, sagte aber nichts, weil ich dachte, eine Frau, die sich mit Blumen streitet, fände er bestimmt seltsam. Ich erklärte ihm stattdessen, dass ich an seinem Seminar teilnehmen müsse, um effektiver für meine Überlebenden zu arbeiten, vertraute ihm an, dass ich mich auf meiner Suche nach dem Menschlichen und nach dem Leben in seinem Buch hatte wieder finden können und dass ich einen gewissen Sinn daraus geschöpft hatte. Irgendwann fragte er mich, genau so hat er's formuliert: »Wird Ihnen das nicht schwer fallen? … Ich meine, wenn man bedenkt … Sie haben das Äußerste durchgemacht; können Sie nach einer solchen Erfahrung das Leid anderer Menschen noch akzeptieren, die Trauer einer Person zum Beispiel, die gerade ihre Katze verloren hat, ihren einzigen Freund, ohne dieses Leid im Vergleich zu Ihrem eigenen gering zu schätzen?« Sein Beispiel ist mir noch gut in Erinnerung: der Tod einer Katze, des einzigen Freunds eines Patienten. Ich war damals überhaupt nicht schockiert, weil ich nach dem Genozid, glaube ich, sehr schnell begriffen hatte, dass mein Leid in der Tat alle Grenzen sprengt, unsagbar ist, unerträglich zu hören, was aber kein Grund dafür sein durfte, das Leid anderer Menschen nicht anzuerkennen. Ich weiß nicht genau, wie ich es erklären soll, aber es war wie eine Ahnung, die ich seit geraumer Zeit schon hatte: dass Leid eine persönliche Sache ist, dass es sich nicht quantifizieren lässt, dass man es nicht am Leid anderer messen soll … (*Ihr Blick schweift ab.*) Vielleicht ist mir das durch Avega klar geworden … Ich habe dort Mütter getroffen, die hatten ihre Kinder, ihre Gesundheit, ihr Geld, ihre Familie verloren, und ihnen blieb trotzdem noch Kraft, andere Witwen zu trösten. Aber dort waren eben auch Frauen, die nicht einmal den schlichten Verlust ihres Arbeitsplatzes verkraftet haben, selbst wenn ihre Familien und ihr Hab und Gut gerettet worden waren … Damals hab ich wirklich eingesehen, es gibt keinen Gradmesser, oder jedenfalls lässt sich Leid nicht anhand objektiver Ereignisse messen. Eines Tages sagte uns eine Mama: »Das Pech steht immer im Singular. Mein Pech ist meins, dein Pech ist deins, und was für mich gilt, gilt nicht für dich ...« Entweder du hast die innere Stärke, oder du hast sie nicht, um dein Schicksal zu akzeptieren. In solchen Fällen taucht immer wieder Joséphines Bild vor mir auf, das Bild meiner Freundin, die mich dazu bewegt hat, nicht aufzuzählen, was ich verloren hatte, sondern was mir geblieben war. Ich muss noch mal betonen, wie viel Glück ich mit meinen Töchtern habe, die leichter zu retten waren als Söhne, vielleicht ... Als der englische Professor mir also sagt, es könne sein, dass ich Leuten gegenübersitze, die außer sich sind, weil ihnen die Katze gestorben ist, während ich meinen Vater, meine Mutter, meinen Mann, meine Schwestern verloren hatte ... und dass ich im extremsten Fall auf jemanden treffen könne, dem das Haus abgebrannt ist, nehme ich ihm seine Zweifel. Nicht, weil ich dauernd das Bedürfnis habe, Menschen ihre Zweifel zu nehmen, sondern weil ich sicher bin: Ich erwartete nicht, dass die ganze Welt ihr Leben änderte, weil ich eben einen Genozid überlebt hatte ...

Ich fuhr also nach Großbritannien, richtete mich in Norwich ein, im Nordosten Londons, im September 1996. So wie ich das Glück hatte, während des Genozids keine Leichenberge sehen zu müssen, blieb mir in jenem Jahr auch der Anblick der Hutuflüchtlinge erspart, die in Massen aus dem Kongo nach Ruanda zurückkehrten. Dieser Anblick hat bei den Überlebenden des Genozids viele traumatische

Erinnerungen wachgerufen: Manche standen sogar den Mördern ihrer Angehörigen gegenüber. Ich habe an der Universität von East Anglia ein Jahr lang geschuftet, wieder wie eine Besessene. Anfangs hatte ich den Eindruck, der Kurs wird mir nicht das Wissen liefern, das ich brauche, um traumatisierte Menschen zu betreuen. Doch obwohl ich noch einen Zusatzkurs für Traumabehandlung drangehängt habe, bin ich heute überzeugt, dass die Arbeit auf der Basis dieser personenzentrierten Theorie ideal war. Mit ihr lassen sich zum einen die Folgen eines Traumas lindern, zum andern aber erfüllt sie zusätzlich das drängende Bedürfnis eines Genozidüberlebenden, sich als menschliches Wesen zu rehabilitieren, das sich wieder eine Identität erschaffen muss, weil die frühere völlig zerstört wurde. Und sie erfüllt auch den dringenden Wunsch, sich eine neue Lebensbasis zu schaffen und sie aufrechtzuerhalten, auch wenn die Lebenswelt vollkommen vernichtet wurde. Zusätzlich zum Theorieunterricht bildeten wir oft Arbeitsgruppen, mit jeweils etwa zehn Teilnehmern, in denen wir frei redeten. Ich hatte während der ersten Sitzung meine Studienkollegen inständig gebeten, sie möchten wegen meiner Geschichte weder Schuldgefühle entwickeln noch mich in Watte packen. »Ich habe das Leid nicht gepachtet, und ich will es auch nicht als Joker einsetzen«, hab ich ihnen klipp und klar gesagt, was übrigens bis heute gilt. Ich glaube, dieser ehrliche Hinweis war hilfreich, weil alle Angst hatten, meine Erfahrung könnte sie dazu verpflichten, ihre eigene zu relativieren. Meine Bitte hat ihnen gezeigt, dass ich ihre Wirklichkeit und die Unterschiede unserer Wirklichkeiten ernst nehme und für berechtigt halte. Ich kenne die europäische Kultur, ich weiß, dass manches angesichts der Tragödien, die wir in Afrika erleben, als lächerliche Lappalie gelten könnte, aber ich weiß auch, dass jemand, der weint, weil er oder sie sich zu dick oder hässlich vorkommt, sein Leid nicht erfindet, er leidet wirklich an dem, was er ist. Es gibt kein Leidbarometer.

Dort, in den gemeinsamen Sitzungen, habe ich gesagt, ich hätte den Glauben an das Menschliche, an den anderen, den Mitmenschen verloren. Dort konnte ich auch zum ersten Mal vor fremden Leuten weinen. Ich spürte so viel Wohlwollen in ihnen … Genau das machte mir während des Ausbildungsjahres emotional fast zu schaffen: Ich fühlte mich wieder angenommen, wurde beachtet von Menschen, die ich vor wenigen Monaten noch gar nicht kannte. Anfangs war es mir wirklich zu viel, denn je größere Aufmerksamkeit du von manchen bekommst, desto mehr fragst du dich, warum, und begreifst umso weniger, weshalb andere dich so verbissen bekämpft haben … Sehr schnell habe ich gelernt, dieses »Zuviel« ist nicht zu viel, es ist mein Recht. Und in den Sitzungen hörte ich endlich, zum ersten Mal seit dem Ende des Genozids: »Los, erzähl, es ist uns nicht zu viel. Wenn es dir nicht zu viel war, es durchzumachen, ist es uns nicht zu viel, es uns anzuhören.« Ich hatte ja jahrelang geschwiegen oder meine Berichte mittendrin abgebrochen. Und auf einmal bist du unter Menschen, die dich gern haben, die dich umschließen … So ein Luxus! Der wahre Luxus! Und wie oft, wie

263

oft habe ich an meine Freundinnen bei Avega gedacht, die diese Erfahrung auch hätten machen sollen …

Dort wurde ich auch meine Angst davor los, verrückt zu werden, die mich jedes Mal packte, wie gesagt, wenn die hartnäckigen Fragen sich wieder einstellten. Warum, warum … Ich begriff den abgrundtiefen Hass nicht, den sie auf uns Tutsi hatten, und das verfolgte mich. »Warum, warum denn?«, fragte ich mich, »wir hatten ihnen doch nichts getan …« Manchmal sagte ich mir auch: »Mein Gott, welchen Hass auf uns müssen wir in ihnen geschürt haben, dass sie so weit gehen, uns …« Aber trotz aller Erklärungen der Welt fragst du dich dauernd, warum … Nach einem Genozid fühlst du dich total verlassen. Du kannst dir nicht vorstellen, wie sehr. Du sagst dir, du lebst, aber eigentlich, da sie ja dich, deine Familie, deine Ethnie komplett auslöschen wollten, dürftest du gar nicht da sein. Du dürftest nicht da sein und bist es doch. Aber bist du wirklich da? … Ohne Stütze, ohne Gegenpart, der dir antwortet, ohne Spiegel, der dir Eigenliebe zurückgeben könnte … Im Grunde bist du nur ein Zombie, ein lebender Toter. Genau das: Nach dem Genozid war ich bei lebendigem Leibe tot. Das hab ich erst nach und nach richtig begriffen. Die Gespräche unter uns überlebenden Witwen hatten mir schon deutlich gezeigt, dass der Erfolg des Genozids nicht nur darin lag, unsere Familien, unsere Existenzen vernichtet zu haben, sondern auch darin, dass er uns einen inneren Tod, den Tod unseres eigenen Lebens bescherte. Und wenn dir das bewusst wird, dann … o, dann fällst du wirklich in eine schreckliche Depression …

Eine Depression, die sogar stärker sein kann als deine Wut. Zum Glück blieb mir genug Wut, um mir mit der Zeit vorzunehmen, sie in Worte zu fassen, mir vorzunehmen, keine lebendige Tote zu sein, sondern eine lebendig Lebende. Genau: So hat der Genozid seine Mission nicht vollständig erfüllt. Ich bin keine lebende Tote mehr.

Das war eine Erkenntnis, die mir das Ausbildungsjahr in England gebracht hat. Ich hatte nicht nur Gelegenheit, alles Revue passieren zu lassen, was mich zerstört hatte, sondern ich konnte mir auch Zeit gönnen, die wenigen zarten Fäden wieder aufzunehmen, die mich wohl doch noch mit dem Menschlichen verbanden. Weil ich in einer absolut geschützten Umgebung war, konnte ich in jenem Jahr erneu(er)t zur Welt kommen. In jenem Jahr gestand ich mir auch das Recht zu, wieder zu lieben, ohne das Gefühl zu haben, ich verrate Innocent. Endlich gestand ich mir mein Lebensrecht zu und war nicht mehr nur durch Zufall am Leben. Ich traf eine Wahl, meine Wahl, wirklich und aus tiefer Überzeugung. Und mit diesem Schritt, der zunächst riesig und schmerzhaft, erst später befreiend war, konnte ich mein Leid von dem der Patientinnen trennen, die ich später behandelte. Die Tage vergingen mit Theorieunterricht, Gruppensitzungen und einige Monate später mit Praktika, in denen wir unter Aufsicht eines Supervisors Patienten behandelten. Ein Supervisor hilft dir dabei, die Gefühle, die Emotionen, manchmal auch die Abneigung zu deuten, die die Geständnisse eines Patienten in dir hervorrufen. Du lernst, dein Gefühlsterritorium von seinem klar abzugrenzen. Als ich nach Ruanda zurückkehrte, mit meinem Diplom in der Tasche und einer von Oxfam geschaffenen Stelle als Therapeutin für Avega in Aussicht, fühlte ich mich wesentlich besser gerüstet, Überlebenden zuzuhören, ohne dass ihre Geschichte die Erinnerung an meine eigene wachrief. Meine Gefühle vermischten sich nicht mehr mit ihren, ich ließ mich auch nicht mehr davon überwältigen. Ich hatte meine innere Ruhe wieder gefunden, war wieder anerkannt. Ja, die Meinen waren definitiv tot, aber ich hatte wieder jemanden, der mir den Rücken stärkte, einen Spiegel, der mich aufwertete. Wohlgemerkt, ich sage nicht, dass während eines Jahres in Großbritannien alles wieder in Ordnung kam! Wenn ich einem Überlebenden gegenübersitze, identifiziere ich mich heute noch genauso mit seinem Leid wie zuvor, aber jetzt bin ich gefasst dabei. Du lernst, dich zu beherrschen: Anfangs hörte ich zu, sagte gleichzeitig mit meinem Gegenüber: »O, der Hund, der Schuft!« und merkte gar nicht, wie unklug das war. Ich ermaß weder, mit wie viel Energie ich mich ereiferte, noch, dass ich vielleicht sogar lauter schrie als meine Gesprächspartnerin, auch wenn ich ihre Worte benutzte. Heute sitze ich schweigend dabei, respektiere den Raum des Patienten. Ich muss genau darauf achten, meine eigenen Geschichten nicht in das Gespräch mit dem Patienten einzubringen, es sei denn, und das gilt in manchen Fällen, dadurch könnte eine Dynamik entstehen. Wenn ich dann eingreife, tue ich es dem Bedürfnis des anderen, nicht meinem eigenen Wunsch entsprechend. Wie zum Beispiel bei dem ruandischen Mädchen, das erst mit ansehen musste, wie sie ihre Familie umgebracht haben, dann von den Mördern vergewaltigt wurde und eines Tages mitten in der Sitzung anfing zu schreien: »Ich hasse sie! Ich hasse sie!« Für sie als Christin war es tabu, ihren Nächsten zu hassen, selbst wenn er ein Mörder war. Also habe ich ihr gesagt: »Du hast Recht, sie zu hassen«, aber ich habe es um ihretwillen gesagt, um ihre Worte, nicht aber meine eigene Wut zu legitimieren. Denn es war ihre Wut, die in der Sitzung Raum einnahm. (*Lachen*) Zum Glück jedenfalls hatte ich gelernt, mich zusammenzunehmen, denn wenn dir eine Patientin mehrmals sagt: »Gott hat uns verlassen«, versöhnt sie sich auch schnell wieder mit ihm ... Ach ja, Gott in den Sitzungen, das ist schon was ... (*Wieder Lachen*) Ich erinnere mich an einen Tag in England, an dem ich, ganz zu Anfang meiner Arbeit, einen Patienten hatte, der auf Gott total wütend war. O, wie gern hätte ich ihn in seinem Zorn bestärkt! »Ja! Ja, nur zu! Du hast Recht!« Plötzlich hatte ich größte Lust, mit ihm gegen Gott zu demonstrieren, zu marschieren, untergehakt, Schulter an Schulter, und im Chor mit ihm zu skandieren: »Gott ist ein Übel, dafür kriegt er Prügel!« Aber – und das zu lernen, war mir sehr hilfreich – du beherrschst dich, weil du in einen anderen Zusammenhang eingebunden bist, und selbst wenn du dich in solchen Momenten mit der ganzen Welt im Einklang fühlst, weil er, der Engländer, der aus einer völlig anderen Familie kommt als du, dennoch mit dir, der Ruanderin, gleichermaßen böse ist auf Gott, wenn auch aus anderen Gründen, dann weißt du doch, dass es für dich ab jetzt nicht mehr in Frage kommt, mit ihm gemeinsam gotteslästerliche Reden zu schwingen.

Es tat mir gut, nach einem Jahr nach Ruanda zurückzukommen. Ich komme immer gern wieder nach Ruanda zurück. Sogar im Juli 1994, als ich aus Uganda nach Kigali zurückkehrte, obwohl die Hauptstadt schmutzig war, dreckig und schrecklich stank, kam ich trotzdem gern wieder zurück. Es ist mein Schmutz, mein Gestank, der meiner Toten, der meiner Familie. Deshalb musste ich »dort« sein, in Ruanda, weil es »dort« war, Punkt.

Aber als ich aus Großbritannien zurückkam, war es auch bedrückend zu sehen, wie sehr sich der psychische Zustand der Überlebenden verschlechterte. Das ist normal, hätte ich fast gesagt ... Wer überlebt hat, stirbt mit der Zeit innerlich, und wenn zur Armut noch schwache körperliche Verfassung und Hunger hinzukommen, hilft ihm nichts in der Gegenwart, sich vom Unfassbaren zu lösen, das er durchlebt hat. Das ist normal, hätte ich fast gesagt, aus klinischer Sicht. Vollkommen anormal aus jeder anderen Sicht.

Meine einzige Zufriedenheit rührte daher, dass ich jetzt professionell praktizierte, was ich zuvor instinktiv getan hatte: anderen zuhören. Und vor allem aus der Gewissheit, dass ich mit meinem neuen Beruf Avega nützlich sein konnte, all den Witwen des Völkermords im April, unter denen ich inzwischen so viele enge Freundinnen habe. In Ruanda ist es unmöglich, ohne Klan zu leben. Meiner war vernichtet worden, in Avega hatte ich einen neuen gefunden.

20

Der Klan der Witwen

Ausländischer Besuch für Avega kommt meist auf Zehenspitzen in unser Büro. Manchmal überrascht er uns dabei, wie wir herzlich lachen, uns in die Hände klatschen und uns zu einem guten Witz gratulieren. Die Leute fassen es kaum, sind wie vor den Kopf gestoßen. Genozidwitwen lachen, knapp vier Jahre danach?

Chantal zum Beispiel, stur, kräftig, kämpferisch im besten Sinne des Wortes, glaubt fest an die Gerechtigkeit, Punkt – und erklärt uns auf extrem rationale Weise, dass ohne juristischen Rahmen, ohne Gefängnismauern, wenn den Mördern nicht der Prozess gemacht wird und sie für ihre Taten nicht bestraft werden, der Genozid sich wiederholen wird. Chantal will keine Spenden, von nichts und niemandem, sie will nur Recht, Recht, Recht ... »Wenn man dir das verweigert, hast du nie Anspruch drauf.« Chantal, unermüdlich empört und ausgezeichnete Logistikerin, koordiniert unsere Vereinigung.

Und Pauline gehört zu den wenigen, die ein Auto haben. Pauline ist sehr großzügig und immer da, wenn man sie braucht, schon seit der Gründung der Vereinigung. Wenn wir irgendwohin wollen, rufen wir Pauline an, wenn wir eine Tür brauchen, ein Fenster, rufen wir Pauline, die Unternehmenschefin, wenn wir ein Kind zur Adoption geben wollen, rufen wir Pauline an ... die schon zehn bei sich aufgenommen hat.

Und wir haben Tante Anastasie, die uns beruhigt, wenn wir uns die Köpfe heiß reden, wenn es Meinungsverschiedenheiten gibt oder wir aufgebracht sind, dann sagt sie, setzt euch hin, und macht uns Milch oder Tee.

Und Rose, eine Tante von mir, die alles verloren hat und uns verspottet, wie schon gesagt: »Ach, hört doch auf mit euren ach so lieben, aufmerksamen Ehemännern und all dem Kram! Gebt ruhig zu, dass ihr jetzt erleichtert seid, weil ihr früher betrogen wurdet und geschlagen ...« Nur Rose darf sich alle Ironie der Welt erlauben, denn sie hat alles verloren, alles und alle. Und alle lachen sie, und jede einzelne antwortet ihr, nein, nein, ihr Mann hat sie nie geschlagen und hatte auch kein zweites Büro[*] ...

Wir brauchen diesen Spott, weil uns so viel Gemeinheit entgegengeschlagen ist. In Ruanda bringt eine Witwe kein Glück. *Uwo wanga aragapfakara, ibisigaye atunge ibyo*, sagt ein Sprichwort (»Du kannst deiner schlimmsten Feindin wünschen, Witwe zu sein, dann nützt ihr kein Reichtum dieser Welt.«) Was die Worte bedeuten, haben wir nach dem Genozid nur allzu eindrücklich erfahren: Zu Beerdigungen wirst du nicht mehr eingeladen. Niemand besucht

---

[*] Das zweite Büro ist in Afrika eine verbreitete Umschreibung für die Geliebte.

dich mehr, aus Angst, du könntest in Not sein; wenn zum Beispiel jemand zu Besuch kommt und du sagst ihm, dass du die Stromrechnung nicht bezahlen kannst … Uns Witwen nennen sie »Gebrauchte aus Dubai oder Europa«, ähnlich wie die Gebrauchtwagen auf dem Automarkt. Außerdem wurden wir gemieden, weil Ehefrauen Angst hatten, wir könnten ihnen die Männer ausspannen. Die Frauen waren uns gegenüber nicht immer die Großzügigsten: Sie hatten schreckliche Angst davor, dass wir ihnen die Männer wegnehmen, wenn die uns besuchen kämen. Ich heiße die Reaktion zwar nicht gut, kann sie aber nachvollziehen, und zwar deswegen: Der Genozid hat uns Frauen, uns Ruanderinnen, die wir als Witwen überlebt haben, einen Platz in unserer Gesellschaft beschert, den wir so nicht wollten. Wir fielen überall auf, weil wir eben überall zu sehen waren. Wir kämpften für unsere Sache und waren durch nichts zu bremsen; und wir erschienen auf vielen Versammlungen, die bis dahin eine Domäne der Männer — auch der unseren, zu deren Lebzeiten! — gewesen waren. Deshalb kann ich die Besorgnis jener Ehefrauen verstehen: Wir hielten uns schließlich bei ihren Männern auf, noch dazu dort, wo Frauen normalerweise nicht hingehörten. Wir aber gingen um unserer Sache willen dorthin, denn wir hatten ja niemanden mehr, der uns hätte vertreten können. Man hatte uns eine Hälfte amputiert: Vor dem Genozid hast du dich an deinen Mann oder deinen Bruder gewandt, wenn dein Hausdach undicht war. Mütter, die solche Sachen nun selbst in die Hand nehmen mussten, erzählten uns, wie sie ihre toten Ehemänner anflehten: »Ich bitte dich, wo immer du bist, sag mir, wie hast du das gemacht!« Aber nun musstest du selbst sehen, wie du über die Runden kommst. Ganz allein. Wir alle ganz allein. Wir mussten Aufgaben übernehmen und Entscheidungen treffen, mit denen wir von alters her nie befasst waren, mussten Dächer reparieren, Geld von der Bank leihen oder eine Parzelle Land verkaufen, um das Schulgeld für die Kinder zu bezahlen, oder wir mussten Tote beerdigen ... Ich selbst hatte vor 1994 in meinem ganzen Leben noch keinen Sarg angerührt.

Also haben wir uns sehr schnell gesagt: Na gut, wenn es nun mal so ist, dann schaffen wir das eben allein, unter uns. Wir werden nicht eine Ehe gefährden, wir begleiten uns eben gegenseitig zu den Beerdigungen, wir graben die Leichname unserer Lieben aus und tragen ihre Särge selbst, wir gehen gemeinsam etwas trinken, wenn wir Lust haben, auf andere Gedanken zu kommen, uns kümmert nicht, was die Leute sagen, schließlich gehen wir ja nicht mit Männern aus; worüber hätten sie sich also die Mäuler zerreißen sollen? Und so haben wir's dann auch gemacht. Als ich nach der Leiche meiner Schwägerin Umutesi suchte, kannte ich nur den Namen der Gegend, in der sie verscharrt worden war. Nach dem Massaker an ihren Eltern war sie mit einer Freundin geflüchtet, und die beiden waren gerannt und gerannt, bis sie am Ende ihrer Kräfte waren. Irgendwann hielten sie an, und jemand kam auf sie zu. Umutesi erkannte einen ihrer Schulkameraden und glaubte sich in Sicherheit. Ihre Freundin aber lief weiter und schrie Umutesi zu: »Lauf, lauf, egal, ob du ihn

kennst, er bringt uns um ...« Und genau dieser Schulka-
merad hat Umutesi umgebracht. Wir haben das Loch gesucht, haben willkürlich in der Gegend gegraben, ziemlich lange sogar. Wie wir erhofft hatten, halfen uns anfangs
noch ein paar Leute dort. Aber weil wir uns oft irrten und
ein Loch, in dem wir nichts gefunden hatten, wieder zu-
schütteten, woanders, genauso ungewiss, ein neues graben mussten, nur um auch das wieder zuzuschütten ...
verloren sie entweder die Lust oder die Kraft. Die Freundinnen von Avega aber, die waren unermüdlich, und dank
ihrer Hilfe habe ich Umutesis Leichnam schließlich auch
gefunden. Ich habe sie sofort erkannt, an einem gestreif-
ten T-Shirt, das mir wohl vertraut war. Um ihr eine würdi-
ge Ruhestätte zu schaffen, galt dasselbe: Du wandtest dich
an die Frauen von Avega, und sie waren immer für dich
da. Jede von uns sagte sich: Schon richtig, der Tradition
nach gehört sich das nicht, aber es bleibt uns ja nichts anderes übrig. Selbst hätte ich es nicht tun wollen, aber ich
wollte auch keinen Mann bitten, das zu tun, was normalerweise mein Mann an meiner Stelle getan hätte. Also taten sich vier Frauen zusammen, um den Sarg zu tragen,
und auf ging's! Wir haben auch gemeinsam entschieden,
wieder Totenwachen zu halten. Wir legten Geld zusammen, damit für das Nötigste gesorgt war, und blieben den
ganzen Abend zusammen, sangen, redeten, tranken ...

Es gab auch schöne Momente. Nach einer Sitzung schlug
zum Beispiel eine von uns vor: »Los, lasst uns was trinken
gehen!« Ausgehen heißt in Ruanda ein Glas Bier trinken
und einen Spieß Ziegenfleisch essen oder ein Huhn. Aber

die Frauen gehen nie ohne Männer aus. Wir Witwen taten uns zusammen. Wir wollten nicht auf Begleitung warten ... Also haben wir uns organisiert: Wer ein Auto hatte, nahm die anderen mit, und hinterher fühlten wir uns immer richtig wohl; so bekam unser Leben wenigstens eine Spur Normalität zurück. So kommst du zumindest nicht mehr um vor Hunger auf einen Fleischspieß und bist vor allem nicht mehr allein. Das widersprach allen unseren Bräuchen und Traditionen: Frauen allein im Café sind ein Sinnbild für ein unmoralisches Leben, aber wir gingen trotzdem hin, suchten niemanden, warteten auf niemanden. Übrigens hat eine Witwenvereinigung in Butare schließlich ein eigenes Café eröffnet, damit Frauen unter sich sein und was trinken konnten, ohne Vorurteilen und finsteren Blicken ausgesetzt zu sein.

Weil wir uns gegenseitig so oft Trost zugesprochen hatten, fassten wir Vertrauen. Schließlich merkten wir, dass unsere Gruppenaktionen an Bedeutung gewannen, und machten uns das zunutze. Wenn eine von uns um ihr Recht gebracht worden war und ihr Haus nicht wiederbekam, weil Flüchtlinge sich drin eingenistet hatten, gingen wir zu zehnt zur Stadtverwaltung. Wir trugen immer unsere besten Sonntagskleider, um wie würdevolle Mütter auszusehen und damit nicht einmal der rüdeste Bürokrat es wagen würde, uns vor die Tür zu setzen, erst recht nicht zehn Frauen auf einmal ... Frauen aus Südruanda hatten uns erzählt, dass sie sich schon in ihrer allerersten Versammlung vorgenommen hatten, immer präsentabel auszusehen: Damit du den Mut hast, aus deinem Loch zu kriechen und dich zu zeigen, ohne dich zu schämen. Also hast du alles geteilt, was du besessen hast: Wenn du zwei Paar Tücher oder Schuhe hattest, gabst du ein Paar her, und zum guten Schluss waren alle eingekleidet. »Das ist unsere erste Herausforderung«, hatten uns die Frauen erklärt: »Witwe sein, aber nicht würdelos.«

Einmal bekam eine Witwe ihr Haus in Kigali nicht wieder. Wir dachten praktisch: Da, wo du wohnst, werden die Mitglieder von Avega, die in deinem Viertel wohnen, deine Schwestern. Wir waren recht zahlreich, zogen unsere besten Sachen an, strömten in die Präfektur, zum Büro des zuständigen Beamten, und meldeten uns im Sekretariat an. Das hatte manchmal schon komische Züge ... Wenn der Sekretär sich erkundigte, sichtlich beunruhigt: »Und worum geht es?«, und wir antworteten wie aus einem Mund: »Es geht um unsere Schwester hier, sie hat ein Problem, und die Kommune will ihr nicht helfen ...« »Also sind wir hier, um Gerechtigkeit zu fordern!«, rufen ein paar dazwischen usw., und wir schreien und gackern, bleiben natürlich immer höflich dabei, aber sehr, sehr bestimmt. Dann verschwand der Sekretär, und du konntest ihn von weitem hören, nun erheblich beunruhigter: »Monsieur, Monsieur, da draußen sind Frauen, die Sie sprechen wollen, es sind viele, Monsieur, und allesamt Witwen!« Und zu guter Letzt öffnete der zuständige Beamte dann seine Tür. Normalerweise empfängst du ein zwei Leute in deinem Büro, aber doch nicht zehn auf einmal ... und schon gar nicht im Sonntagsstaat. In diesem Augenblick, das wussten wir, war es ratsam, die Lage zu entschärfen. So ergriff eine von uns das Wort und versicherte ihm, ganz ruhig und in wohlgesetzten Worten: »Keine Angst, wir sind nicht gekommen, um Ihnen Unglück zu bringen ...«, weil uns klar war, dass sie genau das dachten. Und wir erklärten, dass wir gekommen waren, um in einem Fall Gerechtigkeit zu fordern, in dem andere stärker waren als wir und wir ihnen schutzlos ausgeliefert, und »weil Sie doch die Autorität sind, Monsieur!« Darauf muss der Typ dir antworten, ob er will oder nicht, denn er hat nicht nur eine, nein, er hat zehn Gesprächspartnerinnen, nicht ganz normal obendrein. Wie Mütter sehen sie aus, in ihrem Sonntagsstaat, so gar nicht wie Witwen, denen man nachsagt, dass sie Unglück bringen. Du stehst da vor ihm und bist eine respektable Frau, die ihm auf ihre Weise zu verstehen gibt, dass du dir den Witwenstatus nicht ausgesucht hast; dass du früher, vor dem Genozid, auch ein Mensch warst, eine Ehefrau, eine Mutter, und forderst, rehabilitiert zu werden, du willst deinen »früheren« Zustand zurück ...

So haben wir einige Schlachten gewonnen. Wir konnten zeigen, dass eine Witwe, die niemanden mehr hat, zumindest Avega im Rücken hat. Ich muss sagen, unsere dringlichste Aufgabe bestand darin, wieder Familien aufzubauen, soziale Bindungen zu knüpfen, die durch das, was wir durchgemacht hatten, so gründlich zerstört worden waren. Wir hatten entsprechende Grundprinzipien: Wenn eine von uns im Krankenhaus liegt, findet sich immer eine andere, die sie dort besucht und ihr zu essen bringt; wenn eine einen überlebenden Sohn oder eine Tochter verheiratet, sind Leute da, die sich darüber freuen und die mit ihr tanzen; wenn eine von uns Hunger hat, teilen andere ihre Bohnen mit ihr … So hast du als Witwe zwar kein normales Leben geführt – nach einem Genozid ist nichts mehr normal –, aber du hast doch Gewohnheiten wieder angenommen, die dich daran erinnerten, dass du mal jemand warst.

Aber weißt du, wir lachten, ja, wir versuchten, fröhlich zu sein, doch es fiel uns schwer, Gründe dafür zu finden. Denn der ausländische Besucher, dessen Zweifel durch die lebendige Atmosphäre ausgeräumt schienen, hatte nicht alles gesehen, nicht alles gehört. Es gab ja auch das Schlimmste, o ja, das Allerschlimmste. Der Besucher wollte Beispiele? Gut: Womit sollte ich anfangen? Mit den Waisenkindern? Den Kindern, die nicht zur Schule gingen? Mit dem Hunger? Der Vergewaltigung und infolgedessen Aids? Mit den Mördern, die frei rumliefen und manche von uns Frauen bedrohten? Mit der Gerechtigkeit, an die wir nicht mehr glaubten? Mit den Witwen ohne Dach überm Kopf? O, man hatte die Wahl, die Qual der Wahl.

Einmal waren wir nach Butare gefahren, um überlebende Frauen in der Gemeinde Runyinya zu besuchen: Sie hatten überlebt, weil sie sich im Busch versteckt hatten, hatten seitdem aber kein Zuhause mehr. Das gehörte zu unseren wichtigsten Tätigkeiten: Andere Witwen treffen und ihnen sagen, dass wir genau wie sie die Hoffnung fast aufgegeben, aber gemeinsam durchgehalten, wieder gelernt hatten, zu leben und sogar zu kämpfen. Wir waren also zu dem verabredeten Treffpunkt gefahren, seltsamerweise ein moderner Schweinestall. Zuerst dachten wir, wir hätten uns in der Adresse geirrt. Dann entdeckten wir, dass die Witwen dort tatsächlich in den Boxen für die Tiere schliefen, die während des Völkermords getötet worden waren. Wir waren völlig fertig ... Da fährst du andere Witwen besuchen, um ihnen zu sagen, dass auch du verzweifelt warst und dass die Solidarität anderer dir geholfen hat durchzuhalten, und du findest Frauen, die leben müssen wie Schweine und Karnickel ... Sicher, wir waren einiges gewöhnt, ohnehin weniger als nichts wert, wir, die Überlebenden, wir hatten alles verloren; schön und gut, es kümmerte niemanden, was wir durchgemacht hatten, das wussten wir ja ... aber dann leben wie Tiere, in einem Schweinestall ... Mit der kompetenten Hilfe einer britischen Freundin haben wir schleunigst ein Bauprojekt aus dem Boden gestampft und Häuser gebaut. Wir verstanden kaum was davon, hatten nur grob geschätzte Zahlen, aber wir waren wütend: Wir haben völlig umsonst überlebt, sagten wir uns, und bilden uns ein, wir machen andern Mut oder unterstützen sie ... dabei müssen diese Frauen auf Stroh in einem Schweinstall hausen. Wir wollten ihnen jedenfalls Essen und Kleider nicht in diese Käfige bringen, in diesen ... Ach, der Schweinestall, der bleibt für mich wirklich der Inbegriff des Traumas aller Überlebenden ... Die Mitglieder von Avega, die eine Unterkunft hatten, lebten dort gut und gern zu zwanzig oder mit noch mehr Leuten, doch sie hatten wenigstens eine Bleibe. Aber das ... Und weißt du, was das Schlimmste war? Der Schweinestall lag an der Straße zu einem Flüchtlingslager für Hutu, die sich in die von der französischen Armee geschützte Zone geflüchtet hatten, und da saßen alle NGOs, sämtliche Hilfsorganisationen, Rotes Kreuz, UNHCR und Journalisten … Für die Hutu waren sie da, aber am Schweinestall an derselben Straße hat nicht einer Halt gemacht. Auch den Frauen kam nicht eine Sekunde lang in den Sinn, dass sie Anspruch auf Aufmerksamkeit hätten oder dass sich jemand für ihr Schicksal interessieren könnte. Sie dachten nach wie vor, es sei ein Privileg, kein Recht, überlebt zu haben, denn die Toiletten, die wurden ein paar Meter weiter gebaut – für Völkermörder auf der Flucht … Unser Fehler, der Fehler, den wir Überlebenden gemacht hatten, war, als Minderheit überlebt zu haben: Wir waren nicht so sichtbar wie die Hutu, die in Massen in den Kongo flüchteten. Große Massen, die geben eindrucksvolle Fernsehbilder ab. Aber einen Schweinestall mit zwanzig Frauen, die nicht mal wissen, dass sie das normalste Lebensrecht haben, den filmen sie nicht. O, unser Besuch bei den Witwen von Runyinya, der hat mir wirklich die Augen geöffnet, der war das Paradebeispiel dafür, wie »mit zweierlei Maß gemessen« wird … Wir sind auf die Hilfsorganisationen zugegangen, nicht sie auf uns … Damals hab ich geweint, das weiß ich noch. Ich wusste ja, dass wir sehr tief gesunken waren, aber doch nicht … doch nicht auf das Niveau von Schweinen.

Die meisten Überlebenden hatten keine Bleibe mehr, und die, die auf den Hügeln gewohnt hatten, hatten Angst, dorthin zurückzukehren, wo der Völkermord stattgefunden hatte, und wollten lieber in der Stadt bleiben. Die Unsicherheit war keine Einbildung, sondern überaus real: Einige von uns Witwen hatten in Prozessen vor ruandischen Gerichten Täter denunziert und waren bedroht worden. Aber was sollst du machen, wenn dir ein Kredit für eine Kuh gewährt wird und du in der Stadt wohnst? Ein Problem nach dem anderen mussten wir uns vornehmen, Lösungen oder zumindest Lösungsansätze schrittweise suchen. Mit Hilfe ausländischer Hilfsorganisationen und unserer Regierung bekamen wir schließlich Geld, um in Kimironko, einem Dorf unweit von Kigali, Häuser für gut dreißig Witwen zu bauen, damit sie ihren Kleinhandel wieder aufnehmen könnten, nicht allzu dicht an der Stadt, weil die Grundstücke bezahlbar bleiben sollten. Wir bekamen Parzellen in einem unbewohnten Gebiet, wo früher Tutsi gelebt hatten, bevor sie alle umgebracht wurden. Für die Häuser aber, finanziert und gebaut unter Leitung einer amerikanischen NGO, hatte man zu wenig Zement verwandt: Sie fingen bald an zu bröckeln. Die Frauen zogen trotzdem ein, sie wussten ja nicht wohin sonst. Bis dahin hatten sie in Häusern von Hutu gewohnt, die nach Tansania oder in den Kongo geflohen waren, doch die Hutu kamen zwei Jahre nach dem Genozid wieder, machten ordentlich Druck, um ihre Häuser zurückzubekommen, und hatten außerdem Unterstützung durch einen offiziellen Erlass, in dem es hieß, man müsse ihnen die Häuser zurückgeben.

Die Gegend um Kimironko war ziemlich trist, nur Gestrüpp und Ruinen in der Landschaft, menschenleer und unheimlich. Vor allem aber war das Gefängnis nicht weit, in dem Interahamwe saßen, das machte dir schon Angst. Das Gefängnis hügelauf über dir und dicht darunter dein Dorf ... Die Frauen von Avega ließen sich nur zögernd in Kimironko nieder, vor allem, weil die Häftlinge, die draußen auf Baustellen arbeiteten, in ihren fein gebügelten rosa Anzügen, die Frauen, die sich die Gegend ansehen wollten, heftig beschimpften. Einmal, als kein Aufseher dabei war, haben Häftlinge den Frauen zugerufen: »Wir machen euch fertig!« Die Frauen haben das zwar wortlos hingenommen, aber plötzlich wollte keine von ihnen mehr dort hinziehen: Ihre traumatischen Erlebnisse kamen zu schnell wieder hoch. Keine wollte, außer Beata. Dieser jungen Witwe mit knapp dreißig blieb noch weniger übrig als anderen: Nur ihr Kind hatte mit ihr überlebt. Sie konnte wirklich nirgends anders hin und zog als erste nach Kimironko. Und kaum fing sie an, das Land urbar zu machen, fasste eine andere Frau Mut und noch zwei, dann drei, dann ...

Heute, 2004, stehen in dem Dorf etwa hundert Häuser. Es geht recht lebendig zu, mit vielen Kindern, aber das Dorf ist sehr arm. Und fast ohne Männer. Beim Aufbau des Dorfs hatte die Regierung gefordert, dort auch Männer anzusiedeln. Es hieß, ein »Witwenghetto« solle vermieden werden. Wir hatten im Prinzip nichts dagegen, aber wo sollten wir die Männer hernehmen? Schließlich waren wir ja deshalb eine Witwenvereinigung, weil ein Großteil unserer Männer ermordet worden war. Wo sie also auftreiben? Manche ausländischen Geldgeber warfen uns vor, dass dort nur Tutsi lebten. Dabei stimmte das gar nicht: Bei uns lebten auch Frauen, die, selbst Hutu, mit Tutsi verheiratet gewesen waren, und oppositionelle Hutu. Das teilten wir den Geldgebern mit, die nicht genau über uns informiert schienen, und anfangs setzten wir uns mit ihrer Kritik noch auseinander: Wir legten ihnen detaillierte Mitgliederlisten vor, nannten die Namen der Hutu, die in unserem Verwaltungsrat saßen. Sehr bald aber hatten wir das Gefühl, man will, dass wir uns rechtfertigen. Also haben wir uns – und auch ihnen – gesagt, Pech für uns, wenn sie uns nicht weiter finanzieren wollen, aber wir tanzen auf keinen Fall länger nach ihrer Pfeife.

Eine andere Organisation machte uns folgenden Vorschlag: »Ihr seid allein, genau wie die Frauen der Milizionäre und Soldaten, die im Knast sitzen: Warum gründet ihr keinen gemeinsamen Verein?« »Schönen Dank für den Vorschlag«, haben wir ihnen geantwortet, »aber so weit sind wir noch nicht.« Avega ist nicht für normale Frauen, die Vereinigung besteht ausschließlich für Frauen, die durchhalten müssen, nach allem, was wir gemeinsam durchlebt haben: einen Genozid nämlich, in dem wir alle vernichtet werden sollten und dem wir, wie durch ein Wunder, entgangen sind. Und jetzt kommt jemand und sagt dir, die du in der Vereinigung bist, um nicht durchzudrehen, nach allem, was du durchgemacht hast, die Frau des Mannes, der deinen Mann getötet hat, soll auch in deine Vereinigung eintreten. Und wer das sagt, glaubt ernsthaft, dass dich das gesund macht oder dass es dir zumindest etwas besser gehen könnte dabei … Warum liegt den Ausländern so viel daran, dass wir uns »vereinen«? Weckt ihr Schuldgefühl, weil sie tatenlos zugeschaut haben, in ihnen vielleicht die Vorstellung, sie müssten uns Wundermedizin bringen? Pfffff, wie durch Zauberei wären wir plötzlich alle wieder gut, nachdem wir erst so hässlich zueinander waren, und dank der ausländischen Hilfe rücken wir wieder enger zusammen und sind wieder glücklich vereint. Warum liegt ihnen so sehr daran? Ermessen sie überhaupt, was ein Völkermord ist? Hätte eine solche Organisation dasselbe von überlebenden Jüdinnen verlangt: zusammenleben mit Frauen von Nazis oder Kollaborateuren? Das halte ich für ausgeschlossen, unmöglich. Aber uns Ruanderinnen, bloß weil wir arm sind und um finanzielle Hilfe bitten, um unsere Häuser wieder aufzubauen, uns schlägt man vor, macht euch an die Quadratur des Kreises. Die Hilfsorganisationen fielen aus allen Wolken, als wir auf ihre potentielle Hilfe verzichtet haben: Sie sind es nicht gewöhnt, dass jemand, der arm ist, Geld ablehnt. Wir kochten zum Glück noch vor Wut, um ihnen zu sagen, nein danke und zum Teufel mit euren Schuldgefühlen, die nehmen wir euch nicht ab und euer Geld auch nicht. Was? Nur, weil ich nichts zu essen habe, fühle ich anders als andere? Weil ich nichts zu essen habe, soll ich die Witwe eines Mörders in die Arme schließen, für ein paar Brosamen, um meinen Hunger zu stillen? O nein, lieber versuche ich mir anders zu helfen. Sie haben mir ja auch nicht aus dem Genozid geholfen, also … Wenn ich das sage, schließe ich gar nicht aus, dass die Frau des Kollaborateurs oder die des Völkermörders auch leidet, aber das ist ihre Sache. Meine Geschichte ist eine andere und unterscheidet sich erheblich von ihrer. Und eins muss ich ganz deutlich sagen: Keine von uns hat je auch nur ein Wort des Trostes oder der Reue von den Ehefrauen der Täter gehört. Die uns besucht haben, waren Frauen, die nicht in den Genozid verstrickt waren, und die haben uns auch schon während des Genozids geholfen, haben uns versteckt oder an unserem Leid Anteil genommen. Aber unzählige andere haben nicht einmal ermessen, was uns überhaupt widerfuhr ... Ach, wie gemein manche sein konnten ... Wenn es Reibereien gab, kam es sogar vor, dass die Frauen der Mörder, die ihren Männern einen Korb Essen ins Gefängnis brachten, unterwegs zu den überlebenden Frauen sagten: »Ich sehe meinen wenigstens, und eines Tages ist er auch wieder draußen! Aber du siehst deinen nie wieder!« Manchmal mussten Soldaten einschreiten, um sie abzudrängen. Also, ich will mich hier nicht endlos rechtfertigen ... Ich kann mich nur erklären. Aber bei den meisten Geldgebern und Hilfsorganisationen haben es die Mitarbeiter eilig, und wie alle, die es eilig haben, fällen sie oft erst ein Urteil und hören dann zu. Sie wollen schnelle Lösungen, effizient wie Automotoren; die funktionieren aber nicht, wenn es um Menschen geht, erst recht nicht um Menschen, die einem Genozid entkommen sind. Durch flotte Programme wollen sie sich ihrer Schuldgefühle entledigen. Solche Leute sahen in den Witwen von Avega nichts weiter als Rassistinnen. Aber die, die sich Zeit genommen haben, uns zuzuhören, die haben begriffen, wir sind keine rassistischen Furien, die haben verstanden, in welcher Wirklichkeit wir lebten und warum

so flotte Vorschläge unsere psychischen Kräfte weit über-
stiegen. Wir kamen also manchmal mit, manchmal ohne
Hilfe voran.

Heute sind zwischen fünfundzwanzig- und dreißigtau-
send Witwen Mitglied von Avega, im ganzen Land. Die
Vereinigung ist zu einer der wichtigsten Organisationen in
Ruanda geworden und engagiert sich in der Gesundheitsfürsorge und bei der Wohnungsbeschaffung, kämpft für
Recht und Gerechtigkeit und für das Recht auf Erinnerung. Die Vereinigung ist eine der ersten und wenigen, die
vergewaltigten, HIV-infizierten Überlebenden Dreifachthe-
rapien beschafft – auch wenn sie bis heute nur zwanzig von
siebenhundert versorgen konnte, die noch auf der Wartelis-
te stehen. Dabei sind die nicht mitgezählt, die noch gar
nicht auf unseren Listen erfasst sind, entweder weil sie bisher keinen Test gemacht haben, oder weil ihnen der Mut
fehlt, darüber zu sprechen. Doch selbst mit dieser lächerlich kleinen Zahl konnten wir beweisen, dass eine arme,
kranke Frau sehr wohl auf ihr Stückchen Feld oder an ihren Marktstand zurückkehren kann, wenn man ihr zu leben hilft. Im Laufe von zehn Jahren haben wir auch Ge-
sprächsgruppen für Aidskranke gegründet, nach dem
gleichen Prinzip wie die Gespräche, die uns nach dem Genozid geholfen haben durchzuhalten. Zusammenkom-
men, einander erzählen, verstehen, dass du nicht allein
bist in deiner Lage, und vor allem, dass es Mittel gibt, dich
aus deiner Lage zu befreien … Wiederum jedoch unter
der Bedingung, dass es Behandlungen gibt! Ich wiederhole mich, und ich weiß, ich könnte lästig werden. Aber

glaub bloß nicht, er sei Belästigung, mein schlichter Wunsch, klarzumachen, wie wenig es braucht, damit es uns besser geht, wie wenig ...

Eine bis heute ungelöste Frage ist die der Sozialhilfe. Die ruandische Regierung hat 1998, vier Jahre nach dem Völkermord, einen Hilfsfonds für Überlebende eingerichtet, in den sie fünf Prozent ihrer Einnahmen einzahlt. Damit kann zwar Schulgeld für Kinder, der Bau von Wohnungen und in geringerem Umfang die Gesundheitsversorgung der Überlebenden bezahlt werden, aber die Geldquelle leidet erheblich ... an Geldmangel. Ausländische Hilfe bleibt aus, von den Zusagen internationaler Geldgeber sind leere Worte geblieben. Also müssen wir selbst sehen, wie wir über die Runden kommen ... Krankenhilfe – und in gewissen Grenzen Hilfe beim Wiederaufbau von Wohnungen, auch ohne Völkermörder als Nachbarn – gehört zu den Programmen internationaler Hilfsorganisationen, die ein Sprichwort auf den Punkt bringt: »Statt einem Menschen Fisch zu geben, lehre ihn angeln.« Dabei bleibt die Unterstützung derer, die durch den Genozid zu Invaliden wurden und damit überhaupt nicht in diese Entwicklungsdynamik passen, auf der Strecke. Es gibt sie aber, die Überlebenden, die nie wieder angeln und auch keine andere Arbeit mehr verrichten können. Die, die ein Machetenhieb blind gemacht hat, zum Beispiel, oder die, deren Wirbelsäule brach, als man sie lebendig in Massengräber warf, ältere Menschen, die von ihren Kindern oder Enkeln unterstützt wurden, Kinder und Jugendliche, die sich plötzlich in die Rolle des Familienoberhaupts ge-

drängt sahen und nicht weiter zur Schule gehen konnten ... Keinerlei regelmäßige Unterstützung; eine Spende
hier und da, aus Nächstenliebe. Aber bei Avega hören wir
das Wort Nächstenliebe nicht gern ... In den Ländern, die
uns unser Verhalten vorschreiben, würden solche Bürger
durch die Sozialhilfe unterstützt. Ruanda ist eines der
ärmsten Länder der Erde, hier existiert keine Sozialversi-
cherung, und die Schuldentilgung verschlingt den Löwen-
anteil des Staatshaushalts. Also versuchen wir auch hier
einmal mehr, uns selbst zu helfen. Aber weil wir uns unentwegt und immer häufiger selbst helfen müssen, sind
wir kaputt, mit unseren Kräften am Ende. Vor allem die,
die sich von Beginn an besonders intensiv für Avega engagiert haben.

Wir sind völlig kaputt, weil wir über all die Jahre hin
pausenlos Notfallbehandlung betrieben haben, während
alle anderen dachten, die Notlage sei schon überwunden.

Wir kämpften verbissen um unser Leben und vergaßen
dabei unsere eigenen Grenzen, verloren dabei genau das
Gefühl für unsere Existenz, um das wir so sehr bemüht
waren, das wir neu erfinden wollten, und wir bekamen es
mit der Angst. In der kollektiven Erinnerung verblasste
der Genozid zusehends. In unsere eigene Erinnerung aber
grub er sich tiefer und tiefer hinein. Wir spürten seine Folgen ja am eigenen Leib.

Wir nahmen einander gegenseitig unsere Schuldgefühle: Du darfst wieder lieben, du darfst wieder zur Schule
gehen, du darfst studieren, du darfst dir die verrücktesten
Wünsche erfüllen, und du hast auch das Recht auszuwan-

dern. Ebenso das Recht, mit deinen Kindern nicht mehr ausschließlich »darüber« zu sprechen, ebenso das Recht zu diesem und zu jenem und zu ... Aber Halt! Das ist doch kein Recht, das ist einfach normal, hörst du, so normal ... wie für alle anderen Menschen auch.

21

Plötzliche Besorgnis

Ich hätte nicht gedacht, hatte mir schlicht keine Gedanken darüber gemacht, dass ich am Ende dieses Buches eine solche Sinnlosigkeit empfinden würde.

Wahrscheinlich kommt es durch das x-te Gedenken an den Genozid. Solange ich darüber geredet habe, was vor, was während des Genozids oder unmittelbar danach war, verfolgte ich ein ganz bestimmtes Ziel: Einmal will ich darüber berichten, wie eine stetig wachsende Flut zeitgenössischen Geschehens sich zu einer solchen Ausnahmesituation auftürmen kann, dann davon sprechen, wie man das Geschehen aushält und durchhält, wenn dich die Flutwelle erreicht, wie man sie übersteht, fassungslos und voller Schuldgefühle, niedergeschlagen, und schließlich will ich auch vermitteln, was im Kopf eines Überlebenden vor sich geht und im Schweigen seiner Worte. Bis dahin stand meinem Mitteilungsdrang, zu bezeugen, was ich von der Vernichtung der Tutsi miterlebt hatte, zu sagen aber auch, wie schwer, wie unmöglich es uns war, uns mitzuteilen, die Mühe entgegen, die es kostet, an die Umstände der Ermordung deiner Lieben zu denken, und vor allem, sich

den grausamen Irrsinn ihrer Auslöschung zu vergegenwärtigen.

Das heißt, solange ich erklärte, wie ich mich der Vernichtung widersetzen konnte, fühlte ich mich selbst nicht
vernichtet. Ich habe erzählt, was danach geschah: wie ich
mich als Überlebende neu erschaffen und beschlossen
habe, noch an den anderen zu glauben, trotz allem … und
plötzlich sage ich mir, ich bin gerade dabei, mir was vor-
zumachen. Ich rede mir ein, alles geht voran, wir werden
darüber hinwegkommen, aber im Grunde ist unsere Wirklichkeit unsagbar, weil das, was wir erlebt haben, es auch
war. Durch welches Wunder, bitte schön, soll es zehn Jahre danach plötzlich anders geworden sein? Zehn Jahre danach gibt es weniger Gründe, sich gegen die Mutlosigkeit
zu wehren, als zehn Jahre zuvor … Wie soll ich sagen?
Heute reden fällt mir in gewisser Weise viel schwerer als
gestern. Zehn Jahre, stell dir vor, zehn Jahre sind vergangen, und die Lage ist nach wie vor schrecklich … Und
das Wort »schrecklich« erscheint genau wie seine Syno-
nyme – fürchterlich, dramatisch, entsetzlich, abscheulich,
barbarisch, grausam, unmenschlich, schauderhaft, wider-
lich – so blass, so abgenutzt. Wie oft hast du sie gelesen,
diese Adjektive, die jeden x-beliebigen Konflikt beschreiben, der in den letzten Jahren stattgefunden hat in der
Welt? Wir haben den letzten Genozid des 20. Jahrhunderts
durchgemacht, und zur Beschreibung aller Kriege des
letzten Jahrzehnts werden dieselben Worte benutzt! Ach,
liebe Freundin, ich kann dir sagen, heute zu reden, das
fällt mir wesentlich schwerer als gestern.

Eingangs sprach ich über unseren Wunsch, den Wunsch der überlebenden Witwen, »lebendig am Leben« zu sein. Sag, wer möchte keine lebendige Überlebende sein? Bin ich beschränkt oder was, dass ich diese Formulierung benutze? Wer hätte überlebt, um sich anschließend nur noch tot zu fühlen? Keine, ich schwör's dir, keine einzige Überlebende, die ich kenne, und o!, ich kenne viele. Es ist einfach so, Überleben war Zufall oder Glück, aber die Entscheidung, am Leben zu bleiben, ist ein Luxus. Nicht die Art Luxus, die man in Europa darunter versteht. In Ruanda heißt Luxus dreißig Euro im Monat für eine Dreifachtherapie, hundertzwanzig Euro für ein Blechdach auf deinem Haus, hundert Euro, um eine Kuh zu kaufen – das schönste Geschenk, das man einer Witwe in Ruanda machen kann, ihre Einkommensquelle, ihre Würde, ihre Zukunft – achtzig Euro Schulgeld für ein Jahr Grundschule für das Kind, das sie adoptiert hat, und fünf Euro für die Schuluniform, ohne die das Kind nicht in die Schule gehen kann, es sei denn, es wird als arm eingestuft, also elternlos, also ein Überlebender …

Ach, ich habe die Antworten schon im Ohr: Afrika, Armut, Hilfsbedürftigkeit … Ich halte doch nicht die Hand auf! Ich fordere ja keine Hilfe, sondern mein Recht. Ich wurde vergewaltigt, mein Haus wurde niedergebrannt, meine Kuh getötet, meine Schulausbildung unterbrochen, und meine Eltern wurden umgebracht, und alles nur, weil die internationalen Organisationen mich meinem Schicksal überlassen haben! Und heute behandelt man mich als Bittstellerin, wenn ich Schadenersatz fordere? … Wie soll

ich mir denn raushelfen aus meiner Lage? Wie denn? …
Aus eigener Kraft? Durch meinen unerschütterlichen Glauben an das Leben und an meinen Nächsten? Ich weiß, ich weiß, ich habe viel Lebenskraft, meine Eltern und mein Mann haben mir die rettende Liebe mit auf den Weg gegeben, Liebe, die mich geprägt und zu dem gemacht hat, was ich bin. Aber glaubst du denn, Dafroza, Clarisse und Magarita, an Aids gestorben, hätten nicht gern weitergelebt? Glaubst du, sie hätten sich nicht gewünscht, aus allem rauszukommen wie ich? Ich gebe dir die Antwort und wirklich, bitte entschuldige, wenn ich aggressiv werde. Die Antwort ist doch: Ja, Divine und die anderen hätten gern weitergelebt, weil sie das Schlimmste überlebt hatten. Genau wie ich. Aber ich vertrete das Ruanda der Überlebenden nicht als Einzige! Es soll auf keinen Fall der Eindruck entstehen, nur weil es mir besser geht, weil ich mich neu erschaffen und Gründe gefunden habe, um weiterzuleben, geht es auch meinem Land besser und hat sich auch mein Land neu erschaffen! Ich, Esther Mujawayo, habe nicht einen Machetenhieb ins Gesicht abbekommen, mir wurde nicht ein Arm oder Bein abgehackt, ich wurde nicht vergewaltigt und auch nicht HIV-infiziert, ich litt weder Hunger, noch war ich arm, und vor allem, vor allem habe ich keine meiner drei Töchter verloren … Das, neben anderen, sind die Gründe dafür, dass ich durchhalten konnte, und ich hatte die materiellen Mittel dazu. O, entschuldige, ich werde wütend und gerate in Fahrt …
Doch ich bin weder schuld an dem noch verantwortlich für das, was ich durchgemacht habe. Aber was ich erlebt

habe, war weder ein Erdbeben noch eine Flutkatastrophe noch die Explosion einer Gasfabrik. Es war ein Genozid, von den Vereinten Nationen als solcher bezeichnet, noch während er stattfand, vor den Augen und mit Wissen der ganzen Welt. Was uns betrifft, kann uns niemand, wirklich niemand sagen: Wir wussten nichts davon.

Und wenn die politische Verantwortung übernommen wird, mit allen Konsequenzen, die damit verbunden sind – Versorgung vergewaltigter Frauen, Wiederherstellung der geistigen und materiellen Güter der Überlebenden, Schulbildung für die Kinder, die dazu verdammt sind, mit achtzehn Jahren als Familienoberhaupt zu fungieren –, wenn diese Verantwortung übernommen wird, dann, das schwör ich dir, werde ich niemanden auch nur um das geringste bisschen Hilfe bitten, und vor allem wäre ich, das versichere ich dir, wären wir alle wirklich am Leben. Und wenn wir das dann nicht auf die Reihe kriegen, dann geht es nur noch uns was an.

22

Die unmögliche Gerechtigkeit

Ach, das Kapitel über die Gerechtigkeit, wie ich mich darauf gefreut habe! ... Weißt du, was mir eines Tages passiert ist? Ich war in die Nähe von Mwirute gefahren, auf meinen Hügel, wo meine Cousine Rachel ermordet wurde, die ich als meine Adoptivschwester betrachte, weil sie bei uns zu Hause aufgewachsen ist. Sie hatten sie lebendig in die Latrine geworfen, wo sie gegen die Exkremente ankämpfte und sich nach langer Plackerei endlich am Rand abstützen und hochziehen konnte. Die Mörder hackten ihr einfach die Arme ab. Mit verstümmelten Armen fiel sie zurück in die Latrine und ach ... stell sie dir vor, Rachel, wie sie langsam erstickt, die ganze Nacht in diesem Gestank ... Ach ... Eines Tages war ich mit Rachels Tochter Chantal unterwegs, als sie mir plötzlich einen Mann zeigt, der in einem Café sitzt: »Das ist er, Esther, der hat Mama die Arme abgehackt!« Ich habe scharf gebremst, bin ausgestiegen. Ich weiß nicht mal mehr, wie er aussah, erinnere weder sein Gesicht noch sonst was an ihm. Ich würde gern glauben, er hatte ein zerschlissenes Hemd an, aber dieses Detail hab ich wohl nur erfunden, um mir einbilden zu können, dass er erbärmlich war und dreckig. Ich hab mich vor ihn hingestellt, er hat Chantal sofort wieder erkannt. Und weißt du, was ich ihm gesagt habe, diesem Mörder, dem ich so direkt in die Augen sah wie dir jetzt? »Wo sind die Arme meiner Schwester?« Statt ihn zu beschimpfen, ihn verhaften zu lassen, ihn zu schlagen, hab ich ihn noch mal gefragt: »Wo sind sie, sag mir, wo sie sind …« Ich war wie weggetreten, ich redete vollkommen unkontrolliert, sonst wäre ich nicht so dusselig gewesen, ihn das zu fragen. Selbstverständlich läuft der Typ nicht mit den Armen meiner Schwester in der Tasche durch die Gegend! … Es war nur verrückt, denn ich fragte ihn noch einmal, und er drohte mir nicht, nein, er wollte sich aus der Affäre ziehen, indem er überrascht tat – von was rede ich überhaupt, was will ich denn von ihm … Dann ist er aufgestanden und hat sich diskret durch die Hintertür verdrückt. Ich bin ihm nicht nachgerannt und habe auch später nicht weiter nach ihm gesucht. Ich hatte zu impulsiv gehandelt.

Normalerweise, wenn du einen Täter erkannt hattest, fingst du an, dich unauffällig über ihn zu erkundigen. Du nahmst einen nicht schuldig gewordenen Nachbarn auf deinem Hügel beiseite und fragtest ihn nach Einzelheiten, ohne dass andere davon Wind bekamen. Danach hättest du das, was er gesagt hat, bei anderen, von dem Nachbarn selbst benannten Zeugen überprüft und dir aus diesen Andeutungen die Wahrheit zusammengesetzt. Aber bei so was musst du dich unbedingt beherrschen können, falls dein Nachbar dich wegschickt oder dich belügt oder wenn er dir sagt, du musst ihm erst ein Bier spendieren, bevor er überhaupt den Mund aufmacht ... Und schließlich wärst du zur Polizei gegangen, oder du hättest die betreffende Person benannt, zusammen mit den Zeugen, musstest zuvor aber sicher sein, dass die später nicht kneifen. Und ich, ich begegne dem Mörder, falle ihm fast vor die Füße und verlange die Arme meiner Schwester von ihm! Was meinst du, wie schnell der Typ so verhaftet wird ... Jedenfalls kann ich mir gar nicht böse sein deswegen, ich hätte mich nie im Leben zusammennehmen können, denn als ich vor ihm stand, wurde mir der Gedanke an Rachels abgeschnittene Arme immer unerträglicher ... (*Langes Schweigen*) Wie lange hat es wohl gedauert, bis sie in der Scheiße erstickt war?

Abgesehen davon hätte ich schon aus einem anderen Grund gar nicht anders handeln können: Vor dem Völkermord in Ruanda hatte ich mich nie um Konfliktbewältigung kümmern müssen, denn bei uns ist alles, was mit Beziehungen zur Außenwelt zu tun hat, Männersache. Wenn zum Beispiel, vor dem Genozid, jemand eine Straftat begangen, mir ein Büschel Bananen vom Feld gestohlen hat: Auch hier hätte man Erkundigungen eingeholt, wie immer unauffällig, bei Nachbarn, und man hätte den Unruhestifter aufgespürt. Dann wäre er vor einen Rat der Weisen, *gaçaça*, gerufen und überführt worden. Die *gaçaça* sind traditionelle Gerichte, im Kreis der Familie oder des Klans, die alltägliche Fälle regeln: Diebstahl, Grundstücksstreit ... Der Beklagte erscheint vor einer Zeugenversammlung, oft Nachbarn, und wird verurteilt von alten Män-

nern, die als integer und weise gelten. Auf keinen Fall aber
wären meine Mutter, meine Schwestern oder ich mit irgendeinem dieser Schritte befasst gewesen! Das war reine
Männersache. Also fühlte ich mich diesem Mörder gegenüber klein und hilflos: Auf meinem Hügel war niemand
aus meinem Klan mehr übrig, der mich hätte beschützen
können, während er seine Brüder, seine Familie im Rücken hat. Als ich ihn ansprach, in dem Café, saß er mit seinen Freunden da. Und ich weiß nur zu genau, ein Überlebender, der den Mut hat, Rechenschaft zu verlangen, ist
ein Überlebender zu viel. An mehreren Orten ist es vorgekommen, auch nach dem Genozid noch, dass Leute von
Hutu eliminiert wurden, gegen die sie ausgesagt haben …
Die wenigen Überlebenden, die Rechenschaft verlangten –
von wegen Rechenschaft, was stellst du dir vor … –, die
machten das so wie ich, impulsiv, lächerlich beinahe, obwohl es doch eine solche Tragödie ist. Wenn du damals,
1994 und 1995, durch die Straßen gingst und plötzlich
Schreie hörtest, wusstest du sofort, was los war: Ein Überlebender hatte gerade einen Mörder erwischt und stellte
ihn unbeholfen zur Rede. Das Gleiche ist meiner Schwester Marie-Josée passiert: Sie begegnete dem Mörder, der
Stéphanie und ihre Kinder umgebracht hat. Sie hat sich auf
ihn gestürzt, hat ihn mit ihrem Schirm und einem Schuh
verprügelt, den sie sich extra ausgezogen hatte. RPF-Soldaten, die das Schauspiel mit ansahen, haben nur gelacht, als
sie hörten, warum sie so um sich schlug. Die Männer haben die Achseln gezuckt und Marie-Josée nach Hause geschickt. »Wozu mit deinem Mörder abrechnen, wenn du

ihm bloß deinen Latschen um die Ohren haust?«, haben
sie zu ihr gesagt …

Warum hab ich all diese Geschichten erzählt? … Ach
ja, ich wollte über die Gerechtigkeit sprechen. Avega hat
eine Rechtsabteilung, mit einem Informations- und einem
Rechtshilfebüro, doch davon habe ich während meiner
gesamten aktiven Zeit in Ruanda immer Abstand gehalten.
Total allergisch. Ich war immer der Ansicht, wenn man
wartet, bis Gerechtigkeit geübt wird, sterben unterdessen
die Überlebenden weg, eine nach der andern.

Chantal hat jeden Prozess mitverfolgt, ich nicht einen.
Unsere Vereinigung hat die Frauen anfangs dazu ermun-
tert, ihre Vergewaltiger anzuzeigen. Sie hatten große Angst
davor. Wenn du vor Gericht stehst, hat der Mörder seine
Familie, aber deine wurde ausgelöscht. Dieses unterschiedliche Umfeld schafft ein Kräfteverhältnis, bei dem du die
Unterlegene und sehr verletzlich bist. Aber damals dachten wir noch, die Justiz würde funktionieren. Sehr schnell
wurden wir eines Besseren belehrt. Erstens, weil sich An-
geklagte, wenn sie genug Geld hatten, bei korrupten Rich-
tern ihre Freiheit erkaufen konnten. Zweitens aber waren
das Schlimmste die Vernehmungen der Opfer. Immer hielt
man ihnen vor, ihre Aussagen seien nicht stichhaltig – du
hattest dich doch versteckt, woher willst du dann wissen,
ob alles stimmt, was du uns da erzählst? Und wo sind
denn nun die Nachbarn, die dir gesagt haben, was passiert
ist, wo doch nicht einer von ihnen deine Aussagen be-
stätigen will? Und, und, und … bevor du dich's versiehst,
haben sie dich in eklatante Widersprüche verwickelt. Und

der Gipfel war der Internationale Strafgerichtshof in Arusha. Ach, ich kann dir sagen, die Sache mit Arusha! Die ersten Frauen, die den Mut hatten, dort auszusagen, dass sie vergewaltigt wurden, kommen von Avega. Wir waren als Einzige in der Problematik vorangekommen, nicht nur, weil wir darüber redeten, sondern auch, weil wir die Schuld der Frauen in die Schuld der Täter umkehren wollten. Die meisten Frauen kamen vollkommen niedergeschlagen von solchen Prozessen zurück: Viele reisten überhaupt zum ersten Mal, bestiegen zum ersten Mal ein Flugzeug und fanden sich, wenn sie in Arusha landeten, in eine völlig ungewohnte Umgebung katapultiert. Und vor allem war ihnen das eingefahrene Wechselspiel zwischen Richter und Anwälten ja völlig fremd; die vielen Fragen, mit denen die eine wie die andere Seite sie bombardierte, war für die Frauen wie Folter, und sie verließen die Gerichtssäle wie erschlagen. In aller Öffentlichkeit reden war äußerst demütigend gewesen für sie, besonders, weil man sie zwingen wollte, bestimmte Sachverhalte zu präzisieren. Du kannst dir doch denken, dass sie nicht sagen würden, »sein Penis war soundso viel Zentimeter lang«! Die Verteidigung belästigte sie, weil sie keine Verständnisfragen mehr stellte, sondern fragte, um die Frauen zu irritieren, und psychisch labil, wie sie waren, gerieten sie völlig aus der Fassung. Und die Verteidiger triumphierten, Sie sehen ja, Herr Vorsitzender, die Aussage hat weder Hand noch Fuß, und mein Klient hat nichts mit der Sache zu tun und, und, und … Die Frauen sagten aus gegen einen Mann, dem es gut ging, weil man ihn mit allen Mitteln am

Leben gehalten hatte, während niemand sich für die Gesundheit der Opfer interessierte. Sie kehrten nach Ruanda zurück, waren durch die Mangel gedreht worden, nach allen Regeln der Kunst, und ihr Trauma quälte sie mehr denn je. Wir haben dafür gekämpft, dass eine Psychotherapeutin die Frauen nach Arusha begleiten könnte, weil wir nur zu genau wussten, wie schnell das Trauma sie einholen würde. Unser Kampf war vergebens.

Eines Tages stand eine der Frauen aus Butare in Arusha ihrem Vergewaltiger gegenüber. Der Anwalt der Verteidigung geht auf sie zu, stellt ihr scheinbar harmlose Fragen. »Sie sagen, es gab kein Wasser mehr in Butare. Gewiss, gewiss. Sie konnten also nichts trinken? … Ach so, nur sehr wenig … Das heißt also, sie hatten weder zu trinken, noch konnten sie sich waschen, nicht wahr? … Und das für wie lange? Drei Wochen! Hmmm … Aber wenn Sie sich drei Wochen lang nicht gewaschen hatten, hätten Sie doch schlecht riechen müssen. Und Sie wollen behaupten, Sie sind vergewaltigt worden, obwohl Sie schlecht gerochen haben?«

Bei dieser Vorstellung fing der ganze Saal an zu lachen, der Richter eingeschlossen. Ja, sogar der Richter! Chantal blieb vor Wut fast die Luft weg. Niemand, nicht ein Mensch hat reagiert! Kannst du mir vielleicht verraten, wie du nach so was psychische Aufbauarbeit leisten sollst? Wie sollst du noch für Linderung sorgen? Wir sollen die Traumapatientinnen des Genozids nicht nur therapeutisch betreuen, sondern müssen sie nach solchen Zerstörungsmanövern auch noch zusammenflicken. Auf wessen Kosten wird hier gelacht? Auf unsere? …

Von daher erwarte ich lieber nichts von einer Justiz, die mir nicht Ruhe verschafft, sondern mein Leiden nur schlimmer macht. Obwohl ich, unbestritten, der Meinung bin, dass die Justiz eine notwendige Institution ist; ich bewundere die Frauen bei Avega und auch die anderen Überlebenden, die die Kraft finden, sich auf diesen Kampf mit allen ihren Kräften einzulassen, umso mehr, weil sie ja ihr Leben riskieren. Letztes Jahr, im Herbst 2003, wurden in der Provinz Gikongoro, im Südosten des Landes, und in der Provinz Gitarama, in Zentralruanda, vier Mitglieder von Ibuka, der großen Organisation für Überlebende, getötet, nachdem sie erklärt hatten, sie seien bereit, vor den *gaçaças* auszusagen.

Einschüchterungen und Selbstjustiz zwingen manche dazu, ihren Wohnort zu wechseln, und geben denen noch mehr Mut, die trotz allem vor Gericht aussagen wollen. Deshalb glaube ich, dass die Justiz sein muss, selbst wenn sie abschreckt, und mag sie noch so langsam, schmerzlich und mühevoll sein. Trotzdem zweifle ich an ihr. Ich selbst lebe weiter, ohne auf sie zu zählen. Ich folge dabei keiner Theorie, sondern einfach meinem Gefühl, ganz persönlich … Die Geschichte von der Neuauflage der *gaçaças*, zum Beispiel … Weil die Gefängnisse überfüllt und die meisten Richter während des Völkermords umgekommen oder geflohen waren, war die ruandische Justiz lahm gelegt, und die Regierung übernahm auch die Kosten nicht mehr. Sie entschied also im Jahr 2002, die traditionellen Gerichte aufleben zu lassen, und bildete Leute, die als moralisch integer galten, zu deren Vorsitzenden aus. Gerichte,

vor denen gestern noch Lappalien wie Viehdiebstähle verhandelt wurden, sollten sich von nun an mit Verbrechen
des Völkermords befassen! Aber ich habe ja eben beschrieben, welchen Preis manche Zeugen in solchen Versammlungen zahlten, bei denen jeder jeden kennt und jeder sich
merkt, was die Leute sagen …

Wie dem auch sei, die *gaçaças* sind nur eine Notlösung.
Traditionell standen ihnen Weise vor … die fast alle ermordet wurden! Also bildet man innerhalb weniger Monate ein paar »Funktionäre« aus, als sei der Genozid ein
Verbrechen wie jedes andere …

Wo schon die klassische Justiz sich als Sackgasse er-
weist, meint man, die traditionelle Justiz bekäme das gra-
vierende Problem Völkermörder in den Griff! Doch, ja, als
es um den Einsatz der *gaçaças* ging, da waren die internationalen Geldgeber zur Abwechslung mal richtig großzügig! Unter dem Vorwand der Achtung lokalen Brauchtums
führt ihre Hilfe in Wahrheit zu einer Pseudolösung (*un-
unterbrochenes Kopfschütteln. Nach langem, langem Schweigen
wird die Stimme, eben noch lebhaft, plötzlich sehr tief*) …
Willst du's wirklich hören? Ich kenne die Anführer der
Mörderbande, die meinen Vater, meine Mutter und die
fünfundvierzig anderen ermordet haben, die bei uns Zuflucht gefunden hatten. Es sind Silas Kubgimana und Rutuku, von unserem Hügel, das weiß ich. Silas, als reicher
Unternehmer, hat sich irgendwo im Ausland versteckt;
aber Rutuku wurde irgendwann verhaftet. Weil aber nicht
ein einziger Mensch dieses Massaker überlebt hat, wie und
wo hätte man Beweise finden sollen? Dabei wissen es alle

auf dem Hügel. Aber versuch das mal juristisch zu beweisen … Die einzigen verlässlichen Zeugen sind Hutu, die mit Tutsi verheiratet waren, wie die Frau von Kamilindi, einem Freund von uns, einem Tutsi, den sie zusammen mit meinem Vater umgebracht haben; sie war mit ihm und ihren zehn Kindern auf den Hügel geflohen, weil sie meinte, dass man sie verschonen würde, wenn sie sich zu ihren Brüdern flüchtete. Von wegen … Erst haben sie den Vater umgebracht, dann entdeckten sie die Kinder bei deren Onkel und haben die auch noch abgeschlachtet. Die Witwe und Mutter hat alles mit angesehen. Alles, mit eigenen Augen. Sie hat alles erzählt, und durch sie haben wir wenigstens teilweise erfahren, was passiert war. Sie ist aus Kummer gestorben … Ohne ein einziges Kind, alle umgebracht von deinen eigenen Brüdern, von deinen Nachbarn, die allein dich am Leben lassen, weil du Hutu bist … Aber Zeugen wie sie kannst du an einer Hand abzählen. (*Langes Schweigen*) Wie war ich noch auf Rutuku gekommen? Ach ja, es ging um die Justiz, um Gerechtigkeit. Hör zu, ich kann nicht darüber sprechen, ich schaff's einfach nicht. Im Januar 2003 wurde per Präsidentenerlass die Freilassung alter und kranker Gefangener* genehmigt, die wegen Völkermords verurteilt waren, aber diese Alten, wie

---

* Dieser Erlass regelt auch, dass Verurteilte der zweiten und dritten Kategorie, deren Geständnisse angenommen wurden und die die Hälfte ihrer Gefängnisstrafe bereits verbüßt haben, unter der Bedingung freigelassen werden, dass sie an mehreren Tagen pro Woche gemeinnützige Arbeit leisten. Hierbei handelt es sich hauptsächlich um Täter und Mittäter ohne besondere Eigenverantwortung.

alt waren sie 1959 oder 1973, während der Massaker, die dem Genozid vorausgingen? … Sicher, das sind alte Menschen, ja, aber Alte, die sich aufs Morden verstehen.

Ich sag's dir, diese Justiz ist in meinen Augen unmöglich. Ich kann nicht an sie glauben: Die Zeugen reden nicht, die Opfer werden verdächtigt, die Schuldigen beschützt. Und unterdessen sterben die Überlebenden aus. Die Justiz wird sie nicht zum Leben erwecken und kann gewissermaßen manchmal sogar weitere Menschen töten.

23

Bezeugen, bezeugen, bezeugen, bezeug...

»Ich habe kein Leben mehr«, sagte Elisabeth vor mir, eine meiner Patientinnen in Ruanda, die missbraucht worden war und von dem Soldaten, der sie vergewaltigte, zu hören bekam: »Ich töte dich nicht, du kriegst einen viel schlimmeren Tod von mir.«

»Ich habe kein Leben mehr«: Kannst du dir vorstellen, wie man sich fühlt, wenn einem jemand so was sagt ... Aber heute hilft der Genozid mir bei der Behandlung meiner Patienten, wenn ich das so sagen kann, und zwar genau an dem Punkt, wenn ein Patient wiederholt betont, dass er kein neues Leben mehr anfangen kann. Wer eine furchtbare Situation durchlebt hat, glaubt, er sei der Einzige, der das Schlimmste durchgemacht hat. Dann erzähle ich manchmal, woher ich komme, und sage, ja, du kannst alles verlieren und trotzdem wieder ganz von vorn anfangen – und dann, nach einigen Sitzungen, fangen sie an, mich zu verstehen. Anders als in England steht meine Arbeit im Zentrum für Flüchtlinge enger im Zusammenhang mit Avega. Meine Patienten sind Menschen, die ein konkretes politisches Ereignis gebrochen hat und die ihr früheres Leben hinter sich lassen mussten: Sie haben ihr Land verlassen, ihre Sprache, ihr Klima, ihren Boden, ihren Staub ... Also arbeite ich viel mit ihrem früheren Leben, genauer gesagt, mit Bruchstücken aus ihrem früheren Leben. Menschen, die aus einer Diktatur geflohen sind, vor einem Krieg, einem Bürgerkrieg, die waren früher jemand. Aber sie haben keine Vorstellung mehr von der Lebenskraft, die in ihnen steckt, und unsere Arbeit führt sie an die Quellen zurück, aus denen sie die Kraft für ihr früheres Leben geschöpft haben. Manche Patienten ermutigt auch ein weiterer Aspekt: die Tatsache, dass ich schwarz bin. Nach unserer gemeinsamen Arbeit sagen viele: »Ich fühlte mich als Mensch anerkannt.« Zu sehen, dass eine Schwarze in Europa als Therapeutin arbeitet, hilft vielen, sich in einen sozialen Status zu versetzen, der ihrem eigenen früheren Status nahe kommt. Ein Schwarzer ist dann nicht bloß ein minderwertiger Einwanderer.

Ob ich wollte oder nicht, hat mich der Genozid seither gezwungen, die Rolle einer »Vermittlerin« zu übernehmen. Sowohl in meiner beruflichen Praxis als auch im übrigen Leben. Ich werde regelmäßig überall zu Tagungen eingeladen, und immerzu nehme ich Einladungen zu Vorträgen an. So habe ich das Gefühl, aus meiner Traurigkeit, aus meiner Wut oder einfach aus meinem Glauben an das Leben etwas zu machen, damit wenigstens, wer weiß, vielleicht ... »Niemals wieder« ...? Ich weiß, ich hatte ja gesagt, dass ich eigentlich nicht mehr dran glaube, an »Niemals wieder«. Und das stimmt auch ... Aber, ich sag dir, wie soll ich sonst durchhalten, in dem tagtäglichen Be-

wusstsein, dass »das« jederzeit wieder passieren kann ...?
Was könnte ich an meine Töchter weitergeben, wenn ich
mich ausschließlich auf meinen Scharfblick verließe? Außerdem glaube ich an die Solidarität einer anonymen Zu-
hörerschaft. Von denen, die rechtzeitig hätten einschreiten
müssen, erwarte ich nicht viel, eher von Menschen wie
dir, von anderen, die unsere Geschichten hören und mir
dann sagen, das ist alles nicht hinnehmbar, von anderen,
die etwas tun wollen, nicht um anstelle von wer weiß wem
irgendwas zu reparieren, sondern weil zwischen ihnen
und uns eine Beziehung besteht, eine menschliche Beziehung. Aber es kommt natürlich darauf an, dass wir darüber
sprechen und Öffentlichkeit schaffen. Meine Vorträge in
Europa folgen immer derselben Struktur: In Ruanda hat
von April bis Juli 1994 ein Völkermord stattgefunden. Ich
verstehe, dass Sie nicht da waren, weil alle, von den Bot-
schaftern abgesehen, die Ansicht vertreten haben, es han-
dele sich einmal mehr um eine Sache unter Afrikanern.
Heute aber habe ich die Gelegenheit, zu Ihnen zu sprechen
und Ihnen zu erklären, dass es dabei eben nicht um einen
Stammeskrieg ging, sondern dass ein Vernichtungsfeldzug
im Gange war, von meiner eigenen Regierung beschlossen
und perfekt organisiert. Mit der Unterstützung Frankreichs
und unter den teilnahmslosen Augen der ganzen Welt. In
dem Genozid offenbarten sich Unwissenheit und Feigheit.
Ich kann beides akzeptieren. Auch die Feigheit, ja: Solange
nicht dein eigenes Leben und deine eigene Sicherheit in
Gefahr sind, ist es schwer, den Helden zu spielen ... Also
nehme ich es hin, ich verurteile nichts. Aber ich glaube,

dass heute, zehn Jahre danach, die Unwissenden und die Feigen endlich reagieren könnten. Diejenigen, die unter grauenhaften Bedingungen überlebt haben, sind heute ohne Auskommen und kämen doch auf die Beine, wenn sie von uns nur ein bisschen Unterstützung erhielten. Noch kann etwas getan werden, man kann eine HIV-infizierte Frau medizinisch versorgen, kann ein Dach reparieren, das Schulgeld für ein Kind aufbringen, man kann all das tun, was ich schon so oft eingefordert habe.

Sicher, meine Vorträge und auch die Beispiele, die ich bringe, können Unbehagen bereiten. Aber ich gehe nur bis an die Grenze des Erträglichen. Die Geschichte von Rachel, die in der Scheiße erstickt, die hatte ich vor diesem Buch noch niemandem erzählt. Auch aus Rücksichtnahme: Wenn meine Verwandten im Genozid besudelt werden, wie könnte mir eine solche Demütigung mühelos über die Lippen kommen? Außerdem habe ich furchtbare Angst vor Mitleid, Mitleid will ich auf gar keinen Fall. In meinen Vorträgen verwende ich nur sehr selten Zahlen, vor allem keine gerundeten. Wenn man hört, es wurde eine Million Menschen getötet, dann ist das ungeheuerlich, fürchterlich, skandalös, man schließt die Augen, schaltet den Fernseher aus, lebt am nächsten Tag normal weiter wie zuvor und hat die genannte Zahl vergessen. Ich aber möchte Leute belästigen. Wenn du zu denen gehörst, die Entscheidungen treffen, dann will ich nicht, dass du ruhig schläfst, wenn du Macht hast, nutze sie. Und selbst als einfacher Bürger hast du die Macht, deine Entscheidungsträger zu beeinflussen, weil du sie ja wählst.

Das Publikum reagiert oft heftig, großzügig. Nach solchen Vorträgen bekamen wir das Geld für die Dreifachtherapie für zwanzig Frauen zusammen, zwanzig von tausenden, die infiziert sind. Denk bloß nicht, es ist ironisch gemeint, wenn ich dir sage, dass dies ein schöner Sieg ist. Sicher hätte ich mehr erwartet, aber die zwanzig Frauen sind der lebende Beweis dafür, dass man es schaffen kann. Ihre Dreifachtherapie basiert auf der Solidarität von Einzelpersonen. Stell dir den Supersieg vor, wenn sich ganze Organisationen darum kümmern würden ... Vierzehn der kranken Frauen waren so mutig, in einer BBC-Dokumentation über ihre Vergewaltigung und ihre Krankheit zu sprechen, und nach der Sendung haben sich Zuschauer gemeldet und ihre Versorgung über eine britische Organisation auf Lebenszeit gewährleisten. Die sechs anderen verdanken ihr Überleben einer niederländischen NGO, die sich nicht an das für Hilfsorganisationen so typische Prinzip hält, nur »rentable-und-nachhaltige-Projekte« zu fördern. In das Überleben einer HIV-infizierten Frau zu investieren ist zweifellos weder-rentabel-noch-nachhaltig. Es bedeutet »nur«, dass man ihr ihre Würde zurückgibt und ihr so bewusst macht, dass sie zwar künftig nicht produktiv sein kann, es aber in der Vergangenheit durchaus war. Es bedeutet auch, dass man die Gnadenfrist verlängert, die sie mit ihren Kindern und Adoptivkindern verbringen kann — um ein Jahr, zwei, fünf Jahre vielleicht, und das ist immerhin ein Gewinn, ein Gewinn an empfangener Liebe, an einer Fülle gegebener Ratschläge, an Erinnerungen, die weitergegeben werden können.

Vor offiziellerem Publikum gehe ich anders vor. Vielleicht bin ich dann ungeduldiger? 2001 hielt ich einen Vortrag bei einem Kolloquium in Kigali, zu dem Überlebende aller Völkermorde der Welt zusammengekommen waren: Juden der Shoah, Indianer Amerikas, Armenier der zweiten und dritten Generation; nur die Kambodschaner hatten nicht teilnehmen können. Auf dem Programm standen Besuche vor Ort, entlang der Straße von Kigali nach Murambi, und öffentliche Debatten. Unsere Gäste trauten ihren Augen nicht, als sie sahen, wie dicht nebeneinander Opfer und Täter vor dem Völkermord gelebt hatten. An der Universität in Butare hatten Professoren die eigenen Studenten und Kollegen umgebracht; Gläubige töteten ihre Priester, von denen sie die Taufe empfangen hatten, und umgekehrt hatten Priester ihre Schäfchen verraten und denunziert; Väter, Hutu, brachten ihre Kinder um, wenn die Mütter Tutsi waren ... Anschließend wurde das Kolloquium im Hotel Mille Collines fortgesetzt, wohin ich mich ja während des Genozids geflüchtet hatte und das, seit Frieden herrscht, wieder das luxuriöseste Hotel der Stadt geworden ist. Jeder Referent trat auf, sprach über das, was er erlebt hatte, und über die Weitergabe von Erinnerungen. Alle betonten zum Schluss, wie wichtig es sei, Zeugnis abzulegen. Als die Reihe an mir war, fühlte ich mich plötzlich furchtbar müde. In der Nacht zuvor hatte mich Chantal per Telefon aus dem Schlaf gerissen und mir vom Skandal beim Arusha-Tribunal berichtet, wie sie die Ruanderin, Opfer einer Vergewaltigung und Opfer eines Völkermords, öffentlich belästigt und gedemütigt hatten, indem sie sagten, dass sie wohl gestunken haben müsse. Ich war in Gedanken bei all den Überlebenden, bei dieser Frau, bei tausenden anderen, die das Thema unseres Kolloquiums darstellten, aber selbst niemals teilnehmen würden, weil sie zu kaputt sind, mit kaputtem Kopf, kaputtem Rücken, zu sehr traumatisiert und kaum mehr in der Lage, sich auszudrücken. Ich dachte an all die Kinder, die künftig allein wären, Familienoberhäupter geworden unter Geschwistern oder Adoptivgeschwistern, Kinder, denen es nicht in den Sinn käme, auch nur eine Stunde am Tag zu rasten, um sich zu erzählen, was sie auf dem Herzen hatten. Und plötzlich dachte ich, erzähl ihnen doch von Jean-Pierre, dem Jungen, der bei dir in der Therapie war … Jean-Pierre ist der Erste, der mir offen von seinen Ängsten erzählt hat, ein Junge, der erst elf Jahre alt war, als er die Last der Verantwortung für eine Familie mit fünf Kindern übernommen hat. Jean-Pierre hat mit angesehen, wie seine Eltern und alle seine Verwandten getötet wurden, und ist mit seinen kleinen Brüdern geflohen; als ich ihn in einer Sitzung auf die Spur seiner Albträume bringen will, antwortet er mir: »Esther, wenn ich ehrlich bin, soll ich dir sagen, welcher Albtraum mich jetzt am meisten quält? Ich frage mich dauernd, was ich meinen Geschwistern zu essen geben soll.«

Als ich aufs Podium steigen sollte, erschien mir mein Beitrag plötzlich sinnlos. Für alle Überlebenden, die sich uns nicht anschließen können, die nur Kinyaruanda sprechen, sind wir zwar ein aufrechtes Häuflein, leben aber eben doch im Luxus, im teuersten Hotel Kigalis … Sicher, auch ich habe überlebt. Aber bin ich der Prototyp des Überlebenden und muss deshalb hier meine Geschichte erzählen? Ich spreche Englisch, Französisch, kann mich gewählt ausdrücken, aber die, die am stärksten betroffen sind, die, die weiterhin zugrunde gehen, jetzt, die sind nicht im Saal. Sie wissen nicht einmal, dass man über sie sprechen kann und dass wir genau zu dem Zweck heute hier versammelt sind ... Ein paar Jahre später, als ich *Die Untergegangenen und die Geretteten* von Primo Levi las, erinnerte mich eine Stelle an das Gefühl, das ich während des Kolloquiums hatte: »Ich wiederhole: Nicht wir, die Überlebenden sind die wirklichen Zeugen. Das ist eine unbequeme Einsicht, die mir langsam bewusst geworden ist ... Wir Überlebenden sind nicht nur eine verschwindend kleine, sondern auch eine anomale Minderheit: Wir sind die, die aufgrund von Pflichtverletzung, aufgrund ihrer Geschicklichkeit oder ihres Glücks den tiefsten Punkt des Abgrunds nicht berührt haben. Wer ihn berührt, ... konnte nicht mehr zurückkehren, um zu berichten, oder er ist stumm geworden. Vielmehr sind sie, die ›Muselmänner‹, die Untergegangenen, die eigentlichen Zeugen, jene, deren Aussage eine allgemeine Bedeutung gehabt hätte. Sie sind die Regel, wir die Ausnahme.«[*]

Diese Überlegungen habe ich mit lauter Stimme vorgetragen, ohne Erbitterung oder Aggressivität, na schön, vielleicht eine Spur provokant, wegen der Sache, die in

---

[*] Primo Levi, *Die Untergegangenen und die Geretteten*, München, Wien 1990, S. 85 f.

Arusha passiert war. Man wirft mir sowieso oft genug vor, ich sei zu nüchtern. Aber ich wusste, dieses Publikum würde mich verstehen. Da wir im Namen all derer sprachen, die nicht dabei sein konnten, fand ich es nur angemessen, ihnen ein Gesicht zu geben und ihre Geschichte zu erzählen. Ich hatte auch ein paar Dias zusammengestellt und begann mit dem Bild einer Mutter, die sich nicht mehr allein waschen konnte, weil man ihr mit Knüppelhieben das Rückgrat gebrochen hatte, die aber im Liegen weiter ihr Feld bestellte, säte und erntete. Dann das Bild einer anderen Frau, die, bisher vergeblich, die Leichname ihrer Angehörigen sucht, um sie zu beerdigen, und seit deren Ermordung keine Ruhe findet, weil sie weder einen Ort noch einen Namen hat für das, was geschehen ist. Dann das Bild mit jungen Mädchen beim Tanz, die wenigstens zeitweise Ablenkung von ihrem Waisenschicksal finden. Und schließlich das letzte Bild: eine weiße Leinwand. Die Teilnehmer glaubten, es sei ein technischer Defekt, ich habe ihnen erklärt: »Das ist das Bild all derer, die sich nicht zeigen wollen, weil sie sich der Dinge schämen, die ihnen geschehen sind. Hier sehen Sie die Überlebenden, die von den Völkermördern vergewaltigt wurden. Für diese Frauen, die noch nicht wissen, dass sie das Recht haben zu leben, führen wir unseren Kampf.« Dann erzählte ich vom Skandal in Arusha am Tag zuvor und machte den Vorschlag, wir sollten öffentlich Stellung nehmen. Wir sandten ein Kommuniqué an den Internationalen Strafgerichtshof, unterzeichnet von Genozidüberlebenden aus der ganzen Welt, woraufhin die Sache in die Presse gelangte. Und schließlich habe ich die Zuhörer noch gefragt, ob sie bereit wären, auf eine einzige der fünf Mahlzeiten des Tages – Frühstück, Imbiss um zehn, Mittagessen, Nachmittagsimbiss und Abendessen – zu verzichten und das so gesparte Geld, eintausend Euro, den Waisenkindern zukommen zu lassen, die sich als Familienoberhäupter durchschlagen müssen. Sag, was glaubst du, wie oft Kinder satt werden können mit dieser Summe! Ich hatte nämlich schon alles geprüft, ich brauchte nur noch die Zustimmung des Auditoriums: Ich hatte mit dem Hotelkoch ausgerechnet, wie viel die Mahlzeiten kosteten, und hatte mich beim Direktor erkundigt, wie man den Betrag verbuchen könnte. Der Vorschlag wurde einstimmig angenommen.

Eine Referentin des Kolloquiums war mir besonders ans Herz gewachsen: Heidi hatte die Konzentrationslager der Nazis überlebt und lebte in Schweden; sie war eine alte Frau, ich empfand Zärtlichkeit für sie, vielleicht weil sie mich an meine Mutter erinnerte ... Nach ihrer Rückkehr aus dem Lager, so hat sie uns erzählt, verbrachte sie ihr Leben mit Vorträgen an Schulen, damit das »niemals wieder« geschehen würde, und sie war tief verzweifelt, untröstlich darüber, dass »das« doch wieder passiert war, zu ihren Lebzeiten. Ich weiß noch, wie mir durch den Kopf ging, genau in diesem Moment, dass ein Genozid dich auch nach fünfzig Jahren noch verfolgt. Wir kämpften und kämpfen noch immer, um den Genozid zu überleben, und sie, sie hat ihn schon fünfzig Jahre zuvor durchgemacht und kämpft noch heute für die Erinnerung und ... Ich dachte, seltsam und schrecklich zugleich, dass ich in ihrem Alter, sie war schon weit über sechzig, bestimmt auch noch Zeugnis ablegen würde. Ich bin sicher, ich werde mein ganzes Leben lang Zeugnis ablegen – und sei es nur deshalb, weil alle Welt zu vergessen wünscht … Vergessen, dass »das« (wieder) passiert ist, dass die Überlebenden noch leben, mit abgehackten Kiefern, verklebten Eileitern, kaputten Rücken. Im Gegensatz zum Rest der Welt können wir nicht vergessen.

Ich spreche über den Völkermord, wo ich kann, weil ich weiß, dass man niemals genug davon sprechen wird. Die Öffentlichkeit zeigt zum Beispiel größeres Interesse am Schicksal der Kinder, die gemordet haben. Eben weil es Kinder sind und man hofft, dass in ihnen noch was zu retten ist. Manche Frauenorganisationen in Ruanda kümmern sich darum; für uns bei Avega war es von Anfang an klar, dass wir uns der Problematik nicht widmen, selbst wenn Hilfsorganisationen mühelos darauf anspringen, finanzielle Mittel bereitstellen und wenn es auch großes Medieninteresse findet. Ich frage mich noch heute, woran das liegt. Diese Kinder haben Anspruch auf Schutz und auf psychische Wiederherstellung; daran besteht keinerlei Zweifel. Aber warum nur interessiert sich die öffentliche Meinung so sehr viel mehr für sie als für unsere Überlebenden, die Hungers oder an Depressionen sterben? Die Kindermörder scheint man als paranormal anzusehen, während die Opfer des Völkermords viel eher einer Norm entsprechen: Die einen sind also Fälle, die man untersuchen müsste, denen entsprechend mehr Aufmerksamkeit gebührt, die anderen sind normale Fälle und können den Opfern beliebiger anderer Konflikte zugerechnet werden. So stellt man immer wieder dasselbe fest, zehn Jahre danach ist das umso grausamer: In dem Genozid, den wir überlebt haben, finden die Opfer keine angemessene Berücksichtigung.

Ich hatte mehrfach Gelegenheit, die Chefanklägerin des Haager Kriegsverbrechertribunals, Carla Del Ponte, auf diese Frage anzusprechen, als ich sie in Kigali und in Brüssel traf. Beide Male habe ich ihr zunächst für ihre Arbeit gedankt: Ihr verdanken wir, dass Vergewaltigung als Verbrechen gilt. Dann fragte ich sie danach, warum mit zweierlei Maß gemessen wird, wenn Opfer und Täter einander gegenüberstehen. Auf der einen Seite die, die des Völkermords und der Vergewaltigung bezichtigt werden, die ihre Opfer mit dem HIV-Virus infiziert haben, in Gefangenschaft aber bestens medizinisch versorgt werden. Auf der anderen Seite die Überlebenden, die, von den Tätern infiziert, oft selbst auf der Anklagebank sitzen. Lag es denn nicht im Interesse der Justiz, beide Parteien am Leben zu halten, damit sie ihrer Aufgabe gerecht werden können? Carla Del Ponte ist uns nicht ausgewichen; sie hat uns empfangen, hat uns angehört. Ihre Antwort aber war grausam. Sie erklärt dir, wie das Kriegsverbrechertribunal funktioniert – im Grunde beschreibt sie, dass es nicht funktioniert. Da das Gericht selbst als Vertreter des Opfers angesehen wird, verfügt es über keinerlei Budget für das Opfer, und man gestattet auch keiner anderen Organisation, im Namen des Opfers als Nebenklägerin aufzutreten.

Frau Del Ponte selbst hat zugestanden, wie widersinnig diese Rechtsprechung ist. Zwei Jahre später wurde Frau Del Ponte noch deutlicher und sagte zu mir: »Sie sind bei mir an der falschen Adresse. Ich, als Staatsanwältin, denke wie Sie, aber das liegt nicht in meiner Zuständigkeit. Ich konstatiere dasselbe wie Sie; doch allein die Gerichtspräsidentin kann die Statuten des Gerichts ändern und auf die Hierarchie in New York einwirken, um die Sachlage zu ändern.« Ich weiß noch, wie niedergeschlagen ich damals war, nach dem Gespräch. Justiz, Respekt für die Opfer, Gleichbehandlung für beide Seiten: Alles, was ich für selbstverständlich, für offensichtlich hielt, schlummerte in einer höchst undurchsichtigen Bürokratie vor sich hin. Wie willst du gegen eine Verwaltung kämpfen, die so weit oben angesiedelt ist? Und stell dir vor, ich schneie ins Büro der Gerichtspräsidentin: »Wissen Sie, Madame Del Ponte hat mir geraten, mich an Sie zu wenden, um die Arbeitsweise des Strafgerichtshofs zu ändern ...«

Es gibt Leute, die sind ähnlich verbittert wie ich, General Dallaire zum Beispiel, den ich im Jahre 2000 bei einer Preisverleihung traf, oder Doktor Philippe Gaillard, Mitarbeiter des Internationalen Roten Kreuzes, der Kigali während des Völkermords nicht im Stich gelassen hat. General Dallaire fühlte sich elend bei unserem Gespräch: Er warf sich selbst vor, »untätig« gewesen zu sein. Ich ging auf ihn zu, sagte zu ihm: »Machen Sie das, was Sie getan haben, nicht kleiner, als es ist, für manche Überlebende haben Sie viel getan, einige von uns verdanken Ihnen ihr Leben.«

Neben den großen internationalen Konferenzen, ob in

Südafrika, Großbritannien, in der Schweiz, Schweden oder anderswo, lasse ich auch kleine Veranstaltungen nie aus, vor allem solche nicht, die von Frauen organisiert sind. Dort spielt Solidarität eine große Rolle: Wenn die Überlebenden erfahren, dass Frauen am anderen Ende der Welt an sie denken, sind sie überrascht und fühlen sich zugleich gestärkt. In dem kleinen deutschen Dorf, in dem ich lebe, hatte ich eine Freundin, über neunzig Jahre alt. Als ich ihr vom Schicksal der alten Frauen bei uns erzählte, die ihre Familien verloren haben, hat sie sich dafür eingesetzt, eine Frau in ihrem Alter als Schwester zu adoptieren. Sie hat Bibi adoptiert und ihr jeden Monat etwas Geld geschickt, damit sie sich Zucker und Milch kaufen konnte. Frau H. ist dieses Jahr gestorben, nun schickt ihre Tochter weiter Geld. Bibi hat eine Freundin verloren, dafür aber eine neue gefunden.

So ... so versuche ich von einer Begegnung zur nächsten unsere Erinnerung weiterzugeben und etwas zu tun, auf ganz unterschiedliche Weise. Das kann sogar komische Formen annehmen ... wie zum Beispiel beim *Red Nose Day*, dem Tag der roten Nase, den die britische Hilfsorganisation *Comic Relief* seit einigen Jahren veranstaltet. In Geschäften, in Schulen und Krankenhäusern werden rote Clownsnasen verkauft, und der Erlös wird unter britischen Hilfsorganisationen aufgeteilt, zu denen auch der *Survival Fund* gehört. Der investiert den Erlös in Projekte von Avega. Die Galashow mit großen Stars wird alle zwei Jahre von der BBC veranstaltet und gesendet.

Die rote Nase soll man zum Zeichen der Solidarität tragen, so wie andere die rote Aidsschleife tragen. Auf meiner Nase hält die rote Nase nicht; sie springt nach zwei Minuten ab. Ich nehme an diesen Galas seit über vier Jahren teil und finde sie sehr gut, auch wenn die Nase nicht hält ... Die Veranstalter haben Sinn für Humor und geben zu, dass sie die Nasen nach einem europäischen Prototyp haben fertigen lassen. Vor allem aber haben sie mit ebenso viel Humor eingesehen, dass die Sache mit der Nase für uns Tutsi aus Ruanda etwas ... wie soll ich sagen? ... heikel ist ... Denn als Tutsi wurdest du ja gerade deshalb »zugeschnitten«, getötet, weil man deine Nase für zu schmal, zu lang, also zu »Tutsi« befand. Während der Galas mussten wir eben spielerisch damit umgehen ... Meine Freundinnen von Avega und ich, wir konnten darüber lachen: Wir haben uns gesagt, wenn wir in Ruanda große rote Nasen getragen hätten, alle einheitlich geformt, dann wäre uns die Diskriminierung unseres Aussehens wegen erspart geblieben.

24

Um (niemals) zum Schluss zu kommen

Den meisten Leuten ist der Genozid egal. Inzwischen habe ich gelernt, mir das einzugestehen. Bin soweit, zuzugeben, dass das den anderen nicht interessiert. Ich verstehe allerdings noch immer nicht warum, weil doch total vom Zufall abhängt, was dem einen oder anderen zustößt: Du, der andere, hättest doch genauso gut im letzten Winkel von Ruanda zur Welt kommen können und ich in Europa, in den USA oder in Lateinamerika. Und wenn es anders ist, ist es rein zufällig. Zufall oder Glück, dass du nicht in diesem oder jenem Land geboren bist, dass du nicht zu einer Gruppe gehörst, die man deswegen in Stücke hackt.

Dabei hätte dir doch dasselbe passieren können. Und wenn es mir passiert ist, kann ich doch nichts dazu. Selbst wenn es Leute gibt, die andeuten, ich hätte es drauf angelegt, ich sei selbst schuld. Die Ordensschwester, die mich aus der Schule hat fliehen lassen, an jenem berühmten Abend, an dem ich den Entschluss fasste, bevor sie mich mit Stockhieben davonjagen würden, sie hätte gegen diese Prügeleien protestieren und mich schützen können. Ich war eine gute Schülerin, diszipliniert, sie hatte keinen

Grund, mir an irgendwas die Schuld zu geben. Aber sie hat die Situation so akzeptiert, wie sie war. Als fände sie die Menschenjagd normal oder sogar richtig, hat sie nicht eingegriffen. Und hat mich noch darin bestärkt, dass ich im Unrecht war, ich als Tutsi.

Mein ganzes Leben lang hatte ich dieses Gefühl: zu Unrecht zu existieren. Ihr ganzes Leben lang haben die Tutsi dieses Gefühl gehabt. Und dann wollte ein Genozid uns endgültig davon überzeugen, uns endgültig auslöschen. Uns, die ruandischen Tutsi. So ist es den Armeniern ergangen, den Juden, den Kambodschanern.

Meinem schlimmsten Feind wünsche ich nicht, dass es ihm morgen genauso ergeht.

Diesen tragischen Zufall wünsche ich niemandem auf der Welt.

Ich klage an

Ich klage alle Rutukus an – unter dem Namen des Mörders auf meinem Hügel –, die mit ihren Macheten unschuldiges Blut vergossen haben.

Ich klage alle diejenigen intellektuellen Hutu an, die ihre Intelligenz darauf verwendet haben, den *Itsembabwoko*, den Genozid, die Vernichtung der Tutsi, minutiös zu planen und vorzubereiten.

Ich klage sämtliche Konformisten an, Christen allen voran, und nicht die Geringsten – Papst, Bischöfe, Priester und Pastoren, Nonnen –, weil sie in so abgrundtiefes Schweigen verfallen sind.

Ich klage euch an, die ihr weggeschaut habt, als ein Unschuldiger ermordet, eine Frau vergewaltigt worden ist.

Ich klage euch an, die ihr verraten habt, wo die armen Gehetzten sich versteckt haben, nach ihrem Wettlauf gegen den Tod.

Ich klage die an, die uns im Stich gelassen und die die Unsrigen leidvoll gezwungen haben, uns im Leben zurückzulassen.

Mitglieder von Esthers Familie, die im Genozid 1994 ermordet wurden
Es sind direkte Vorfahren und Nachkommen genannt.
Zum Vergleich: In einer europäischen Familie trügen sie alle denselben Familiennamen.

Auf Seiten meines Vaters: 85 Personen. Dem hinzuzufügen wären noch die 45 Freunde und Nachbarn, die zusammen mit ihm getötet und in dasselbe Massengrab geworfen wurden.
– Mfizi, mein Vater,
– Monika, meine Mutter,
– Stéphanie, meine Schwester, Ildéfonse, ihr Mann, Tika, Kinini und Babu, ihre drei Kinder,
– Rachel, meine Adoptivschwester, Jonas, ihr Mann, und Buseni, dessen Bruder,
– Charles, mein Schwager, Mann meiner Schwester Marie-Josée, und Marcel, ihr ältester Sohn,
– Rwangabgoba, der Bruder meines Vaters,
– Maria, die Tante meines Vaters,
– Pastor Édouard Gafalinga, sein geistiger Sohn.

Auf Seiten von Madalina, der Tante meines Vaters: 4 Personen.
– Dinah, ihre Tochter, Cyrille, ihr Mann, und ihre beiden Kinder.

**Auf Seiten meines Großonkels Daniel Ndaruhutse
(Bruder meines Großvaters mütterlicherseits):
28 Personen.**

– Daniel Ndaruhutse
– Habimana Richard, sein Sohn, und Buhinjori, sein
  Enkel,
– Benimana, sein Sohn, dessen Frau Maria, seine Schwie-
  gertochter, und ihre Kinder,
– Bizimana, sein Sohn, und dessen zwei Kinder,
– Niyibizi, sein Sohn, dessen Frau und ihre drei Kinder,
– Kazanenda, sein Sohn,
– Nabayo, sein Sohn,
– Nsengiyumva, sein Sohn, und Ndayambaje, sein Enkel,
– Sarah, Uwiragiye und Niyongira, seine drei Töchter.

**Auf Seiten meines Onkels Migambi (Bruder meines
Großvaters väterlicherseits): 19 Personen.**

– Migambi, mein Großonkel,
– Hitimana, sein Sohn, und Nsengiyumva, sein Enkel,
– Mukarugina, seine Tochter, deren Mann, ihr Sohn und
  ihre Schwiegertochter mit ihren beiden Kindern,
– Sarah, seine Schwiegertochter, und ihre drei Kinder,
– Jeannette, seine Enkelin, Amoni, deren Mann, und ihre
  vier Kinder.

Auf Seiten meines Großonkels Sindambiwe (Bruder meines Großvaters väterlicherseits): 21 Personen.

– Sakumi, sein Sohn, Immaculée, seine Frau, und Léonie, ihre Nichte,

– Épiphanie, seine Tochter, und Munana und Gaston, seine Schwäger,

– Mugabo, sein Sohn,

– Gabriel, sein Sohn, und Sella, dessen Tochter,

– Mufupi, sein Sohn, Victoria, dessen Frau, und ihre vier Kinder,

– Schola, seine Tochter, und Mukeshimana, seine Enkelin,

– Rurangwa, sein Neffe,

– Sicilia Kankindi und Tharcisse Bikoramuki, seine Schwiegereltern, über neunzig Jahre alt, einer ihrer Söhne und zwei Enkelkinder.

Auf Seiten meiner Onkel Petero, Zefaniya, Mitsindo, Mpumuje, Gasongo und Habakurama habe ich noch nicht alle Verschwundenen erfassen können.

Auf Seiten meiner Mutter: 48 Personen.

– Rwagaju, der Bruder meiner Mutter,

– Nyirambibi, seine Frau,

– Iyakaremye, seine Tochter (aus erster Ehe), und deren beide Kinder,

– Nyampinga, seine Tochter,

– Ngimbanyi, sein Sohn,

– Rubayiza, sein Sohn, und dessen zwei Kinder,

– Rucamubugi, sein Sohn,

- Rwandenzi, mein Onkel mütterlicherseits, und seine
  Frau Lydia,
- Simoni Hitimana, sein Sohn,
- Innocent Mbonimpaye, sein Enkel,
- Cléophas Dushiminmana, sein Enkel,
- Daniel Niyibizi, sein Enkel,
- Purusikilla Ndikubwayo, seine Enkelin,
- Pierre Ntereye, sein Cousin, dessen Frau Alexia und
  ihre drei Kinder,
- Daniel Ikwene, sein Schwager, und dessen sechs
  Töchter,
- Ancilla Nyirankware, seine Nichte, deren beide Kinder
  und Enkelkinder,
- Namakobga, Kayishugi und Samuel Numugabo, seine
  Cousinen und sein Cousin.
- Valeria, meine Tante mütterlicherseits,
- Gadi, ihr Sohn, und dessen Frau,
- Maria, ihre Tochter, und deren beide Kinder,
- Monika aus Gaculiro, meine zweite Tante mütterlicher-
  seits,
- Eugène, ihr Enkel,
- Kamondo aus der Bugesera, Tante mütterlicherseits,
- Yohana, ihr Sohn, dessen Frau, Jeanne und Bosco, ihre
  beiden Kinder,
- Rosata, Tante mütterlicherseits,
- Kaliniya, ihre Tochter, deren Mann und ihre drei
  Kinder.

In der Familie meines Mannes: 86 Personen.

— Innocent Seminega, mein Mann,
— Karera, sein Vater,
— Cesaria, seine Mutter,
— Ngabo, sein Bruder, Alphonsine, dessen Frau, ihre beiden Kinder und Alphonsines Vater, ihre Mutter und ihre sechs Geschwister,
— Cyemayire, sein jüngerer Bruder,
— Umudeli und Umutesi, seine jüngeren Schwestern,
— Muragwa, sein Großonkel, Kabayiza und Kabeho, dessen Sohn und Enkel,
— Kanyabugoyi, dessen Schwiegersohn, und seine zwei Kinder,
— Odetta Nyiraburanga, seine Großcousine, und deren beide Kinder, darunter Claudine, meine Patentochter,
— Florida, seine Cousine,
— Ruzagiliza, sein Cousin, und dessen Frau Léa,
— Nyoni, sein Cousin, dessen kleine Brüder und Gustave, sein Sohn,
— Gakwaya und Candida und ihre zehn Kinder,
— Donatilla, seine Tante väterlicherseits, und ihre drei Kinder,
— Doanata, seine andere Tante mütterlicherseits, ihr Mann und ihre acht Kinder,
— Kangabe, auch eine Tante väterlicherseits, und ihre vier Kinder,
— Madamu, letzte Tante väterlicherseits, ihre zwei Kinder und ihre vier Enkelkinder,

- Suzanna, Tante mütterlicherseits, ihre zwei Kinder und
  ihre vier Enkelkinder
- Maritha, Tante mütterlicherseits, ihr Mann und ihre vier
  Kinder,
- Maria, Tante mütterlicherseits, ihr Mann und ihre acht
  Kinder.

Hier sind die Namen derer aufgeführt, die im Gymnasium Notre-Dame de Cîteaux in der Nacht vom 30. April 1994 zusammen mit meinem Mann ermordet wurden:
- Innocent Seminega, Lehrer
- Gustave Rugamba, Lehrer
- Jean Nzigira, Lehrer
- Justin Kayibanda, Lehrer
- Jean de Dieu Mucundanyi, Lehrer,
- Charles, Sohn eines Lehrers,
- Mao, Sohn eines Lehrers,
- Alexandre, Maos älterer Bruder,
- Médard Mwumvaneza, Félicités Mann, Lehrer,
- Michel Mucundanyi, Jean de Dieus Bruder, Lehrer,
- Grâce, Claires Cousine, Lehrerin (Claire wurde zusammen mit ihrer Familie in Kibungo ermordet),
- Raymond, verletzt und aus dem städtischen Krankenhaus geflüchtet, um sich mit uns zu verstecken,
- Lando (Spitzname, weil er hinkte), aus dem Stadtviertel Gitega gekommen, um sich mit uns zu verstecken,
- Rukundo, Sohn von Maman Ami, Student, aus dem Stadtviertel Gitega gekommen, um sich mit uns zu verstecken.

Was geschah in Rwanda?

Marie-Odile Godard schreibt in ihrem Buch *Rêves et traumatismes ou la longue nuit des rescapés* (Träume und Traumatismen oder die lange Nacht der Überlebenden), Toulouse 2003:

Ruanda ist ein sehr kleines Land, etwa so groß wie Belgien, und liegt zwischen dem Kongo, Uganda, Tansania und Burundi. Im Land der tausend Hügel ist das Klima zwar ausgeglichen, doch aus den kargen Böden lässt sich nicht genug erwirtschaften, um die Bevölkerung zu ernähren. Exporterzeugnisse sind Tee und Kaffee; über Bodenschätze verfügt Ruanda kaum, so dass das Land in hohem Maß von internationaler Hilfe abhängig ist. Durch den Krieg, den Genozid und die Flüchtlingsströme wurde die Verbreitung von Aids und Malaria, einer anderen und älteren Geißel, beschleunigt.

Das Königreich Ruanda hat sich etwa seit dem 16. Jahrhundert aus einer Anzahl Familienverbände und kleinerer Königtümer entwickelt. Im 19. Jahrhundert wird es von drei Bevölkerungsgruppen bewohnt: Tutsi (Viehzüchter),

Hutu, die Mehrheit (Bauern), und Twa (Jäger und Töpfer).* Im täglichen Leben betreiben oft sowohl Hutu als auch Tutsi Ackerbau und Viehzucht. Alle Gruppen sprechen eine einheitliche Sprache und teilen eine Kultur, eine gemeinsame Weltsicht. Sie achten dieselben Regeln, glauben an denselben Gott, Imana.

In den Jahren vor der Kolonialisierung wurden weite Teile der Gesellschaft durch die Tutsi regiert, wobei Macht und Reichtum sich im Besitz von Rindern manifestierte. Diese Gesellschaftsordnung war durchlässig: Wurde ein Abkömmling der Hutu reich, so konnte er Tutsi werden; verarmte ein Abkömmling der Tutsi, so konnte er Hutu werden. Ab dem 19. Jahrhundert wurden die Bezeichnungen für die drei Gruppen zunehmend ethnisch interpretiert.

Mit dem Beginn der deutschen und später der belgischen Kolonialherrschaft festigten sich die ethnischen Grenzlinien und wurden quasi zu »Rassen«**-Unterschieden. Als Träger der Gesellschaft wurden die Tutsi, nun eine Art »Herrenrasse«, zu den »Vorarbeitern«, die Hutu zu »Handlangern«. Die einen waren auf Seiten der Belgier

---

* Alexis Kagame, Un abrégé de l'histoire du Rwanda, Butare 1975. (Eine grundlegende Darstellung der ruandischen Geschichte, die die neuere historische Forschung einbezieht, fehlt. Ein kurzer Abriss findet sich in: Alison Des Forges, Kein Zeuge darf überleben. Der Genozid in Ruanda, Hamburg 2002. Zum 19. Jahrhundert vgl.: Emmanuel Ntezimana, Ruanda am Ende des 19. Jahrhundert. Gesellschaft, Administration und Politik, in: Als die Weißen kamen, Ruanda und die Deutschen 1885–1919, Wuppertal 1990, Anm. d. Ü.)
** Gemäß der Rassenkunde des 19. und des beginnenden 20. Jahrhunderts.

und erhielten Zugang zur Bildung, den anderen blieben untergeordnete Posten. Gegen Ende der 1950er-Jahre begründeten die Tutsi, aus einer Position der Stärke gegenüber der Kolonialmacht heraus, die Unabhängigkeitsbewegung ihres Landes. Daraufhin bezichtigte Belgien sie der Unterdrückung der Hutu und ermunterte Letztere, gegen die Tutsi zu revoltieren. Massaker an den Tutsi im Jahr 1959 und erneut 1973 zwangen einen Teil der Tutsibevölkerung zur Flucht ins Exil. Im Jahr 1994 geschieht der Genozid, in dem rund eine Million Menschen ermordet werden. Es sei hier auf die Besonderheit des Genozids an den Tutsi in Ruanda hingewiesen: Im Fall der Vernichtung der Juden und der Armenier hatte es Jahre gedauert, bis der Begriff Genozid offiziell anerkannt wurde. Der Genozid an den Tutsi wird bereits als solcher bezeichnet, während er noch im Gange ist. Er geschah dennoch, ohne dass die internationale Gemeinschaft eingeschritten wäre.

Zeittafel

1898 Das Königreich Ruanda wird Teil Deutsch-Ost-
afrikas.

1919 Im Versailler Vertrag wird Belgien das Völkerbund-
mandat über Ruanda übertragen (1946 als Treu-
handgebiet der UN).

1957 Im *Manifest der Bahutu* fordern Hutupolitiker die
Gleichstellung aller Bevölkerungsgruppen.

1959 Tutsi und Hutu gründen Parteien. Im Kampf um die
politische Struktur und Macht nach der Unabhän-
gigkeit kommt es zu Massakern gegen Tutsi und zu
Terrorakten der Tutsiparti gegen Hutu. Infolge dieser von belgischen Militärs niedergeschlagenen so
genannten Novemberrevolution, die 20.000 Tote
fordert, fliehen 153.000 Tutsi nach Burundi, Uganda, Tansania und Zaire.

1961/62 Abschaffung der Tutsimonarchie. Nach Parlaments-
wahlen, die der Hutupartei die Mehrheit bringen,
und der Wahl von Grégoire Kayibanda, Hutu, zum
Präsidenten der Republik erlangt Ruanda seine Un-
abhängigkeit wieder.

1963– Die Armee der Exiltutsi dringt mehrmals ins
1966 Landesinnere vor. Nach erneuten Massakern an den
Tutsi fliehen über 300.000 Tutsi in die Nachbarländer.

1973   Tausende Tutsi werden inhaftiert, getötet oder aus
        der Heimat vertrieben. Militärputsch des Generals
        Juvénal Habyarimana, der Präsident und Regierungs-
        chef wird.

1987   Exiltutsi, die in der Rebellenarmee Yoweri Museve-
        nis gegen Obote gekämpft haben, gründen nach
        Musevenis Machtübernahme in Uganda die Ruan-
        dische Patriotische Front (RPF).

1990   Die RPF greift von Uganda aus Ruanda an; damit
        beginnt der Krieg, der mit dem Genozid enden
        wird.

1994   **April**

        Am 6. April wird das Flugzeug mit Präsident Haby-
        arimana über Kigali abgeschossen. Die Tutsi wer-
        den beschuldigt, das Attentat verübt zu haben. Die
        Präsidentengarde, die Milizen sowie Teile der Streit-
        kräfte ermorden nach vorbereiteten Todeslisten die
        Ministerpräsidentin und ihre 10 UNAMIR-Solda-
        ten, Oppositionspolitiker, Tutsi sowie Hutu, die
        nicht mit der so genannten Hutupower sympathi-
        sieren. Im ganzen Land beginnt der Völkermord an
        den Tutsi.

        Juni

        Beginn der französischen Operation Türkis. Eine Si-
        cherheitszone wird eingerichtet, die tausenden Tutsi
        das Leben rettet, andererseits aber den Völkermör-

dern und den für den Völkermord Verantwortlichen die Flucht ermöglicht.

Juli

Am 4. Juli befreit die RPF Kigali. Der Genozid ist vorbei (rund eine Million Tote in knapp vier Monaten).

Über eine Million Hutu, unter ihnen zahlreiche Völkermörder, fliehen aus Furcht vor Repressalien in Auffanglager im Nachbarland Zaire (heute Kongo). Ein einmaliger Exodus, der in der öffentlichen Meinung zu einer unglücklichen Verwechslung zwischen Opfern des Völkermords und Opfern in diesen Flüchtlingslagern geführt hat.

1998 Vor dem Internationalen Strafgerichtshof für Ruanda in Arusha (Tansania) beginnt der erste Völkermordprozess.

2004 Die UNO erklärt den 7. April zum Internationalen Gedenktag an den Genozid.

Wir danken

Pierre Bogoratz, Marie-Odile Godard, Andrée Zana Murat, Sophie Ionesco, Erik Kawalkowski, José Kagabo, Cathy Calvet, Anne Ulpat, Isabelle Solal, Patrick Zachman, Ofer Bronchstein, Boubacar Boris Diop, Anna, Amélia, Amanda, Helmut, Consolatrice, Illuminée, Roger, Ann Macintosh, Nanou Calvet, Martine Delahaye und Karin Roeslgaard.

Esthers besonderer Dank gilt

Chantal Kayitesi, der Freundin und unermüdlichen Mitstreiterin über alle Entfernung hinweg, für die Kraft, die sie mir gibt,

allen anderen Freundinnen bei Avega, die wir nächtelang telefonieren (und uns horrende Rechnungen einhandeln), ebenso wie allen Überlebenden bei Avega, die mir ihr Vertrauen geschenkt und erlaubt haben, dass ich ihre Geschichte erzähle.

Ganz besonders danken möchte ich auch meinen Schwestern Joséphine, Marie-Josée, Christine, Béata sowie Françoise, mit der ich seelenverwandt bin.

Dank Esthers Lebenskraft und Ironie haben wir (auch) oft gelacht, statt (nur) zu weinen.

Ein Gespräch zwischen Esther Mujawayo und Simone Veil

Als ich dieses Buch schrieb, haben mich Esther Mujawayos Beobachtungen des Öfteren an den Bericht von Simone Veil über ihre Rückkehr aus der Deportation erinnert, den ich vor ungefähr zehn Jahren gelesen hatte. In Frankreich wie in Ruanda trafen die Frauen, die das Entsetzliche überlebt hatten, auf die gleiche Indifferenz »danach« und reagierten darauf zunächst mit Fassungslosigkeit, dann mit Verbitterung. Wie Esther mit einer gewissen Ironie sagt: »Wir hatten geglaubt, man würde uns mit Anteilnahme überschütten.«

Sehr schnell hatte ich den Wunsch, eine Begegnung dieser beiden Frauen herbeizuführen, aus mehreren Gründen. Simone Veil sagt gern von sich: »Ich toleriere keinerlei Unrecht.« Esther auch nicht. Sei es bei Belanglosigkeiten des Alltags, sei es bei wichtigen Konferenzen, beide haben sie – als Politikerin die eine, als engagierte Therapeutin von Menschen mit Kriegstrauma die andere – einen ausgeprägten Sinn für Humanität entwickelt, für Humanität und Gerechtigkeit. Ich wusste seit langem, dass das Leben und die Tätigkeit von Madame Veil sich nicht auf das Gesetz, das ihren Namen trägt, und auf die Deportation reduzieren lassen. Im März 2000 war ich in Algier Zeugin eines denkwürdigen Wiedersehens: Bei einem Symposium fiel ihr eine ungefähr 60-jährige Frau buchstäblich in die Arme. Sie war sehr bewegt. Die ehemalige FLN-Kämpferin war während des Algerienkrieges verhaftet worden, hatte in einem französischen Gefängnis gesessen und niemals vergessen, wem sie ihr Überleben verdankte: Simone Veil kämpfte damals unermüdlich für die Verbesserung der Haftbedingungen und für die Einhaltung der Gesetze – im Namen demokratischer Prinzipien, die ihrer Meinung nach keine Staatsräson jemals in Frage stellen durfte.

An jenem Tag in Algier wurde plötzlich ein Stück Geschichte offenbar, eine unbekannte Geschichte, die selten aufgeschrieben worden und doch wesentlich war – wie es häufig in der Geschichte der Fall ist, wenn sie Frauen betrifft. An jenem Tag in Algier habe ich ermessen, welch große Kohärenz die Laufbahn von Simone Veil seit langer Zeit aufweist und, vor allem, dass das Entsetzliche, das sie durchmachte, in ihr einen Gerechtigkeitssinn ausgebildet hat, der alle Grenzen überschreitet und Allgemeingültigkeit beansprucht. Die Begegnung von Simone Veil und Esther Mujawayo fügt sich in eben diese Kohärenz ein. Für Esther handelte es sich auch darum, ihre beiden Stimmen, die sie für eine gemeinsame hält, zusammenzuführen, über alle Kontinente hinweg, für so viele andere Überlebende.

Das Gespräch zwischen Simone Veil, Mitglied des französischen Verfassungsrats und Präsidentin der *Fondation pour la mémoire de la Shoah* (Stiftung zur Erinnerung an die Shoah), und Esther Mujawayo fand am 4. Februar 2004 statt. Es ist von der grenzenlosen Trauer über den letzten Völkermord des 20. Jahrhunderts getragen. Die beiden Frauen bringen die ungeheure Universalität der größten Tragödien unserer neueren Geschichte zum Ausdruck.

S.B.

Souâd Belhaddad: Gestatten Sie mir als Einleitung ein paar Worte zu den Gründen für diese Begegnung zwischen Ihnen beiden, Madame Simone Veil und Madame Esther Mujawayo. Madame Simone Veil, Sie sind eine der Überlebenden der Shoah. Als Französin wurden Sie nach Auschwitz deportiert, dann nach Bergen-Belsen, weil sie Jüdin waren, 60 Jahre ist das her. In diesem Genozid, der in erster Linie die Vernichtung der Juden zum Ziel hatte, wurden sechs Millionen Juden ermordet.

Madame Esther Mujawayo, Sie sind eine der Überlebenden des Genozids an den Tutsi, der vor genau zehn Jahren in Ruanda stattfand. Soeben haben die Vereinten Nationen den 7. April als internationalen Tag des Gedenkens an diesen Völkermord festgelegt. Von der damaligen ruandischen Regierung geplant, von der Armee und den extremistischen Hutu-Milizen mit Unterstützung einer breiten Mehrheit der Zivilbevölkerung ausgeführt, hat dieser Genozid in nur drei Monaten 800 000 Opfer gefordert. Sie, Esther, gehören zur Minderheit der Tutsi, die ausgerottet werden sollte, und Sie haben überlebt. Beide Genozide sind von den Vereinten Nationen als solche anerkannt worden. Bei aller Verschiedenheit in Bezug auf die Ausführung und den historischen Kontext haben sie doch die gleiche Ideologie und das gleiche Ziel: diejenigen, die nach damaliger Meinung hätten nie geboren werden sollen, auszulöschen. Was den Ort, die Kultur, die Generation angeht, verbindet Sie zunächst einmal nichts. Aber als Überlebende eines Völkermords sagen Sie das Gleiche, und zwar auf frappierende Weise. Das heißt, beide haben Sie in Ihren Büchern und Reden – ich erinnere daran, dass Esther nicht nur Therapeutin ist, sondern auch auf internationalen Konferenzen über die Lage der überlebenden Tutsi spricht – das Gleiche festgestellt: »Die Worte von uns Überlebenden stören.« Beim Schreiben unseres Buches hat Esther mir zum Beispiel wiederholt gesagt: »Seit dem Ende des Völkermords haben wir geschwiegen. Wir fühlten sofort, dass wir störten.« Als ich diesen Satz hörte, fiel mir ein Interview von Ihnen ein, Madame Veil, das Sie vor 15 Jahren gegeben haben und in dem Sie gesagt haben: »Wenn man sagt, die Deportierten hätten nicht gesprochen, ist das falsch. Keiner wollte sie anhören.« Ich möchte Sie fragen, Madame Veil, warum Sie der Begegnung mit Esther so spontan zugestimmt haben.

Simone Veil: Wissen Sie, schon wenn ich Ihnen jetzt zuhöre, läuft es mir kalt den Rücken herunter. Wegen der gemeinsamen Vergangenheit, würde ich sagen, und der Ähnlichkeit der Situationen, in denen wir uns im zeitlichen Abstand von fast 50 Jahren befunden haben. Für mich ist

Ruanda ein besonders schmerzlicher Abschnitt in all den Jahren, die seit der Rückkehr aus dem Lager vergangen sind. Wir hatten wirklich gehofft, dass sich eine solche Barbarei nicht noch einmal ereignen würde. Die Genozide, denen unsere Familien zum Opfer gefallen sind, haben sich beide nicht aus einem militärischen Konflikt ergeben. Die Arbeiten der Historiker zeigen, dass Hitlers Absicht, die Juden zu vernichten, dem Zweiten Weltkrieg vorausging und dass dieses Ziel, das bereits in *Mein Kampf* formuliert wird, Vorrang hatte gegenüber dem Ziel, den Krieg zu gewinnen. Das ist übrigens auch das Gefühl, das wir hatten, wir in den Lagern. Dem Transport der Deportierten wurde Vorrang gegeben, um sie zu vernichten. Um zu verhindern, dass die Rote Armee und die Alliierten uns befreiten, wurden wir bis zum letzten Kriegstag die Straßen entlanggetrieben, mussten Dutzende von Kilometern marschieren oder sogar mehr, oder wir wurden in Viehwaggons abtransportiert. In Ruanda gab es auch den absoluten Willen, eine ganze Bevölkerung auszulöschen: Die Hutu hatten den Tutsi, welchen Alters auch immer, das Recht zu leben abgesprochen. Selbst wenn die Mittel aufgrund der örtlichen Verhältnisse vollkommen andere waren – in mehreren Berichten habe ich gelesen, dass Frauen, die sich mit ihren Kindern in den Sümpfen oder Wäldern versteckt hatten, mit ihnen zusammen ermordet wurden. Es gab keine Gaskammern, aber das Ziel ist dasselbe. Dass sich so etwas 50 Jahre nach der Shoah ereignen konnte, ist unerträglich. Nicht nur unerträglich, sondern auch eine schreckliche Gewissensqual. Vorher war der Genozid in Kambodscha geschehen – sicherlich anders, denn die Roten Khmer wollten aus rein politischen Gründen eine soziale Klasse, eine intellektuelle und soziale Elite auslöschen. Der Genozid an den Tutsi in Ruanda ist ein Völkermord aus ethnischen Gründen und wurde mit den Mitteln von Gewalttätern begangen, vor allem mit Macheten. Und auf furchtbare Art. Bücher wie Ihres oder das des Journalisten Jean Hatzfeld zeigen, welche Gräueltaten verübt wurden. Die Menschen wurden in Stücke gehauen. Nun, weitere Einzelheiten will ich uns ersparen. Aber meine Betroffenheit rührt auch daher, dass Sie als Überlebende, die einen großen Teil der Familie verloren hat, auf die gleiche Mauer des Schweigens gestoßen sind wie wir, und aus den gleichen Gründen. Sie haben die gleichen Worte gebraucht wie unsere Überlebenden, ohne dass Sie gewusst hätten, was wir einst gesagt haben, und die gleichen Details berichtet. Ich denke an die Weigerung, uns anzuhören, weil man uns nicht glaubte und weil der Gedanke unerträglich war, dass Menschen anderen Menschen so etwas antun können.

Esther Mujawayo: Die Leute konnten nicht zuhören, weil es überhaupt nicht fassbar ist – und du selbst, du fragst dich, ob das wirklich so passiert ist … Es ist dermaßen entsetzlich. Uns zu töten, na ja, gut – könnte man sagen …, aber warum dann so grausam? Es ist vorgekommen, dass die Völkermörder erschöpft waren vom Töten und den Opfern die Fußsehnen durchgeschnitten haben, damit du während der Nacht nicht fliehen konntest und sie dich am nächsten Morgen töten konnten. Mit dem Gefühl von etwas so unvorstellbar Schrecklichem kannst du nur schwer leben. Aber sobald wir angefangen haben, davon zu erzählen, hat man uns das Wort abgeschnitten. Man sagte uns: »Hör auf, hör auf!«

S. V.: Die Leute sagten sich: »Zu so etwas ist die Menschheit nicht fähig!« Also zweifelten sie die Worte der Überlebenden an. Von daher Ihr, unser Bedürfnis, sich mit ein paar Kameraden zu treffen und darüber auf eine Weise zu sprechen ... (Zögern). Es interessiert mich, wie Sie darüber reden, ob auf die gleiche Art wie wir, die man für Zynismus halten kann oder für eine gewisse Indifferenz, die im Grunde aber die einzige Art ist, unsere Gefühle nicht übermächtig werden zu lassen. Manchmal selbst mit einem schrecklichen schwarzen Humor.

E. M.: Genau. Nach dem Genozid bist du oft einem Überlebenden begegnet, und es hat dir einen Schock versetzt, denn du dachtest, du wärst die Einzige, die überlebt hat. Wenn du also jemanden wiedergesehen hast, fragtest du ihn nicht: »Ach, du lebst?«, sondern immer in negativer Form: »Wie, du bist nicht tot?« Wir haben eine Witwenvereinigung gegründet, anfangs sehr, sehr informeller Art. Und zwar aus folgendem Grund: Wenn du gesprochen hast, wenn du von dem gesprochen hast, was du erlebt hattest, außer zu einem anderen Überlebenden, dann schnitt man uns das Wort ab, oder man sagte uns: »Du übertreibst ...« Und manchmal fragst du dich selbst: »Ist das wirklich so passiert?« Weil es so unvorstellbar ist, so grauenvoll. Das ist verrückt und macht Angst. Wir Witwen haben uns dann zusammengesetzt und so zynisch geredet, wie Sie sagen, aber es hat uns geholfen weiterzuleben.

S. V.: Es ist wirklich beeindruckend, dass wir auf dieselbe Art reagieren, wenn auch der historische Kontext und die Durchführung sehr unterschiedlich sind. Wenn ich Ihr Buch lese oder Ihnen jetzt zuhöre, sage ich mir, Sie beschreiben genau das, was ich empfinde. Sie haben von den Witwen gesprochen, bei uns haben wenige Witwen überlebt, weil die Mütter oft bei ihren Kindern geblieben und deswegen mit ihnen in die Gaskammer geschickt worden sind. Im Unterschied zu Ruanda wurden die Juden nicht dort ermordet, wo sie wohnten, man hat uns in Lager gebracht, die so abgelegen waren wie möglich, damit niemand erfuhr, was dort geschah. Darüber hinaus wagte es niemand, darüber zu reden. Es herrschte Schweigen. Die Einstellung der Täter war offensichtlich sehr verschieden. Indoktriniert von den SS-Nazis, mussten sie nicht einmal persönlichen Hass empfinden, sie führten einfach die Befehle aus: Die Juden waren ein verfluchtes Volk, Europa sollte frei von ihnen sein, man musste sie also jagen und auslöschen, alle, ausnahmslos. In Ruanda aber, so scheint es mir, zumindest nach dem zu urteilen, was ich gelesen habe, töteten die Völkermörder ihre Opfer mit noch mehr Brutalität. Sie waren von schrecklichem persönlichem Hass besessen, der sie dazu trieb, ihre Opfer so viel wie möglich leiden zu lassen, ihnen Arme und Beine abzuhacken und sie manchmal so liegen zu lassen. Bis sie nach einigen Tagen starben. Und hier sagt man: Das war in Afrika, vor zehn Jahren. Was hätten wir tun können, wie hätten wir reagieren können? Wir können die Geschichte nicht ungeschehen machen, aber meiner Meinung nach hätte man vorher eingreifen müssen, sich mindestens bemühen müssen, etwas zu tun ... Wir Europäer haben dabei zugesehen, wie sich eine spannungs- und konfliktgeladene Atmosphäre aufbaute, und es hätte in unserer Macht gelegen, dies zu vermeiden.

E. M.: Unbedingt! Allein schon die Sache mit dem Personalausweis! Vor 1994 war darin angegeben, ob du Tutsi bist oder Hutu, und an den Straßensperren haben die Mörder dir wegen deiner Ethnie die Kehle durchgeschnitten. Und wenn die Ethnie unkenntlich gemacht worden war, entscheiden sie nach deinem Aussehen, ob du Tutsi bist. Im Allgemeinen kannte aber jeder jeden. Was Sie über die einzelnen Täter gesagt haben, ist das, was ich am Völkermord an den Tutsi so furchtbar finde: Die Drahtzieher haben ihn so geplant, dass er von denen ausgeführt wurde, mit denen du seit jeher zusammengelebt hast. Unsere Mörder waren keine Fremden, sondern unsere eigenen Nachbarn; wir hatten miteinander gelernt, miteinander gelebt ... Und jetzt, ich kenne sie, sie kennen mich, wir wissen, was geschehen ist, und wollen so tun, als ob nichts passiert wäre.

S. V.: Das ist sehr wichtig, denn es unterscheidet sich von dem, was in Europa mit den Juden geschah. Wenn die

Franzosen die Verhaftung der Juden — ich denke an die Massenverhaftung im Vél d'Hiv (Vélodrome d'Hiver) — auch akzeptierten und sich daran beteiligten, diejenigen, die tatsächlich mitgemacht haben, konnten später sagen, sie hätten nichts gewusst und geglaubt, die Juden wären in die Lager gebracht worden, um dort zu arbeiten; denn ich bin überzeugt, dass viele von ihnen, von den Polizisten und Gendarmen, sich nicht vorstellen konnten, dass dort Gaskammern existierten und die meisten, die sie verhafteten, unmittelbar nach ihrer Ankunft ermordet wurden. Aber noch einmal zurück zu den grauenhaften Tötungen — eins ist doch vergleichbar bei der menschlichen Gattung, wenn ich so sagen darf, und zwar die Tatsache, dass die Verbrechen von gewöhnlichen Bürgern begangen wurden. In seinem Buch *Ganz normale Männer* untersucht der Historiker Christopher Browning die Einstellung von Polizeireservisten, die zu alt für die Wehrmacht waren und zu einer Zeit, als diese sich nicht selbst um Verhaftungen kümmern konnte, den Sonderauftrag erhielten, in Weißrussland, der Ukraine und anderen Ländern im Osten die jüdische Bevölkerung auszusondern und zu erschießen. Vor dem Einsatz fragte die Gestapo, wer sich freiwillig dazu melden würde, und ein paar Männer haben abgelehnt; in der Folgezeit, nach und nach, haben sich alle oder fast alle daran gewöhnt. Männer, rechtschaffene Familienväter, waren dazu bereit, die Juden in den Dörfern auszusondern, sie die Gruben graben zu lassen, sie zu zwingen, sich auszuziehen, bevor sie in den Gruben erschossen wurden. Das zeigt sehr gut, wie die Leute unter bestimmten Bedingungen bereit sind, alles zu tun. Die Propaganda, eine bestimmte Indoktrinierung und dann auch die Angst, nicht zu gehorchen, haben bewirkt, dass sie sich sehr schnell daran gewöhnt haben, Unschuldige zu töten, Säuglinge und Alte eingeschlossen.

S. B.: Wie geben Sie diese Erinnerung an Ihre Kinder weiter?

E. M.: Ich musste mit meinen Töchtern darüber sprechen, denn wir haben zusammen überlebt. Anna, die Älteste, war damals fünf Jahre alt, Amélia drei Jahre und Amanda sechs Monate. Ich war immer der Ansicht, dass wir darüber sprechen müssten. Ohnehin leben sie irgendwie damit, und wenn ich nicht mit ihnen darüber spreche, versuchen sie immer mitzubekommen, was wir sagen. Wenn wir nun schon darüber reden, möchte ich, dass sie auf eine Art und Weise davon erfahren, die eher ... eher zumutbar ist. Ich sage ihnen ohne Umschweife, dass ihr Vater und fast unsere ganze Familie ausgelöscht wurden, weil sie Tutsi waren. Auf keinen Fall aber möchte ich, dass meine Töchter Hass empfinden. Das ist für mich das A und O. Ich erkläre ihnen, dass die Verhältnisse in Ruanda vielschichtig sind. Meine Töchter sind Tutsi, aber sie haben auch Cousinen, die Hutu sind, du kannst ihnen also nicht sagen, dass die Hutu Verbrecher sind, du musst differenzieren. Es ist daher wichtig für mich, ihnen vor Augen zu führen, wie manipulierbar der Mensch ist. Und worauf ich sogar stolz bin, ist, wie sie heute auf eine Ungerechtigkeit reagieren. Wenn ein Lehrer ihnen ungerecht erscheint, heben sie die Hand und mischen sich ein. Und ich habe ihnen gesagt: »Deswegen werde ich euch niemals böse sein.« Denn es beginnt mit kleinen Ungerechtigkeiten, von den kleinen ist es nicht weit bis zu den großen, von den großen nicht weit bis zum Völkermord.

S. V.: Ihre Worte sind von außergewöhnlichem Mut und außergewöhnlicher Klarheit geprägt. Ich war in einer ganz anderen Situation: Ich bin zurückgekehrt, ich war noch keine 18 Jahre alt, ich habe sehr jung geheiratet, und ich habe dann Kinder bekommen. Das ist etwas ganz anderes als Kinder zu haben, die die Gräueltaten miterleben. Bei meinen Kindern gehörte das Wissen, dass ich deportiert worden war, von Anfang an zu ihrem Leben, aber das ist alles. Ich erinnere mich immer an meinen zweitältesten Sohn: Als er sieben oder acht war, kam er ganz erschüttert aus der Schule und sagte mir: »O, Mama, was für ein Glück, dass wir keine Protestanten sind! Wenn ich daran denke, was in den Religionskriegen passiert ist!« (*Allgemeines Lachen*) In den 1950er-Jahren war noch wenig von der Shoah die Rede, und die Religionskriege nahmen in der Geschichte Frankreichs einen großen Platz ein. Wie auch immer, es war Teil unseres Lebens, darüber zu sprechen, die Kinder wussten, dass meine Eltern, mein Bruder nicht zurückgekommen waren, aber ich hatte ihnen keine Einzelheiten erzählt. Nicht unbedingt, um sie zu schonen, aber wenn ich in ihrer Gegenwart mit ehemaligen Deportierten, vor allem mit meiner Schwägerin, darüber sprach, dachte ich, sie könnten mich ja fragen. Ich wollte sie nicht zwingen, mir zuzuhören. Einer meiner drei Söhne hat großes Interesse gezeigt, ein anderer konnte es absolut nicht ertragen, davon reden zu hören, es machte ihn so unglücklich, dass er es nicht verkraftete, wenn ich davon sprach. Seit langem denken mein Mann und ich daran, zusammen mit unseren Enkeln Auschwitz zu besuchen – zumindest mit denen, die es möchten, sie müssen es wollen. Ich halte sehr oft Vorträge über die Deportation, und da beobachte ich übrigens, dass mein Mann, wenn er mich begleitet, den Raum verlässt, während ich spreche. Es schmerzt ihn zu sehr, wenn er hört, was ich erlebt habe. Und doch gibt es Dinge, die völlig im Verborgenen bleiben, von denen man niemals spricht. Ausnahmesituationen, die es aber gegeben hat. Ich habe einige Monate in einem kleinen Lager ein paar Kilometer von Auschwitz entfernt verbracht, da herrschten vollkommen atypische Verhältnisse. In den Berichten, die ich über Auschwitz gelesen habe, wird praktisch nichts davon erwähnt. Ich habe einmal darauf hingewiesen, ganz unbeabsichtigt, das ist alles.

S. B.: Vielleicht könnten Sie etwas mehr dazu sagen?

S.V. : Nein. (kurzes Zögern) O ja, ich kann davon sprechen. Es war während des Todesmarsches ... Ein paar Monate war ich in einem sehr privilegierten Lager, in der Nähe von Birkenau, so haben meine Mutter, meine Schwester und ich jenen extrem kalten Winter überlebt. Wir waren nur sehr wenige, wir hatten wenig zu essen und haben hart gearbeitet, einige, darunter auch ich, mussten Planierungsarbeiten verrichten, aber wir wurden nicht geschlagen, und es gab keine stundenlangen Appelle, keine Epidemien. Männer und Frauen arbeiteten gemeinsam. So ergaben sich schöne Liebesgeschichten, platonisch oder nicht. Dann, kurz bevor die Rote Armee nach Auschwitz vorstieß, wurden wir auf den Todesmarsch getrieben, Dutzende von Kilometern zu Fuß, und schließlich landeten wir in einem riesigen Lager, ein paar Dutzend Frauen und mehrere Tausend Männer – manche von ihnen hatte Jahre im Konzentrationslager hinter sich. Das wurde eine Art Dantescher Hölle. Die meisten waren völlig entkräftet, lagen im Sterben. Es gab nichts zu essen und zu trinken. In der Ferne sah man die Mündungsfeuer der Front, man hörte den Kanonendonner. Wir dachten alle, dass wir sterben würden. Einige waren aber besser bei Kräften, insbesondere ehemalige Kapos und Funktionshäftlinge. In diesem Moment hätten sie alles darum gegeben, um eine Frau in den Armen zu halten, vielleicht sogar mit ihr zu schlafen. Das ist das einzige Mal, wo das Problem einer Vergewaltigung auftauchte. Nur in dieser ganz spezifischen Situation konnten einige sich versucht fühlen. In den Lagern stellte sich das Problem nicht, angesichts des Zustands, in dem die meisten waren ... Selbst für die SS und bestimmte Häftlinge war es damals ...

Diejenigen, die, warum auch immer, im Lager einen Posten innegehabt hatten und noch etwas bei Kräften waren, bedienten sich einer Art Erpressung: »Ich habe seit

349

Jahren keine Frau mehr gesehen …« Und zur gleichen Zeit fand in einem anderen Teil des Lagers eine Selektion statt, die SS fuhr mit ihrem Werk der Vernichtung fort … Das war etwas Furchtbares. Deswegen konnten wir nicht darüber sprechen, denn es war eine ganz spezifische Situation, in einem spezifischen Beieinander der Geschlechter und wo der Tod gegenwärtig war. Nur wenige von uns haben das erlebt, aber es ist geschehen, und es ist sehr schwer für uns, darüber zu sprechen.

S. B.: In Ruanda sind viele überlebende Frauen heute HIV-infiziert; die Völkermörder haben sie mit dieser Absicht vergewaltigt.

E. M.: Das ist unser großes Drama. Die Mehrheit der Frauen, die es geschafft haben, den Völkermord zu überleben, sterben heute, zehn Jahre danach. Als wir bei Avega eine Umfrage gemacht haben, haben wir ermittelt, dass 80 von 100 Frauen überlebt haben, weil sie von den Mördern ihrer Familie vergewaltigt worden sind: Das war die einzige Möglichkeit, um am Leben zu bleiben. Sie leben mit diesem Schuldgefühl. Bei Avega haben wir die Frauen ermutigt, ihre Scham zu überwinden und vor dem Internationalen Strafgerichtshof für Ruanda, der Vergewaltigung als Bestandteil des Völkermords anerkennt, als Zeuginnen aufzutreten; die Strafen für dieses Delikt sind sehr hoch. Aber wir sind aus allen Wolken gefallen! Damit sie verurteilt werden können, erhalten die Häftlinge von Arusha, die die Frauen angesteckt haben, die Dreifachtherapie. Die Opfer aber sterben, weil wir kein Geld für ihre Behandlung haben! Die Opfer kommen um, während die Täter auf Kosten der UNO behandelt werden, ich bitte Sie …

S. *V.*: Verrückt in dem, was Sie sagen, ist, dass man alles tun muss, um die Opfer am Leben zu halten, und sei es aus juristischer Notwendigkeit, damit sie als Zeuginnen fungieren können. Für uns stellte sich das Problem der Vergewaltigung vollkommen anders, denn in den Lagern hat der Rassenhass die Jüdinnen geschützt. Und dennoch ist es eine so schmerzhafte Angelegenheit für die Frauen, wenn es zur Sprache kommt, dass ich, als ich zurückkehrte und ein Freund aus Kindheitstagen zu mir sagte: »Bestimmt sind alle Frauen vergewaltigt worden«, völlig schockiert war. Obwohl es nicht der Fall gewesen war. Wenn ich vorhin von jener Situation gesprochen habe, dann gerade deswegen, weil sie so spezifisch war und uns Vergewaltigungen letztendlich erspart geblieben sind. Aber selbst wenn es nicht passiert ist, erträgt man trotzdem nicht, dass die Leute denken können, es wäre uns geschehen. Wir sagten uns: »Wenn sie uns jetzt auch noch so sehen«, zu all dem Übrigen, das war unerträglich. Daher kann ich mir vorstellen, was es für die Frauen bedeutet, die vergewaltigt wurden, dies vor Gericht bezeugen und Einzelheiten schildern sollen, die oft überflüssig und erniedrigend sind.

S. B. Eines Tages haben Sie, Esther, Ihre Toten gezählt – mehr als 200 Personen – und sich gesagt: »Esther, wenn du überleben und nicht verrückt werden willst, musst du ins Auge fassen, was dir geblieben ist, und nicht, was du verloren hast.« Und in dem Moment haben Sie sich entschieden, sagen Sie, dass Sie nicht mehr eine Überlebende, sondern, kurz, eine Lebende sein wollten.

E. M.: Angesichts der Ohnmacht, sie zu bestrafen, habe ich mir anfangs gesagt, fast hämisch: »Die einzige Strafe, die du denen, die dich tot sehen wollten, auferlegen kannst, ist, am Leben zu bleiben.« Aber wenn du lebst, indem du innerlich tot bist, haben sie doch noch gewonnen. In der Gemeinschaft der Witwen schöpfen wir die Kraft, um »lebendig zu leben«. Damit sie sich, wenn sie uns auf der Straße sehen, sagen: »Wir wollten sie umbringen, aber sie sind nicht tot. Wir haben es nicht geschafft!«

S. V.: Ich glaube, dass ist auch bei den meisten Deportierten der Fall, die überlebt haben. Oft ist von psychologischen Problemen die Rede, die wir eines Tages nicht mehr bewältigen könnten, so dass psychotherapeutische Maßnahmen erforderlich werden würden. Das ist bei meinen Kameraden nicht der Fall. Im Gegenteil, sie haben bei ihrer Rückkehr große Kraft und viel Energie bewiesen. Für die Kinder, die versteckt und deren Eltern deportiert wurden, war das Leben hingegen oft sehr schwierig. Die dauernde Angst, entdeckt zu werden, die Notwendigkeit, ihre Identität geheim zu halten, ein Leben im Verborgenen zu führen und, ohne darüber sprechen zu dürfen, die Angst aushalten zu müssen, was aus ihren Eltern geworden war, die meist nicht zurückgekehrt sind. Das hat sie gezeichnet. Je mehr Zeit vergeht, desto stärker wird mir dies bewusst. Auch heute stellen sie sich noch jede Menge Fragen, auch heute fällt es ihnen schwer, die Wahrheit zu akzeptieren. Dagegen sagen die Deportierten: »Wir haben gewonnen, wir haben überlebt.« Vor kurzem habe ich eine Freundin verloren, die eine fantastische Moral hatte: Sie war deportiert worden und hatte nie geglaubt, dass sie zurückkäme, und dann hat sie überlebt und ihre in Frankreich versteckten Kinder wieder gefunden. Am Abend vor ihrem Tod sagte sie mir, welch großes Lebensgeschenk ein jedes von ihnen war, ebenso ein jedes ihrer Enkelkinder. »Großartig, all das zu haben, wenn man keinerlei Überlebenshoffnung hatte«, sagte sie mir in dem Geist, von dem Sie gesprochen haben – in dem Eindruck, einen Sieg über diejenigen errungen zu haben, die uns auslöschen wollten.

S. B.: Beide glauben Sie weiterhin an die Humanität. Das weiß ich aus Ihren Schriften und von Ihren Konferenzen. Man fragt sich unweigerlich, wie Sie die Kraft dazu aufbringen ... (*Schweigen. Sie sehen sich an, keine möchte als Erste antworten. Dann, mit leiser Stimme ...*)

E. M.: Sonst ist es aus mit uns! (*Beide lachen*)

S. V.: Ja, genau! Man muss daran glauben. Sie haben genau das gesagt, was ich fühlte. Sehr schnell kam mir der Gedanke, dass wir, wenn wir uns nicht versöhnten, nur an Rache denken würden und dass dies das Schlimmste wäre. Wenn die Vernichtung der Juden die schrecklichste Tragödie des Zweiten Weltkriegs war, dann ist sie nicht zuletzt auch im Kontext der Bruderkriege zu sehen, die die Europäer unablässig gegeneinander geführt haben. Ich gehöre einer Generation an, die im Gedenken an den Ersten Weltkrieg erzogen wurde, in dem jede Familie Angehörige zu beklagen hatte, die an der Front gefallen waren. Auch um einen neuen Krieg zu verhindern, dachte ich, muss man versuchen, Europa zu einigen und sich zu versöhnen. Das war ein Glaubensakt, schwierig, aber … Vor wenigen Tagen, am 27. Januar, dem Tag des Gedenkens an die Opfer des Nationalsozialismus, habe ich in Berlin vor dem Bundestag eine Rede gehalten, die ebenso die deutsch-französische Aussöhnung wie die Shoah zum Thema hatte. Beides gehört für mich zusammen: Mein Engagement für Europa ist aus dieser furchtbaren Erfahrung geboren. Aber die Versöhnung ist nur möglich – und das ist sehr wichtig –, wenn man die Vergangenheit nicht vergisst. Man muss die Fakten kennen, darf sie nicht verschleiern. Die betroffenen Länder und Völker müssen sich vorbehaltlos ihrer Verantwortung stellen. Was auf Deutschland zutrifft.

E.M.: Kürzlich habe ich in Stockholm an einem UNO-Symposium zum Thema »Völkermorden vorbeugen« teilgenommen. Nebenbei gesagt, mit dem schwarzen Humor der Überlebenden, von dem wir eben gesprochen haben, musste ich unwillkürlich denken: »Vorbeugen? Danke vielmals, aber bei uns ist es schon passiert!« Bei meinem Vortrag habe ich gesagt: »Bekennen Sie sich erst einmal zu

Ihrer Verantwortung!« Die Vereinigten Staaten und Belgien haben sich mehr oder weniger entschuldigt, aber die UNO hat sich nicht zu ihrer erheblichen Mitverantwortung bekannt, Frankreich auch nicht. Des Weiteren sollen sie Wiedergutmachung leisten! Und da könnten sie etwas für die Kinder aufbauen. Denn bei uns gibt es neben den Witwen Kinder als Familienoberhaupt. Ich hatte einen kleinen Patienten, damals elf Jahre alt, der für seine vier überlebenden Geschwister sorgen musste. Wie wollen wir, dass er sich versöhnt, womit auch immer, wenn seine Nachbarn, wenn die Internationale Gemeinschaft und die Regierung nicht ein Minimum an Wiedergutmachung leisten? Er muss erst einmal mit seiner Kindheit, mit dem Leben versöhnt werden; und es bleibt nur zu hoffen, dass es später besser wird ...

S.V.: Was Sie sagen, ist sehr wichtig. Es ist übrigens unabdingbar, wachsam zu bleiben, denn die Dinge können sich im Laufe der Zeit ändern. In der Nachfolge der Generationen, die sich der Geschichte gestellt und daraus eine Lehre gezogen haben, versuchen andere, sie zu verschleiern. Das Geschehene vor dem Vergessen zu bewahren, geht alle an.

E.M.: Eine Freundin von mir, Heidi, 80 Jahre alt und Auschwitz-Überlebende, hat Ruanda besucht und uns gesagt: »Mit anzusehen, dass sich ein weiterer Völkermord ereignet hat, war ein großer Schmerz für mich, denn ich hatte geglaubt, so etwas würde sich nicht wiederholen.«

Dass ich sie kennen gelernt habe, hat mir Mut gemacht, denn sie spricht überall »davon«. Denn manchmal bist du gleichwohl entmutigt, du denkst, dass du vor die Wand redest, dass nichts von dem, was du tust, irgendetwas nützt. Auch wenn ich Sie sehe, Madame Veil, wie Sie seit 60 Jahren Zeugnis ablegen, wenn ich sehe, dass die Erinnerung nicht ausgelöscht ist, dass die Schlacht nicht vollkommen sinnlos ist, dann gibt mir das Mut und Hoffnung, und dafür danke ich Ihnen.

S.V.: Und ich, ich danke Ihnen, dass ich Gelegenheit hatte, mit Ihnen zu reden, ich bin wirklich erschüttert. Und dass ich mit Ihnen über die ruandische Tragödie sprechen konnte, deren Erinnerung mich schmerzt, hatten wir doch gehofft, dass unsere Warnungen weitere Genozide verhindern könnten, aber wir sind gescheitert. Doch möchte ich auch darauf hinweisen, dass man aufpassen muss, nicht alles miteinander zu vermengen. Zu allen Zeiten hat es Kriege gegeben, und zum Krieg gehören leider immer Grausamkeiten. Die Menschenrechte werden oft mit Füßen getreten. Aber man muss sich davor hüten, immer und überall von Völkermord zu sprechen, sonst würde man den Genozid in seiner Einzigartigkeit verharmlosen und banalisieren.

S.B.: Das »Alles ist allem vergleichbar« ist einer der Gegeneffekte bei der Verteidigung der Menschenrechte – für die wir doch kämpfen: Alle Konflikte kommen auf das Gleiche hinaus, alle Opfer werden in einen Topf geworfen, auch alle Schuldigen, und letztendlich ist niemand mehr schuldig. Und einen Genozid, sei es bewusst oder unbewusst, mit einem Konflikt gleichzusetzen, so barbarisch der auch sein mag, und ihm den Begriff überzustülpen, ist auch eine Form der Relativierung. Esther und ich haben diesen Unterschied zum Grundprinzip unserer Arbeit gemacht. Und wir hatten noch ein anderes: Wir wollten nicht versuchen, das »Warum« zu begreifen. Begreifen, was sich abgespielt hat, wie, in welchem Kontext, das ja, aber nicht den eigentlichen Grund. Den wollten wir nicht versuchen zu begreifen.

S. V.: Weil es Hass ist, und für solch einen Hass gibt es keine Erklärung.*

Aus dem Französischen von Gudrun Honke

---

* Die schriftliche Fassung dieses Gesprächs wurde von Madame Simone Veil autorisiert.

Inhalt

Prologe	9
Souâd Belhaddad	9
Esther Mujawayo	13
Einleitung: Ich heiße Esther	15

Teil 1

1	»Na, wie geht's, mal abgesehen vom Genozid?«	21
2	Heute	34
3	Alices Geschichte einmal zu Ende erzählen	44
4	Von der Überlebenden zur Therapeutin Überlebender	53
5	An Gott zweifeln. An meinem Vater nie ...	69
6	»Davon« nur unter Überlebenden sprechen	89
7	Angst, dass einem niemand glaubt	105

Teil 2

8	Die Kindheit einer Tutsi auf dem Land	115
9	Großzügige Natur, rassistischer Staat	126
10	Das Trauma vom kleinen Personalblatt	132

11 Muyaga, der ungünstige Wind oder immer
wieder von vorn anfangen 144
12 Ein Staatsstreich … die Rettung 153
13 Die Rückkehr in die Heimat ist teuer erkauft 161
14 Hochzeit, Geburten und Genozid 172
15 Nach dem Tod der Meinen 196
16 Unmögliche Begräbnisse 219
17 Mein Zwiespalt in Sachen Dankbarkeit 226

Teil 3
18 Und jetzt, welches Bild? 231
19 Ein Jahr Atempause in England 250
20 Der Klan der Witwen 269
21 Plötzliche Besorgnis 289
22 Die unmögliche Gerechtigkeit 294
23 Bezeugen, bezeugen, bezeugen, bezeug… 305
24 Um (niemals) zum Schluss zu kommen 320

Ich klage an 322
Mitglieder von Esthers Familie, die im
Genozid 1994 ermordet wurden 323

Was geschah in Ruanda? 329
Zeittafel 332
Dank 335
Ein Gespräch zwischen Esther Mujawayo
und Simone Veil 336

»Die fesselnde Geschichte einer starken Frau, die sich trotz aller Rückschläge nicht unterkriegen läßt.«
dpa

Mitten im brasilianischen Dschungel, am Amazonas, kommt Sueli Menezes zur Welt – und wird von ihrer Mutter ausgesetzt, vor der Tür einer fremden Familie. Ihre Kindheit ist geprägt von den Gefahren des tropischen Regenwaldes und der Brutalität des Pflegevaters, der über die Familie herrscht wie ein Tyrann. Eines Tages beobachtet ein französischer Ingenieur, wie das sechsjährige Mädchen mißhandelt wird. Er bietet Sueli an, sie in die Großstadt Manaus mitzunehmen und für sie zu sorgen. Suelis Leben nimmt eine unverhoffte Wendung …

Amazonaskind
ISBN 978-3-548-36829-0

»Die Geschichte von Sueli Menezes liest sich wie ein Roman, aber geschrieben hat sie das Leben.«
Journal für die Frau

»Erst als ich mich selbst verloren hatte, lernte ich, für meine Freiheit zu kämpfen.«

Als die 13jährige Kadiatou mit einem doppelt so alten Mann verheiratet wird, ahnt sie nicht, welche Qualen ihr in der Ehe bevorstehen. Aufgewachsen in der strengmuslimischen Kultur Guineas, glaubt sie lange Zeit, sich in das Schicksal einer unmündigen Muslima fügen zu müssen. Doch eines Tages ist sie stark genug, für sich und ihre Kinder zu kämpfen. Sie erwirkt die Scheidung – ihr Leben scheint, eine hoffnungsvolle Wendung zu nehmen. Doch wie sich bald herausstellt, muß sie für ihre neugewonnene Freiheit einen hohen Preis bezahlen ...

Mein afrikanischer Himmel
Eine Muslimin befreit sich
von den Fesseln ihrer Familie
ISBN 978-3-548-36863-4

»Eine eindrucksvolle, den Leser mitreißende Vatersuche«
Frankfurter Allgemeine Zeitung

August 1944: Der Abwehroffizier Hans Georg Klamroth wird als Hochverräter hingerichtet. Jahrzehnte später sieht Wibke Bruhns Filmaufnahmen von ihrem Vater während des Prozesses gegen die Verschwörer des 20. Juli. Der Anblick läßt sie nicht mehr los: Sie macht sich auf eine lange Suche nach seiner und auch ihrer eigenen Geschichte. Ein einzigartiges Familienepos.

»Eine faszinierende Mischung aus privater Chronik, zeitgeschichtlichem Report und persönlicher Identitätssuche«
Der Spiegel

Meines Vaters Land
Geschichte einer
deutschen Familie
ISBN 978-3-548-36748-4

»Eine herbe und aufwühlende Lektüre«
Die Zeit

Die achtjährige China Keitetsi aus Uganda wird von Soldaten in ein Rekrutierungslager verschleppt und lernt dort den Umgang mit der Waffe. Schon bald kämpft sie als Frontsoldatin und Leibwächterin für hohe Militärs, von ihren erwachsenen Führern zum Morden gezwungen und vergewaltigt. Nach Jahren des Krieges und Mißbrauchs gelingt ihr im Alter von neunzehn Jahren endlich die Flucht. Erstmals berichtet hier eine Betroffene von ihrem Leben als Kindersoldatin.

Sie nahmen mir die Mutter und gaben mir ein Gewehr
Mein Leben als Kindersoldatin
ISBN 978-3-548-36481-0